中央编译局文库编辑委员会

主　任：贾高建
副主任：俞可平　魏海生　王学东　陈和平　杨金海
委　员：贾高建　俞可平　魏海生　王学东　陈和平　杨金海
　　　　柴方国　何增科　季正聚　郗卫东　张文成　曹荣湘
　　　　卿学民　刘明清　薛晓源

中央编译出版社文库编辑中心编辑小组

薛晓源　董　巍　苗永姝　冯　章　侯天保　李媛媛　盛菊艳
薛迎春　董　妍

中国的民主治理
理论与实践

Democratic Governance in China
Theory and Practice

主编　俞可平
副主编　何增科

民主决策

DEMOCRATIC DECISION-MAKING

陈家刚　主编

中央编译出版社
Central Compilation & Translation Press

《中国的民主治理：理论与实践》编辑委员会

主　　编：俞可平
副主编：何增科
委　　员：陈国权　丁元竹　龚维斌　何增科　黄卫平　姜晓萍　景跃进　蓝志勇
　　　　　马　骏　米加宁　浦兴祖　王长江　王绍光　王正绪　吴建南　徐　勇
　　　　　薛　澜　燕继荣　杨大利　杨光斌　杨雪冬　俞可平　余逊达　赵树凯
　　　　　周光辉　朱光磊

总　序　俞可平　1
导　论　当代中国民主决策的路径选择与实践价值　陈家刚　1

民主决策与政治合法性
　　——关于"立法听证"的案例研究　陈家刚　3
地方人大立法听证制度分析
　　——以深圳市四次立法听证会为分析对象　唐　娟　35
通过对话寻求决策共识
　　——浙江省温岭市"民主恳谈"案例研究　陈家刚　47
中国非政府组织政策参与及其正向效应分析
　　——以宁波市海曙区政府购买居家养老服务为例　秦　勃　76
危机管理和后选举治理的成功范例
　　——对重庆市开县麻柳乡"八步工作法"制度创新的分析　高新军　98
地方治理中的参与式预算
　　——关于浙江省温岭市新河镇改革的案例研究　陈家刚　陈奕敏　118
乡镇政府是推进我国决策科学化民主化的重要突破口
　　——对河南省新县沙窝镇 10 年决策过程的系统观察与思考　张新光　138

协商民主与农村公共产品供给的决策机制
　　——浙江省泽国镇协商民主实践的案例启示　·　陈　朋　陈荣荣　·　163
村民代表会议制度的实际效能及其完善
　　——基于对苏村的观察　·　陈晓莉　郑梦熊　·　181
中国地方政府决策模式探析
　　——以 HT 县为例　·　马宝成　·　203
风险评估：民主决策的关键机制
　　——四川省遂宁市重大事项社会稳定风险评估机制研究　·　高新军　·　230
地方政协参与地方党委决策制度创新模式研究
　　——以广州为个案的研究　·　廖雄军　·　239
论科学决策、民主决策的法治化
　　——基于北京市交通治堵方案征求民意的考量　·　金国坤　·　258
党员民主听证会：非公企业民主决策机制创新
　　——以浙江萧山非公企业为个案的调查研究　·　钟冬生　·　270

参考文献　·　289

· 插图图次 ·

图 1　松门镇"民主恳谈"会操作示意图 · 61
图 2　海曙区享受政府购买服务对象确定的基本程序 · 82
图 3　"走进去"老人家中服务的各类主体 · 85
图 4　老人"走出来"的各种载体 · 86
图 5　广州市政协参与党委决策的协商内容体系创新框图 · 249
图 6　广州市政协参与党委决策的协商形式体系创新框图 · 250
图 7　广州市政协参与党委决策的协商程序创新框图 · 252
图 8　地方政协参与地方党委决策制度的系统创新框图 · 253
图 9　广州市政治协商制度创新的实现机制 · 257
图 10　萧山党员民主听证会过程 · 272

· 插表表次 ·

表1　新河镇参与式预算过程中的利益相关者　·　132
表2　非公企业党员民主听证会类型　·　275

总　序

尽管与社会经济迅速发展的进程和人们日益增长的需求相比，我国的政治体制还存在许多严峻的挑战，深化政治体制改革依然是一项极为紧迫的任务，但不能否认，改革开放30多年来中国的政治发展取得了重大的进步。30多年的改革开放进程，是一个包括政治生活、经济生活和文化生活在内的全方位的社会进步过程。然而，坦率地说，与人们对经济改革成就的评价不同，对政治改革的成就充满着争议。典型的争论呈两个极端：一种观点认为，中国的政治改革与经济改革一样，进步迅速，成就巨大；另一种观点则认为，与中国的经济发展不同，中国的政治发展几乎停滞不前，没有多少重大成就。海外一些专家甚至认为，不改革政治只改革经济，正是中国创造经济发展奇迹的原因所在。

其实，上述争论在相当程度上是因为观察问题的立场和视角不同，如果从宏观政治框架上看，那么中国的政治变迁确实很少。中共一党执政的政党体制没有变，人民代表大会和人民政协的基本制度没有变，党领导行政、立法、司法的政治格局没有变，马克思主义主导的一元化政治意识形态也没有变。然而，如果换一种视角和立场，从国家治理的角度来观察中国的政治变迁，就会发现截然不同的另一幅景象：中国的政治生活在过去30多年中也同样发生了巨大的变化。例如，从人治开始逐渐走向法治，首次确立了建设法治国家的根本目标，着手建构较为完备的法律体制，政府行为更多地受到法律的约束；从封闭政治逐渐走向透明政治，首次颁布了政务公开的法规，各级党政权力部门逐渐推行政务公开；从管制政府走向服务政府，出台一系列的措施，大幅度减少行政审批事项，同时为公民提供更多的公共服务；从高度集权走向适度分权，中央政府从财政、税收、审批等多个方面向地方政府分权，同时将更多原先政府管制的事务转交给民间组织，开始向社会分权。

毋庸讳言，国家治理更多属于工具理性的范畴。换言之，无论哪一种社会政治体制中，统治者都希望有更高的行政效率、更加稳定的社会环境、更加完善的公共服务，从而有广泛的民意基础。但是，工具理性与价值理性之间并非存在不可跨越的鸿沟，工具理性的改革通常需要价值理性的指导，而且也或迟或早会催生新的价值理性。更进一步说，国家治理的改革虽然是达到既定政治和经济目标的手段，是一种工具理性的改革，但治理改革本身必然体现着某种政治价值，而且势必导致新的政治需求。因此，我一直坚持认为，治理改革是政治改革的重要内容，甚至也是政治体制改革的组成部分。改革开放以来，中国政治生活的进步与变革，主要体现在国家治理领域和社会治理领域的改革和进步。

迄今为止，我一直是增量改革的倡导者和践行者。我在20世纪末提出了"增量民主"理论，并且在21世纪初主持发起了"中国地方政府改革创新研究与奖励计划"。在社会各界已有广泛影响力的"中国地方政府创新奖"，便是该计划的重要内容，也是以"增量民主"推动社会政治进步的一个重要尝试。从2000年开始，我与中共中央编译局比较政治与经济研究中心的同事们一道，利用"中国地方政府创新奖"这个重要平台，对过去十多年中各级政府的改革创新案例进行了搜集、整理、分析和研究，对其中的先进案例进行了奖励、宣传和推广。可以自豪地说，关于中国的民主治理改革和政府创新，我们中央编译局比较政治与经济研究中心拥有最齐全的案例数据库。我们一直希望能够通过某种方式，使我们的案例数据和研究成果能够为更多的学术同行和党政官员分享，这套丛书便是这种努力的一个重要结果。展示在读者面前的这套《中国的民主治理：理论与实践》，按主题共分十卷，分别由"中国地方政府改革创新研究与奖励计划"的骨干成员主持编选。这十卷的目录和主编依次是：《民主选举》（闫健）、《民主决策》（陈家刚）、《民主管理》（龙宁丽）、《民主监督》（何增科）、《党内民主》（靳呈伟）、《法治政府》

(李月军)、《透明政府》(刘承礼)、《效率政府》(陈雪莲)、《服务政府》(徐焕) 和《社会管理创新》(周红云)。

丛书各卷的选材主要依据"中国地方政府改革创新研究与奖励计划"的案例和成果,但并非局限于此。除此之外,我们还广泛选取了在相关主题方面的经典案例和代表性研究成果。从这个意义上说,这套丛书是我国在民主治理的实践探索和理论研究方面较为重要的一个成果汇编,读者从中可以大体了解21世纪以来我国治理改革的现实进展和研究现状。所以,作为丛书的主编,我特别希望这套丛书对于党政部门的实践者来说,具有一定的借鉴意义;对于学术部门的研究者来说,则具有一定的史料价值。

俞可平
2013年端午节于京郊方圆阁

导 论
当代中国民主决策的路径选择与实践价值

陈家刚
（中央编译局比较政治与经济研究中心）

毫无疑问，1978年党的十一届三中全会拉开了当代中国经济社会发展转型的大幕。中国政治也开始从政权建设走向制度建设、社会建设的新阶段。这一转型过程至今依然没有完成，而观察这一转型过程，并对之进行深入分析和探索，也是国内外政治观察家、专家学者热衷的重要论题。其中，经济发展取得巨大成就之后政治体制变革的走向问题尤其突出。有学者认为，改革开放以来，中国的市场经济建设取得了巨大成就，民主法治建设、政治体制改革在稳步推进的同时取得了长足进展；也有学者认为，中国的转型发展是不平衡的，是"跛足的"，政治体制改革长期处于停滞状态，由此也将会阻碍市场经济的进一步发展。如何认识当代中国的民主发展，既是一个理论问题，也是一个实践问题；既是一个存在广泛共识的问题，也是一个面临众多分歧的问题。在笔者看来，改革开放推动的市场经济建设，深刻地影响并实际地改变了当代中国政治体制的现状，而中国政治体制自身合乎逻辑的发展也反过来影响并主导着中国经济改革的进程。最为关键的是，在政府主导变革的路径支配下，当代中国决策体制的变革，以及决策民主化的实践，既支持和保证了经济的发展，也有力地推动着政治体制的转型和发展。

一、当代中国决策体制的形成与演变

从一般的意义上讲，"决策"指的是一系列有关制定、实施和评估约束性规则的活动，它是为未来行为确定目标、方向和原则，并选择能够实现预期目标的最优方案而做出决定的过程。决策是一种理性地做出选择的行为，它广泛地存在于社会生活的各个方面和各个领域，其内容包括经济、文化、政治、外交等各个方面。而我们通常在学术研究和理论探讨中论及的决策，则大多是指政治生活中的政党组织、政权机关、社会政治团体、公共机构等政治主体为了反映和表达其所代表的阶级、阶层、群体的利益和意志，做出行动决定或决定行动对策的整个过程，即政治决策。从动态角度看，政治决策是"把有效的政治要求转换成权威性决策过程"；或者是"整个社会所从事的权威性价值分配"等等。从静态角度看，政治决策是政治行为和政治过程的结果。政治决策是发生在政治系统中的决策，即政治决策一定是发生在公共权力机关中的权威性决策，是对公共价值所做的权威性分配。政治决策与其他决策的区别就在于这种决策事关国家和整个政治系统，它影响国家政治机构的性质及政治系统运行的方向和速度。

（一）当代中国的决策体制，是在革命、建设和改革开放实践过程中逐步形成的。随着经济社会的发展变化，当代中国的决策体制，经历了从协商建国、立宪建政与国家建设、动荡与拨乱反正、改革开放与中国特色社会主义建设等重要历史阶段

1. 协商建国与过渡时期（1949—1954）

随着中国人民革命战争在全国范围内的胜利推进，创建中华人民共和国的工作就摆在了中国共产党以及各民主党派的议事日程上来。1949年6月起，中国共产党同各民主党派、无党派人士和各人民团体成立了新政治协商会议筹备会，协商建立中华人民共和国。1949年9月21日至30日，中国人民政治协商会议第一届全体会议在北平（今北京）举行。这是中国历史上具有划时代意义的盛会。与会代表对大会的各项议案进行了充分讨论和民主协商。9月27日，全体会议一致通过了《中国人民政治协商会议组织法》和《中华人民共和国中央人民政府组织法》。《中国人民政治协商会议组织法》规定，中国人民政治协商会议为全中国人民民主统一战线的组织，在普选的全国人民代表大会召开以前，中国人民政治协商会议全体会议执行全国人民代表大会的职权；在全国人民代表大会召开以后，就有关国家建设事业的根本大计或重要措施，向全国人民代表大会或中央人民政府委员会提出建议案。9月29日，全体会议一致通过《中国人民政治协商会议共同纲领》（简称《共同纲领》）。9月30日，全体会议选举毛泽东等180位委员组成中国人民政治协商会议第一届全国委员会；选举毛泽东为中央人民政府主席，朱德、刘少奇、宋庆龄等56人为委员，组成中央人民政府委员会。9月30日，全体会议一致通过《中国人民政治协商会议第一届全体会议宣言》，向全世界宣布："中华人民共和国现已宣告成立，中国人民业已有了自己的中央政府。"大会圆满完成创建中华人民共和国的使命，宣布闭幕。

从1949年协商建国，到1954年制定《宪法》，这是当代中国决策体制的奠基期。这一时期的政治生活，一方面面临着结束战争、重建家园、恢复生产的艰巨任务，另一方面也承担着奠定基础、开辟未来的光荣使命。中国人民政治协商会议第一届全体会议为建立一个独立、民主、和平、统一和富强的新中国作出了不可磨灭的贡献，也为当代中国决策体制的形成奠定了初步的基础。

2. 立宪建政与建设时期（1954—1966）

随着工业化建设和社会主义改造的全面展开，加强国家政治、法律上层建筑领域的建设，更好地为建立社会主义经济基础服务，成为迫切需要。在征询苏联斯大林意见之后，1952年12月，政协第一届全国委员会常务委员会举行第43次会议，讨论中国共产党关于1953年召开全国人民代表大会和各级人民代表大会的提议。1953年1月，中央人民政府委员会举行会议，正式作出《关于召开全国人民代表大会及地方各级人民代表大会的决议》，决定于1953年召开由人民用普选方法产生的乡、县、省（市）各级人民代表大会，并在此基础上召开全国人民代表大会。[1] 随后成立了以毛泽东为主席，朱德、宋庆龄等32人为委员的中华人民共和国宪法起草委员会；成立了以周恩来为主席，由23名委员组成的中华人民共和国选举法起草委员会。紧张的筹备工作由此展开。

在中国共产党的领导下，全国人民代表大会召开之前：1953年3月1日，《中华人民共和国全国人民代表大会及地方各级人民代表大会选举法》颁布施行；1953年4月，政务院颁布了《为准备普选进行全国人口调查登记的指示》和《全国人口调查登记办法》，随后开展了第一次全国人口调查工作；根据《选举法》的规定，全国建立乡、县、省（市）各级选举委员会，抽调25万余干部参加选举指导工作；《中华人民共和国宪法（草案）》在毛泽东主持下，经过反复讨论修改，通过中央人民政府委员会审议。

在准备和召开第一届全国人大第一次会议期间，为适应经济建设和社会发展的需要，党中央对党和国家领导制度进行了若干调整。首先是调整党政领导的组织层次。撤销大区一级党政机构，使中央直接领导省（市）；在党中央的领导制度方面，在中央书记处下设立一个经常的秘书长工作会议；在国家行政体制方面，确立了国务院即中央人民政府的一级政府体制，改变了原来中央人民政府下辖政务院的两级政府状态，减少层次、提高效率；在军事

---

1. 1953年9月18日，中央人民政府委员会通过决议，将召开全国人民代表大会及地方各级人民代表大会的实践推迟到1954年。

领导制度方面，第一届全国人大第一次会议决定设立国防委员会和国防部，1954年9月28日，中央政治局决定在中央政治局和书记处下成立中央军事委员会，担负军事领导工作；在党的地方领导机构方面，1955年6月作出《关于建立省、市委书记处的决定》；在干部管理方面，坚持党管干部的原则，逐步建立在中央及各级党委统一领导下，在中央及各级党委的组织部统一管理下的分部分级管理干部的制度。

经过充分准备，1954年9月15至28日，第一届全国人民代表大会第一次会议在北京举行。大会代表1226名。毛泽东向大会致开幕词《为建设一个伟大的社会主义国家而奋斗》；刘少奇作《关于中华人民共和国宪法草案的报告》；周恩来作《政府工作报告》。大会经过充分讨论，通过了《中华人民共和国宪法》、《中华人民共和国全国人民代表大会组织法》、《中华人民共和国国务院组织法》以及人民法院、人民检察院、地方各级人民代表大会和地方各级人民委员会的组织法。大会选举和决定了国家领导工作人员。9月28日，第一届全国人大第一次会议胜利闭幕。第一届全国人民代表大会的召开，标志着人民代表大会制度作为新中国根本政治制度的正式确立。这是中国政治制度的一次伟大变革。[1] 以第一届全国人民代表大会第一次会议召开为标志，长期革命斗争历史中形成的以中国共产党为领导核心的决策体制以立法的形式正式确立。

3. 内乱动荡与拨乱反正时期（1966—1978）

1966年5月中央政治局扩大会议和同年8月党的八届十一中全会之后，"文化大革命"全面地发动起来。"文化大革命"是"一场由领导者错误发动，被反革命集团利用，给党、国家和各族人民带来严重灾难的内乱"，它

---

1. 中央党史研究室编：《中国共产党历史》第2卷（1949—1978）上册，北京：中共党史出版社2011年版，第251页。

民主决策
Democratic Decision-making

"不是也不可能是任何意义上的革命或社会进步"。"文革"期间，党的决策体制发生了巨大变化。1966年5月的中央政治局扩大会议决定撤销原来以彭真为首的文化革命五人小组，重新设立文化革命小组（正式名称为中央文化革命小组，通常简称中央文革小组或中央文革）。新的中央文革小组一经成立，实际上就逐步成为不受中央政治局约束的、直接指挥"文化大革命"的机构，并在很大程度上控制了中央各重要媒体乃至全国的舆论工具，在政治上拥有超乎寻常的特殊的决策权力。

1966年8月，中共八届十一中全会改组了中央领导机构，最高决策层中央政治局常委由原来的7人扩大为11人。由周恩来负责召集中央政治局常委（扩大）碰头会，研究处理国内及对外的日常工作，向毛泽东、林彪请示决定。随后，从中央到地方的各级党委几乎全被冲垮，领导部门陷于瘫痪、半瘫痪，党和团的基层组织停止活动。1967年1月，上海市造反派组织夺取了上海市的党政大权后，毛泽东认为，临时权力机构叫革命委员会。此后，经夺权产生的各级政权和行政事业单位乃至企业的领导机构均统一定名为革命委员会。[1]到1968年9月，全国（除台湾省外）29个省市自治区相继成立了革命委员会。此间，中央和国务院各部委、各基层党政机关、企事业单位、农村人民公社等，也陆续成立了革命委员会。"革命委员会要实行一元化的领导，打破重叠的行政机构，精兵简政，组织起一个革命化的联系群众的领导班子。"[2]革委会的建立以全盘否定新中国成立以来我国的党政领导体制为前提，是"打倒一切"、"全面夺权"的畸形产物。1969年4月，党的九大在北京召开。会议选举了新的中央政治局、中央政治局常委。同时，新的中央政治局通过中央军事委员会主席、副主席、委员名单和中央军委办事组成员名单。中央军委常委会实际由林彪等操纵下的军委办事组所取代。此后，中央

---

1. 中央党史研究室编：《中国共产党历史》第2卷（1949—1978）下册，北京：中共党史出版社2011年版，第783页。
2. 《革命委员会好》，《人民日报》、《红旗》杂志、《解放军报》1968年3月30日社论。

文革小组实际上也停止活动。[1]

1976年,党中央采取果断措施,粉碎了"四人帮"篡党夺权的阴谋。1977年8月12至18日,党的十一大在北京召开。会议选出了新的中央领导机构。十一大政治报告宣布,以粉碎"四人帮"为标志,"文化大革命"宣告结束。根据十一大通过的党章,各省、自治区、直辖市相继召开新一届党代表大会,选举产生新一届党委。中央直属机关和中央国家机关及人民团体,陆续恢复建立党委或党组。党的领导得到充实和加强,党的决策体制逐步得到恢复、调整和完善。"党的十一大及上述一系列会议的召开,使'文化大革命'中被打乱的党和国家政治生活的正常秩序逐步得到恢复,开始走上正常轨道。"[2]

4. 改革开放与社会主义建设（1978—   ）

1978年党的十一届三中全会的召开,不仅实现了党的中心工作由"以阶级斗争为中心"向"以经济建设为中心"的战略转移,而且启动了中国决策体制改革的进程。

1978年12月,党的十一届三中全会召开,会议选举产生了中央纪律检查委员会,充实和加强了中央领导力量。"华国锋仍担任中共中央主席,但经过这次会议,就体现党的正确指导思想、决定党和国家重大方针政策的实际作用来看,邓小平实际上已经成为党中央领导集体的核心。"[3] 1980年8月18日,邓小平在中共中央政治局扩大会议上发表《党和国家领导制度的改革》的讲话,向全党提出了改革党和国家决策体制的政治任务。1982年,中国共产党中央顾问委员会,根据党的十二大通过的党章,中央顾问委员会"是中央委员会政治上的助手和参谋",其主要任务是:"对党的方针、政策

---

1. 中央党史研究室编:《中国共产党历史》第2卷（1949—1978）下册,北京:中共党史出版社2011年版,第810页。
2. 同上,第1008页。
3. 同上,第1061页。

的制定和执行提出建议，接受咨询；协助中央委员会调查处理某些重要问题；在党内外宣传党的重大方针、政策；承担中央委员会委托的其他任务。"中顾委是解决领导干部职务终身制的一种过渡措施，是解决中国共产党中央领导机构新老交替的一种组织形式。但中顾委常委列席党的中央政治局会议，在决策过程中发挥着重要作用。1992年，中共十四大通过了关于中央顾问委员会工作报告的决议，同意不再设立中央顾问委员会的建议，中央顾问委员会遂走入历史。1986年7月31日，时任国务院副总理的万里发表《决策民主化和科学化是政治体制改革的一个重要课题》的讲话，明确提出了决策体制改革的基本目标是实现决策的民主化和科学化。万里的这个讲话代表了中共中央的集体意志[1]。1987年，中共十三大政治报告中明确提出"党的决策的民主化和科学化"的主张。这是中共历史上第一次在党代表大会政治报告中表达了这一主张，这也意味着促进决策的民主化和科学化已成为全党的意志。1990年中共十三届六中全会通过了《中共中央关于加强党同人民群众联系的决定》，指出"要保证决策正确、执行有效，必须坚持从群众中来到群众中去，建立和健全民主的、科学的决策和执行程序"，"要重视和加强决策研究、决策咨询机构的工作，发挥它们的参谋作用"。1992年十四大报告重申"领导机关和领导干部要认真听取群众意见，充分发挥各类专家和研究咨询机构的作用，加速建立一套民主的科学的决策制度。"2002年11月，江泽民在十六大政治报告中强调"正确决策是各项工作成功的重要前提"，并对改革和完善决策机制提出了总体要求[2]；2004年9月中共十六届四中全会通过的《中共中央关于

---

1. 参见《万里文选》，北京：人民出版社1995年版，第514—532页。万里这个讲话稿邓小平看后批阅："很好，全文发表！"与此同时，陈云也批阅了这份讲话稿："这个讲话，解决了我们党多少年以来没有解决的一个重要问题。"参见《为了决策科学化民主化：软科学发展20周年纪实之一》，载《科技日报》，2007年1月10日。这意味着，决策的民主化、科学化是党中央确定的决策体制改革的目标。
2. 江泽民：《全面建设小康社会，开创中国特色社会主义事业新局面——在中国共产党第十六次全国代表大会上的报告》，北京：人民出版社2002年版，第34—35页。

加强党的执政能力建设的决定》提出要"改革和完善决策机制，推进决策的科学化、民主化。完善重大决策的规则和程序，通过多种渠道和形式广泛集中民智，使决策真正建立在科学、民主的基础之上。对涉及经济社会发展全局的重大事项，要广泛征询意见，充分进行协商和协调；对专业性、技术性较强的重大事项，要认真进行专家论证、技术咨询、决策评估；对同群众利益密切相关的重大事项，要实行公示、听证等制度，扩大人民群众的参与度。建立决策失误责任追究制度，健全纠错改正机制。有组织地广泛联系专家学者，建立多种形式的决策咨询机制和信息支持系统"。2007 年 10 月，胡锦涛在十七大政治报告中强调，"从各个层次、各个领域扩大公民有序政治参与，"提出推进决策科学化、民主化的重点建设领域是"增强决策透明度和公众参与度"。[1]

（二）当代中国的决策体制是中国特色社会主义政治体制的重要组成部分，既受基本政治体制框架的约束，又反过来影响政治体制的发展。在不断地理论思考和实践探索过程中，当代中国的决策体制形成了符合自身国情的显著特点

1. 中国的社会主义国家性质决定了当代中国决策体制的领导力量和核心行为主体是中国共产党

从 1948 年发布"五一口号"，到 1949 年 6 月毛泽东发表《论人民民主专政》以指导中华人民共和国的建立，以及后来《中华人民共和国宪法》的制定，中国共产党因为其作为最广大人民群众利益的代表、因为其艰苦卓绝的奋斗历程，以及取得的伟大成就而始终处于核心的领导地位、发挥着指导作

---

[1]. 胡锦涛：《高举中国特色社会主义伟大旗帜 为夺取全面建设小康社会新胜利而奋斗——在中国共产党第十七次全国代表大会上的报告》，北京：人民出版社 2007 年版，第 29 页。

用。"中国人民民主专政是中国工人阶级、农民阶级、小资产阶级、民族资产阶级及其他爱国民主分子的人民民主统一战线的政权,而以工农联盟为基础,以工人阶级为领导。"[1]《中国共产党章程》第十五条也明确规定:"有关全国性的重大政策问题,只有党中央有权作出决定,各部门、各地方的党组织可以向中央提出建议,但不得擅自作出决定和对外发表主张。"中央政治局和它的常务委员会在中央委员会全体会议闭会期间,行使中央委员会的职权。这意味着中央政治局和它的常务委员会是实际上的中央决策机构,中央书记处是中央政治局和它的常务委员会的办事机构。[2]1953年3月中共中央发出的《关于加强中央人民政府系统各部门向中央请示报告制度及加强中央对于政府工作领导的决定(草案)》。该决定草案规定:"为了使政府工作避免脱离党中央领导的危险,今后政府工作中一切主要的和重要的方针、政策、计划和重大事项,必须经过党中央的讨论和决定或批准。""今后政府工作中一切主要的和重要的方针、政策、计划和重大事项,必须事先请示中央,并经过中央讨论和决定或批准以后,始得执行。政府各部门对于中央的决议和指示的执行情况及工作中的重大问题,均须定期地和及时地向中央报告或请示,以便取得中央经常的、直接的领导。"[3]这种核心作用还体现在中国共产党与其他行为主体如全国人大、国务院、中央军事委员会等相关机构合署决策文件的惯例,如2010年7月8日,中共中央、国务院共同印发《国家中长期教育改革和发展规划纲要(2010—2020年)》。这种决策体制,从横向上保障了党对国家政权的政治领导。

2. 当代中国的决策体制具有独特的组织领导和决策协调机构

在中国共产党领导全国人民进行社会主义建设实践的过程中,逐步形

---

1. 《中国人民政治协商会议共同纲领》,1949年9月29日中国人民政治协商会议第一届全体会议通过。
2. 参见《中国共产党章程》,北京:人民出版社2006年版,第13页。
3. 参见《建国以来重要文献选编》(4),北京:中央文献出版社1992年版,第67—72页。

成了中国共产党在国家生活中的一元化领导格局。关于党的一元化领导格局，毛泽东在1952年作了如下概括：（1）一切主要的和重要的方针、政策、计划都必须统一由党中央规定，制定党的决议、指示，或对各级有关机关负责同志及党组的建议予以审查批准；各中央代表机关及各级党委则应坚决保证党中央及中央人民政府一切决议、指示和法令的执行，并于不抵触中央决议、指示和法令的范围内，制定自己的决议或指示，保证中央和上级所给任务的完成。（2）检查党的决议和指示的执行情况。[1] 一元化领导格局，清楚地表明了决策的核心。而1958年6月10日，中共中央关于决定成立财经、政法、外事、科学、文教等五个小组的通知中指出："这些小组是党中央的、直隶中央政治局和书记处，向它们直接做报告。大政方针在政治局，具体部署在书记处。"[2] 这些常设的"领导小组"不仅在中央政治局的实际决策过程中发挥着十分重要的作用，而且，它的设立标志着党中央各工作部门的职能的扩展——由主要管理国务院相关部门的干部扩展到直接管理各部门的业务工作，并在某种程度上，履行着协调"党政关系"的重要职能。[3] 执政党还从中央到基层建立健全了各级党组织，中央一旦做出决策，通过中央到基层的各级组织开会层层传达、动员，并组织贯彻落实。这种决策体制，从纵向上实现了中央对地方、地方对基层、基层对个人的政治整合，既为贯彻落实中央的决策提供了组织保障，同时也促进了生活在基层社会的群众通过基层党组织的领导作用逐步认同中央决策的合法性。

---

1. 毛泽东：《党对政府工作的领导责任》（1952年12月），《毛泽东文集》第6卷，北京：人民出版社1999年版，第252页。
2. 参见《建国以来毛泽东文稿》（7），北京：中央文献出版社1992年版，第268页。
3. 关于"中共中央工作领导"小组的定位，台湾文化大学中国大陆研究所教授邵中海在《中共中央工作领导小组组织定位》一文中做了较详细的分析。该文发表在《中国大陆研究》第48卷，第3期。

民主决策
Democratic Decision-making

3."中国共产党领导的多党合作和政治协商制度"这一基本政治制度，决定了在当代中国决策体制的实践中，执政党与各民主党派、社会团体等形成了一种团结合作、平等协商的决策格局

1948年中国共产党"五一口号"发布后，5月5日各民主党派、民主人士于香港发给毛泽东并转解放区全体同胞的电报，明确谴责国民党政府"窃权卖国，史无前例"，表示拥护中国共产党的号召，迅速召开政治协商会议。宋庆龄在中国人民政治协商会议第一届全体会议上致词说，"我们达到今天的历史地位，是由于中国共产党的领导。这是唯一拥有人民大众力量的政党。"从而表明了各民主党派等对中国共产党决策地位和作用的认可与支持。而中国共产党也始终保持一种谦逊的态度，始终尊重国内各民主党派、民主人士，坚持平等包容互谅互让的政治协商精神。刘少奇曾在第一届全国政协大会发言中就指出，"中国共产党以一个政党的资格参加人民政治协商会议，和其他民主党派、各人民团体、各少数民族、国外华侨及其他爱国民主分子一起，在新民主主义的共同纲领的基础上忠诚合作，来决定中国一切重要的问题。"而中国人民政治协商会议第一次全体会议出席大会的45个单位以及特别邀请代表共662名中，作为发起政协会议的最大的政党，中国共产党代表名额与中国国民党革命委员会、中国民主同盟的代表相当，同为正式代表16名，候补代表2人。在随后的中央人民政府组成里，中央人民政府委员会6位副主席中，共产党员3人，民主党派和无党派民主人士3人；中央人民政府委员会56位委员中，共产党员29人，民主党派和无党派民主人士27人；政务院4位副总理中，共产党员2人，民主党派和无党派民主人士2人；15位政务委员中，共产党员6人，民主党派和无党派民主人士9人；政务院所辖4个委员会和30个部、会、院、署、行等机构中，担任正职的共产党员20人，民主党派和无党派民主人士14人。[1] 充分显示出平等协商、共同决策的政治格局。

---

1. 中央党史研究室编：《中国共产党历史》第2卷（1949—1978）上册，北京：中共党史出版社2011年版，第18页。

4. 在革命和建设过程中,当代中国的决策体制也出现过扭曲、错误和失误。中国共产党在不断总结经验教训的过程中,积极推动决策体制的完善和发展

当代中国决策体制的最主要特征,是决策权力的集中性,即国家决策权力主要集中在中国共产党,而中国共产党党内决策权力主要集中在中央政治局。这种集体决策体制,有利于在错综复杂的局面下,及时果断地做出一系列的重大决策,有效地应对各种危机。"只有先建立一个强有力的政治机构或政党,然后用它的政治力量、组织方法,深入和控制每一个阶级、每一个领域,才能改造或重建社会国家和各个领域的制度与组织,才能解决问题,克服全面危机。"[1] 但是,这种集中自然也会导致一系列的重大失误和错误,例如"大跃进"、"文化大革命"等重大经济和政治决策的失误等。

中国共产党在努力探索建设社会主义实践中出现的决策错误,存在着主客观方面的复杂原因。一是决策核心领导力量对于如何实现从传统封建专制走向现代民主法治国家缺乏足够的知识、经验和思想认识。社会主义革命和建设时刻面临着来自内部和外部的压力,不可避免地会对重大决策产生影响;二是在于党和国家的领导体制存在着弊端。从遵义会议到新中国成立后的最初几年,党中央、毛泽东一直比较注意实行民主集中制,实行集体领导,党内民主生活比较正常。但是,好的传统没有坚持下来,未形成严格的完善的制度;对于体制中存在的权力过分集中、领导干部职务终身制等现象,未能在实际工作中通过解决领导体制问题加以消除和防止。从50年代后期起,党和国家的政治生活逐渐不正常,个人决定重大问题、个人崇拜、个人凌驾于组织之上一类现象滋长起来,削弱和破坏了党内民主和人民民主;三是缺乏有效的监督和制约。当领导人的认识和决策出现重大失误时,而党却不能及时防止和发现这样的重大失误,及时发现了也难以及时纠正,这样,探索和

---

1. 转引自陈明明:《现代化进程中政党的集权结构和领导体制的变迁》,载《战略与管理》,2000年第6期。

民主决策
Democratic Decision-making

建设的进程就难以避免发生曲折了。

但是，作为当代中国决策体制的核心行为主体，中国共产党能够勇于面对错误和失误，并且能够不断地总结各种经验，肯定成绩、吸取教训，一方面深刻认识体制弊端，另一方面努力不断地改善制度和体制。"我们过去发生的各种错误，固然与某些领导人的思想、作风有关，但是组织制度、工作制度方面的问题更重要。这些方面的制度好可以使坏人无法任意横行，制度不好可以使好人无法充分做好事，甚至会走向反面。""这个教训是极其深刻的。不是说个人没有责任，而是说领导制度、组织制度问题更带有根本性、全局性、稳定性和长期性。这种制度问题，关系到党和国家是否改变颜色，必须引起全党的高度重视。"[1]"必须使民主制度化、法律化，使这种制度和法律不因领导人的改变而改变，不因领导人的看法和注意力的改变而改变。"[2]通过深入开展"实践标准大讨论"，弘扬实事求是的思想路线，以及改革开放以后，科学民主法治的决策体制逐步得到恢复和发展。我国《宪法》明确规定，"全国各族人民、一切国家机关和武装力量、各政党和各社会团体、各企业事业组织，都必须以宪法为根本的活动准则，并且负有维护宪法尊严、保证宪法实施的职责。"十七大通过的《中国共产党党章》明确规定，"党必须在宪法和法律的范围内活动。"从国家和执政党根本大法的高度对决策体制中各行为主体的权力进行了明确规范，确保决策权力在宪法和法律范围内行使。在宪法和法律范围内，中国共产党领导下的，由立法机构决策、协商机构协商、政府负责实施、司法系统负责监督的科学的、民主的、法治的决策体制逐步得到恢复和完善。

---

1. 邓小平：《党和国家领导制度的改革》（1980年8月18日），《邓小平文选》第2卷，北京：人民出版社1994年版，第333页。
2. 邓小平：《解放思想，实事求是，团结一致向前看》（1978年12月13日），见《邓小平文选》第2卷，北京：人民出版社1994年版，第146页。

二、决策民主化：多样性实践探索发展路径

决策民主化，就是在稳定的、持续的民主决策体制的规范下，决策过程能够最广泛地容纳不同利益主体和不同的利益表达，参与各方能够形成最大程度的共识，进而使决策结果符合公共利益。决策民主化是现代民主政治发展的重要内容，也是我国政治体制改革的重要内容。改革开放以来，我国党政机构的民主决策实践越来越显著。党的十六大报告指出："正确决策是各项工作成功的重要前提，要完善深入了解民情、充分反映民意、广泛集中民智、切实珍惜民力的决策机制，推进决策科学化、民主化。"民主决策能够有效地扩大参与广度和深入，合理规范和限制领导者的决策权力，避免领导人个人或者个别领导集体知识的局限和价值观念的偏见，进而大大提升决策的质量，减少决策的失误，提高决策的正确性和可靠性。近年来，我国各级党政机构在民主决策方面进行了广泛的、多样性的实践探索，客观认识和深入分析这些创新实践可以从经验视角丰富我们对于我国民主决策体制变革的认识。

（一）决策民主化的多样性实践：经验分析

随着我国经济社会的发展，我国的民主决策实践表现出多样性的特征。从全国到地方，不同层级的党政机关、立法机构、社会团体、自治组织，以及企业等不同政治行为主体，都在积极推动决策的民主化实践；不同领域如经济发展、法治建设、公共服务、预算分配、基层治理和城市交通等重大议题和民生需求，都被纳入民主决策的选择之中。民主决策已经成为我国政治文明建设的重要环节。

首先，从立法机构来看，根据"开门立法"、"透明立法"的精神，各级立法机构的民主立法进程日益加快，最为显著的是立法听证的探索和实践。

民主决策
Democratic Decision-making

作为一种程序民主，立法听证是指立法机关在制定或通过涉及公民个人、法人或其他组织权益的法案时，通过多样性的制度形式，赋予利益相关人表达自身利益的权利和机会，并将这种利益表达作为立法依据或参考的程序性安排及实践。听证制度在我国的发展开始于20世纪80年代，在90年代后期得到初步的发展，2000年3月15日颁布的《中华人民共和国立法法》对听证会形式作出了原则性规定。《立法法》颁布以后，地方各级人大常委会的立法听证实践就具备了明确的法律依据。因此，各地的立法听证实践也日益丰富、日益规范。2000年深圳市人大就《深圳经济特区审计监督条例（草案）》举行了首次立法听证会。2001年11月，深圳市第三届人大常委会第十一次会议正式审议通过了《深圳市人民代表大会常务委员会听证条例》，并于2002年1月1日起开始实施，这是《立法法》颁布以来的全国首例立法听证规则，填补了国内立法空白，同时也为深圳公民在立法领域内进行有序的政治参与提供了制度化渠道。2006年9月27日，全国人大法律委员会、财经委员会、人大常委会法工委就个人所得税工薪所得减除费用标准举行了立法听证会。全国人大常委会的此次听证会，是在税收层面推进立法民主的具体表现，也为公民直接参与国家管理提供了一个渠道。在全国人大及其常委会的立法史上，这是首次举行听证会，具有重大的政治和法治发展意义。目前，全国各地的立法机构基本上开始采行"立法听证"等方式，而且，听证内容也涉及国计民生的方方面面，如上海、浙江、云南、新疆等地关于消费者权益保护的听证；山西、安徽、江西等地关于房屋拆迁问题的听证；天津、江苏、贵阳等地关于物业管理和土地房屋登记问题的听证；河北的个体私营企业权益保护方面的听证；广东的招标投标、工程监理等方面的听证；以及其他如个税起征点、环境保护等重大决策的听证等。立法听证开始从日常的热点难点，转向既影响普通民众生活，又影响国家发展的重大决策的领域。立法过程的民主实践既扩大和促进了公民政治参与，维护了公民权利，又广泛地收集了立法信息，提高立法质量。立法民主是现代民主政治发展的必然要求，是我国决策民主化的重要内容。

其次，从党政决策结构来看，权力高度集中的"一元化"结构开始走向合理的分权。在保持执政党领导地位的前提下，按照执政党与国家政权机关的不同职能，公共权力逐步实现合理分工并制度化，过去"党政不分"、"以党代政"的状况有了明显的改变。党章明确规定："党必须在宪法和法律的范围内活动。"[1] 改变了过去"以言代法"、"以政策代替法律"的现象。各级党委不再设立不在政府任职但又分管政府工作的专职书记、常委。撤销了过去与政府机构重叠对口的部门，把管理的行政事务转给政府有关部门管理。[2] 健全了从中央到地方党的集体决策制度，例如理顺了中央政治局及其常委会与中央书记处、中央全会的关系，建立了中央政治局常委向中央政治局、中央政治局向中央全会定期报告工作的制度；明确书记处不具有决策职能，只是中央政治局及其常委会的办事机构；建立了通过正式会议做出集体决策制度等。凡属事关国家和社会发展全局的重大决策，视其重要程度，分别由中央政治局常委会议、中央政治局会议、中央工作会议、中央委员会全体会议、党的全国代表大会讨论决定；国务院工作中的重大事项，必须经国务院全体会议或国务院常务会议讨论决定；建立中央政治局、政治局常委会工作规则、会议的议事规则和生活会制度，使集体决策制度化；建立重大问题决策征求意见制度，重大决策之前，都要充分发扬党内民主，集体讨论做出决定。例如，党的十八大报告广泛征求了各方面意见，征求意见人数达到4511人。

再则，从地方治理的视角来看，各级地方政府为满足广大民众的需求和意愿，在民主决策方面进行了许多创造性的探索。例如浙江温岭20世纪90年代起创造性开展的"民主恳谈"，2005年后启动的"参与式预算"改革等。"民主恳谈"指的是在基层的政治决策过程中，基层群众、组织和社区等利益

---

1. 《中国共产党章程》（中国共产党第十二次全国代表大会1982年9月6日通过）。
2. 赵紫阳：《沿着有中国特色的社会主义道路前进——在中国共产党第十三次全国代表大会上的报告》，载《十三大以来重要文献选编》（上），北京：人民出版社1991年版，第36页。

相关方能够借助规范的制度平台,并通过意见表达、对话沟通、协商讨论的形式,在达成共识的基础上做出符合公共利益的决策的民主形式;"参与式预算"是指广大群众以民主恳谈为主要形式参与政府年度预算方案讨论,人大代表审议政府财政预算并决定预算的修正和调整,进而实现实质性参与和监督政府预算执行的民主实践,是一种民众能够决定部分或全部可支配预算或公共资源最终用处的机制和过程。又如,为了适应从计划经济向市场经济的转轨,执政观念和执政方式的转变,以及重塑责任型政府和服务型政府的艰巨任务,重庆开县麻柳乡通过"八步工作法"这种新的决策机制创新,有效地解决了"后选举时代"如何化解管理危机的问题。还有北京市为了解决交通拥堵问题而实施的民主决策法治化探索等。地方治理过程中的决策民主化,其根本动力源自其面临的现实危机和需要,其目的是为了实现更好的管理,而其基本方式是通过更多地鼓励民众参与决策过程,而将参与者的主体地位放在首位,改变了所谓"青天大老爷"想当然地为民做主的现象。决策方式的转变同时改变着政府的施政理念。

最后,从自治组织和社会生活等方面来看,参与广泛、形式多样、效果显著的民主决策机制在实践中得到有效实施。基层居民自治是我国近年来民主政治发展的重要突破,而民主决策是基层民主过程中的重要环节。在农村村民自治和城市居委会自治实践中,由村民或居民选举出的代表组成代表会议,讨论农村和城市社区的重大事务,已经逐渐制度化、规范化和程序化了。而面临制度创新的瓶颈限制,居民自治组织的民主决策要实现常态化,就需要从以下几个方面进行深入探索,如健全居民代表民主决策机制、发展协商民主鼓励更广泛的参与和对话,以及在民主决策实践中锻炼民众的平等理性精神等。此外,作为民主决策的重要参与主体,非政府的政策参与过程具有非常典型的意义。例如宁波市海曙区实施的"居家养老服务"社会工程,以其独特的运作机制和所取得的骄人成绩引起了普遍关注,而这与"海曙区星光敬老协会"这个非政府组织发挥的中介和桥梁作用是分不开的。宁波市海曙区政府向非政府组织"星光敬老协会"购买居家养老服务的实践，是政府与非政府组织合作的有益尝试，也是非政府组织政策参与的有益探索。正是在这个非政府组织的参与之下，使政府承担辖区内养老服务的压力大大的减轻，同时还激发了社会组织参与为老服务的积极性，满足了辖区内老年人多样化的养老需求。

（二）决策民主化的主要特征及基本路径

从实践来看，决策民主化的首要特征是分权的决策体制的形成与稳定化。长期以来，制约和阻碍决策民主化的主要问题就是决策权力过分集中。过分集中的决策体制容易产生许多弊端，例如由于主观愿望严重地脱离客观实际，权力缺乏必要的制约，个别领导"经验决策"、"盲目决策"层出不穷，权力集中导致的个人专断极容易造成决策失误。而改革权力过分集中的旧的决策体制，建立权力下放、分层决策的民主决策体制，通过规范和合理限制决策权力，用民主的决策制度来规范决策行为，才能够提高决策的正确性。才能够做到公正、公平和公开决策。改革开放以来，党和国家对决策权力进行了科学、合理的分工，在保证执政党决策领导地位的基础上，合理区分了政党组织与立法、行政、司法机关活动的不同特点和在国家决策中的不同职能，并依照宪法和法律保证各种国家机关独立行使职权。

决策民主化的第二个特征是广大民众的广泛参与。民主就是人民当家做主，决策应该也必须体现人民群众的根本利益和长远利益。决策民主化体现了我们党和人民共同的意愿和选择，因为它集中代表着广大人民群众的根本利益和长远利益，是广大人民群众经济权利、政治权利、社会事务管理权利的集中表现，也是民主政治实践的发展和体现。广大群众只有真正参与到决策的过程之中，并实际地发挥作用，决策才能够真正体现出民主特征。

第三，决策民主化的最重要标志就是，决策过程中能够使各种不同意见

和利益得到最充分和客观的表达，整个决策过程畅通、规范、透明和趋向完善，并浸透着一种宽松、自由和畅所欲言的民主氛围。

第四，决策民主化可以最大限度地提升决策质量，它也在最大程度上弥补决策者的信息不足、知识不足和能力不足，纠正他们价值的、理性的、观念的偏见。并且最大限度地调动了群众的积极性，提升了群众的主动性和创造性，从而决策的实施获得最有力的支持和保障。

改革开放以来，当代中国的决策体制逐步开始朝向民主化方向发展。而通过理论分析和实践探讨，我们大致可以总结出决策民主化的基本路径。首先，实现决策的科学化民主化是当代中国决策体制的重要目标。实现决策的科学化和民主化既是中共由革命党向执政党转变的内在逻辑的展现，也是实现决策体制现代化的客观要求。如果说，决策的民主化体现的是一种价值理性，那么，决策的科学化则体现的是一种工具理性。将决策的民主化和科学化确立为决策体制改革的目标，既是对"文化大革命"的沉痛教训的深刻总结，也是对建设社会主义的规律的重新理解和对共产党执政方式的正确把握，更是对决策规律的深刻认识。[1] 决策的民主化是实现人民民主的内在要求，是整合各方利益诉求、广开言路、反映民意的制度安排。决策的科学化是把科学引入决策的过程中，利用现代科学技术手段、采用科学的方法、按照科学的程序、通过科学的论证，为正确决策提供技术支撑。在一个现代的决策体制中，民主与科学是不可分的。不能广开思路、言路，就无法凝聚专家和群众的智慧，就无法充分反映广大人民的根本利益和诉求，决策也就丧失了公信力；没有一套严格的决策程序，没有完善的决策支持系统和科学的决策方法，决策的正确性无从检验，就会经常做出错误的判断，民主化也就成了形式上的东西。实现决策的科学化与民主化，对维护党的执政合法性地位是有积极意义的，它可以修正绩效合法性所带来的负面效应。

---

1. 周光辉：《当代中国决策体制的形成与变革》，载《中国社会科学》，2011年第3期。

其次，决策方式开始逐渐从以经验决策为主转向以科学民主决策为主。现代社会是一个流动性大、信息量大、各种因素紧密关联、高度复杂的风险社会，过去那种凭借领导者个人的经验直接决策的方法已经难以达到正确决策的目的了。决策是一种理性选择行为，"是一个有理性的行动者对于某种外部挑战做出的果断的反应。"[1] 所谓科学决策，说到底是要使决策者的理性选择尽可能符合客观规律。改革开放以来，党和政府开始越来越多地采取科学的民主的决策方式。一是建立民主、科学的决策论证制度，凡是国家重大发展战略、规划的制定、重大工程建设、涉及民生的公共政策的制定都要经过民主的论证程序，需要通过专家的科学论证，形成论证报告后才能提交决策机构讨论、决定。2008年4月15日，十一届全国人大常委会第二次委员长会议决定，今后法律草案一般都向社会公布，广泛征求各方面意见。《国家中长期教育改革和发展规划纲要（2010—2020年）》，从2008年8月启动，到2010年5月5日国务院常务会议讨论并原则通过。《规划纲要》的制定历时1年零9个月，共有500多位专家学者参加11个重大战略专题组，在境内外先后召开座谈会、研讨会1800余次，参与人员35000余人次，经过40轮大的修改，两次面向社会各界公开征求意见，第一次收到意见建议210多万条，信件14000多封；第二次收到意见建议2.79万条；各界人士通过网络、媒体发表评论看法约249万条。[2] 二是在决策过程中采用科学的决策方法，如针对国家与社会发展全局和长期目标的决策，通常采用总体目标法、系统分析法、综合平衡法和战略规划法等；三是运用科学技术手段和工具参与决策过程，提高决策的精确度。

第三，决策逐步从非制度化向制度化转变。近年来，我国各级党政部门

---

1. [英] 戴维·米勒（英文版主编），邓正来（中文版主编）等译：《布莱克维尔政治学百科全书》（修订版），北京：中国政法大学出版社2002年版，第197页。
2. 参见焦新：《中国教育改革发展的纲领性文件——教育规划纲要工作小组办公室负责人答记者问》，载《中国教育报》，2010年7月31日。

强化了决策机制的制度化建设。如建立社情民意反映制度，建立与群众利益密切相关的重大事项社会公示制度和社会听证制度，完善专家咨询制度，实行决策的论证制和责任制，防止决策的随意性。中共十六届四中全会进一步提出，建立广泛征求意见制度、决策协商和协调制度、专家论证制度、技术咨询制度、决策评估制度、公示和听证制度、决策失误责任追究制度等。对于促进决策的科学化与民主化，这些制度建立与完善将发挥日益重要的作用。[1] 以建立相对独立的决策咨询系统为例，改革开放以来，政策咨询机构和专家、学者为重大决策提供智力支撑和决策咨询发挥着日益重要的作用。随着重大决策事前广泛征求意见和决策方案论证的制度化，决策咨询系统不仅承担着保障科学决策相对独立的职能，而且成为决策结构中不可替代的重要组成部分。近年来，特别是一些重大公共政策制定方面专家、学者参与决策的广度和深度都有了明显的进展。例如在国家中长期科技发展规划制订过程中，全国就有4000多位各个领域的专家参与其中。决策的制度化还体现在决策过程的规范化、体制机制完善、程序设计合理等等。

第四，决策民主化的顶层设计与基层创新有机地结合在一起。为适应经济社会的快速发展，党和国家在推动决策民主化，实现科学民主决策方面出台了一系列重大决定，形成了一整套规范合理的决策制度和体制机制，并在实践中有效地推动了民主决策的深入和发展。而因为当代中国的民主政治发展很多时候是从地方和基层的创新实践开始的，因此，决策民主化有机地将党和国家的顶层设计与基层创新结合在一起。党的十六届四中全会明确提出"建立和完善党内情况通报制度、情况反映制度、重大决策征求意见制度，逐步推进党务公开，增强党组织工作的透明度"。[2] 国务院政务公开办公室要求各级政府按规定主动或依申请公开行政权力运行过程，实行政府权力运行过程

1.《中共中央关于加强党的执政能力建设的决定》，2004年9月。
2. 同上。

的动态公开。2008年5月1日正式实施的《政府信息公开条例》有效地保障了公民、法人和其他组织依法获取政府信息的权利。党的十七大明确规定"推进决策科学化、民主化，完善决策信息和智力支持系统，增强决策透明度和公众参与度，制定与群众利益密切相关的法律法规和公共政策原则上要公开听取意见。"[1] 从"村务公开"、到"开门立法"，再到"开放式决策"，基层的创新有力地推动了中央决策形式从封闭向开放的转变。

第五，从较少的社会监督到广泛的社会监督。随着信息化、网络化的飞速发展，广大民众借助现代技术加强对党和政府决策过程进行监督已经成为当代中国决策体制的重要组成部分。随着我国大众传播媒体产业化和市场化方向改革的深入，特别是互联网的普及，为社会不同利益群体提供了一种十分便捷的互动交流、参与决策的平台，使得大众传播媒体参与和影响决策的作用更加凸显。大众传媒开始越来越多地考虑群众的需求，倾听群众的心声，通过反映社会现实表达人民群众的诉求来建立公信力，这就从根本上改变了过去仅是履行党和政府的喉舌的单一功能的做法，日益成为表达民意、在政府与公众之间进行信息沟通的重要平台、成为增强国家制定政策透明度的重要窗口，尤其是监督党和政府决策的重要手段。信息化和网络化既为民众的监督提供了平台，也为党和政府在接受监督的同时，更广泛地听取意见、收集信息、科学民主决策提供了重要条件。

第六，决策开始走向法治化。中共十一届三中全会针对"文化大革命"中"个人决定重大问题"、"个人凌驾于组织之上"等现象，明确提出加强社会主义民主与法制建设的任务，揭开了中国决策体制法治化改革的序幕；党的十二大作出"党必须在宪法和法律的范围内活动"的规定，确立了依法决策的重要原则，而十五大提出的"依法治国，建设社会主义法治国家"的基

---

1. 胡锦涛：《高举中国特色社会主义伟大旗帜 为夺取全面建设小康社会新胜利而奋斗——在中国共产党第十七次全国代表大会上的报告》，北京：人民出版社2007年版，第29页。

本治国方略，则标志着中国决策法治化改革迈入了制度化、规范化和程序化的实质阶段。因此，决策法治化改革经历了从"个人决策"向"集体决策"的转变；经历了"依言决策"向"依法决策"的转变；经历了依法决策从强调"原则"向注重"制度、程序"建设的转变；经历了从明确决策权力向依法规范决策权力、强化决策责任、注重决策监督的转变。决策法治化是民主化的重要保证。

从总体上讲，当代中国的决策体制改革是一个渐进的过程。当代中国持续的以科学化、民主化为目标的决策体制改革，为中国的政治文明建设、经济发展和社会进步起到了关键性的作用。中国决策体制所以能够有效地应对经济发展和社会转型带来的各种挑战，最根本的原因在于，科学、民主和法治这些现代元素逐渐融入中国的决策体制之中，初步实现了从传统的决策体制向现代决策体制的转型，一个新型的、具有中国特色的民主决策模式雏形正在改革的实践中孕育和生成。这种新型的、具有中国特色的决策体制就是科学决策、民主决策和依法决策的综合体现。

三、转型社会决策民主化的实践价值

虽然随着经济社会的发展，我国的决策体制以及决策过程开始逐渐实现了民主化转型。但是，在具有自身历史文化中缺乏民主传统的国度，决策的民主化转型依然面临着诸多的挑战，客观冷静地分析这些挑战，同时提出创造性的举措，将有助于深入推进我国决策体制的民主化实践。

（一）决策民主化的实践价值

第一，当代中国的决策民主化，有效地拓展了公民有序政治参与的渠道，实现了最广泛的政治参与。稳定的公共生活和繁荣的民主政治是以社会中多数人的积极参与为前提的。公民参与既是我们公共生活的晴雨表，又是我们改善它时一切行动的出发点。物质生活需求得到满足之后，人们的权利意识、参与意识、民主意识和法律意识逐步增强，开始越来越多地关心公共事务，进而产生了对于民主程序和民主机制的需求。日益广泛和深入的政治参与现实是世界各国普遍面临的问题。决策民主化可以建构起理性解决政治参与诉求、促进公民有序政治参与的制度化渠道。只有通过公民参与，民主政治才能真正运转起来。

第二，决策民主化，最大限度地包容和吸纳了各种利益诉求，有效地推动了党和国家决策质量的提高。在民主选举、民主决策、民主管理、民主监督的环节中，民主决策发挥着关键性的作用。民主决策主要解决权力的运行问题，即选举产生的官员不能为所欲为地使用其手中的权力，他们在制定政策时必须听取人民群众的意见。协商民主能够利用制度化的渠道，广泛吸收决策信息，听取利益相关者意见表达，从而在形成共识的基础上作出科学合理的决策。党的十八大报告形成的过程，也是充分发扬协商民主的过程。中共中央组织了46家单位就15个重点课题进行调研，形成57份调研报告；报告起草组组成7个调研组，分赴12个省区市进行专题调研；中共中央还专门听取了各民主党派中央、全国工商联领导人和无党派人士的意见；报告稿还广泛征求了各方面意见，征求意见人数共4511人。决策民主化既关注决策的结果，又关注决策的过程，从而拓宽了民主的深度；既关注多数人的意见，又关注少数人的意见，从而拓宽了民主的广度，决策民主化提供了一种通过和平、理性的方式修正决策失误的纠错机制，真正表明了民主的真实性，有效地促进党和国家决策的科学化、民主化。

第三，决策民主化，能够更多地包容不同利益需要、更好地开展协商对话、更主动地寻求共识，从而有效地化解社会冲突，维护社会稳定，促进了社会公正、团结与和谐。随着现代经济社会的发展，人类在社会利益、社会价值和社会认同等方面的分歧与差异显得尤为突出。不同国家、地区、领域和社会群体之间因为自然禀赋的不同、知识能力的差异、环境机会的区别而形成了多元化的利益格局,并由此产生了多样性的利益冲突;因为不同民族之间,不同文化、宗教、习俗和传统的差异而产生了巨大的社会价值的分歧,并进而导致了种族歧视、宗教歧视等文化冲突;因为各种社会思潮的影响、意识形态的变化和社会价值选择的多样性,人们的社会认同存在冲突。决策民主化能够广泛吸收社会各方面的意见和建议,并经过充分的讨论、论证和协商,使决策程序更规范,决策过程更加民主,决策结果更加科学,有效地防止或消除了决策的随意性、短期性、盲目性;能够促进不同群体之间的沟通与理解,能够使人们认识到每个人都是更大社会的一部分,承担责任有利于促进共同体的繁荣,能够在政府与民众之间建立沟通和互信,通过协商对话、沟通交流、释疑解惑、拉近距离、化解矛盾,维护了社会稳定,促进社会建设。

第四,决策民主化,充分体现了社会主义民主政治的特色和优势,有效地促进了执政方式的转变和执政能力的提高。我们党取得革命胜利在于成功地动员了人民的参与、得到了人民的支持。党执政后的最大危险就是脱离群众。决策民主化,通过扩大公民参与决策是执政党在和平时期保持与人民群众联系的重要渠道。我国民主政治的特色和优势就是重大决策必须经过广泛深入的协商和讨论。决策民主化则能够积极构建责任机制、回应机制、服务机制,促进不同利益之间的协调和协商对话,能够促进政府官员重新评价自己的公共政策观念和措施。例如《城市流浪乞讨人员收容遣送办法》的废止和变革就是政府积极回应民众共识的结果;浙江温岭的"参与式预算"改革就极大地推动了党政机构的民主意识、责任意识和服务意识的提升。决策民主不仅仅局限于通过参与解决问题,它同时还推动着民主制度化的水平,它提供了公民与政府官员可以在日常活动和决策过程而不仅仅是出现危机和僵局时加强合作的途径,也促进了执政党民主执政、依法执政和科学执政,进一步推动了执政方式的转变和执政能力的提高。

(二) 当代中国决策民主化面临的危机与挑战

中国决策体制的基本特征是，中国共产党作为执政党与西方国家执政党在国家决策体制中的地位和作用是不同的，中国共产党不是一般意义上的执政党，而是在国家决策体制中居于领导地位的执政党。[1] 这就意味着在决策体制中，共产党与其他决策行为主体之间的关系是领导与被领导的关系。共产党作为执政党对其他国家机关的政治领导作用，主要是通过制定国家的立法指导思想以及正确的路线、方针、政策指导其他国家机关的各方面的工作来实现的。中国共产党与各民主党派的关系在国家政权中表现为执政党与参政党的关系，并集中体现在中国共产党领导的多党合作和重大决策的政治协商关系中。只有把握了中国共产党在决策体制中的核心领导地位，才能真正理解中国的决策体制，其在经济社会转型中面临的挑战，以及未来的发展。

首先，在基于民主集中制原则的决策体制结构中，更多地是强调集中的一面，而忽视了民主的一面，从而使决策权力过于集中，并导致决策失误和决策体制的合法性危机。中国共产党成立初期，根据民主集中制原则建立纪律严密的等级制组织，并将组织的权力集中于最高层——中央委员会。在长期的革命战争中，党的主要活动就是领导军队从事武装斗争，军事活动的影响、军队组织的属性深深烙在了政党结构之中，形成了共产党组织结构半军事化的特点。建国执政后，中国共产党未能及时转变执政方式，忽视了决策权力的横向结构建设，横向决策权力的职能分工模糊，"党政不分"，决策权力过于集中党组织，党内又高度集中中央，甚至集中于党的领袖，导致其他国家机关在决策过程中甚至变成了政党的决策执行机构，产生了"以党代政"的现象。同时，决策权力高度集中，公民参与就缺乏制度化的安排，普通民

---

1. 周光辉：《当代中国决策体制的形成与变革》，载《中国社会科学》，2011 年第 3 期。

众很难有机会参与公共政策的制定过程。这种集中的决策体制，极容易直接影响决策的公信力和决策的合法性。决策体制是领导体制的核心部分，民主的停滞或缺失意味着决策体制自我调节能力的丧失。如邓小平所指出的："党的一元化领导，往往因此而变成了个人领导。……党和国家的民主生活逐渐不正常，一言堂、个人决定重大问题、个人崇拜、个人凌驾于组织之上一类家长制现象，不断滋长。"[1] 这种高度集权的决策体制所产生的危害使党内民主无法实行，进而从根本上破坏了国家的民主生活。"在过去一个时期内，民主集中制没有真正实行，离开民主讲集中，民主太少"。[2]

其次，民众决策的制度化程度不够，决策结构不合理，程序设计不完善，决策缺乏刚性约束力。"我们过去发生的各种错误，固然与某些领导人的思想、作风有关，但是组织制度、工作制度方面的问题更重要。制度好可以使坏人无法任意横行，制度不好可以使好人无法充分做好事，甚至会走向反面。"[3] 民主决策的制度化程度，一方面是形成完善的制度体系，另一方面是文本上的制度规范要在实践中运转起来，这样，才能够使决策过程具有稳定性和可预见性。而长期以来注重宏观制度、忽视微观制度，注重实质制度、忽视程序规范的倾向，导致决策过程表现出非规范化、主观随意性和非连续性的特征，许多决策机制运作低效、功能发挥不正常，决策信息渠道不畅、决策信息系统的沟通功能不足，决策专家咨询系统的实际作用有限，监督系统的功能发挥不力，还缺乏必要的决策反馈协调机制和决策失误责任追究制度等。在实践中，则导致一些决策虽然产生了严重的社会后果，但一直无法得到及时纠正。忽视制度建设，决策权力越发集中，使决策制度和规则都流于了形式，不仅使中央政治局会议不能按规定举行，甚至全国人民代表大会、中共代表大会都无法按期召开。第三届全国人民代表大会与第四届全国人民

---

1. 《邓小平文选》第2卷，北京：人民出版社1994年版，第329—330页。
2. 《三中全会以来重要文献选编》（上），北京：人民出版社1982年版，第10页。
3. 《邓小平文选》第2卷，北京：人民出版社1994年版，第333页。

代表之间相隔了整整10年；中共第八次代表大会到第九次代表大会之间相隔了13年之久。中共十二大报告对法制遭到破坏的情况作了概括："从五十年代后期开始，个人崇拜现象逐步发展，党和国家的政治生活特别是党中央的政治生活越来越不正常。"[1]

第三，因为未能及时实现从革命党向执政党的转型，在决策体制上就表现出决策方式过于封闭、保密，缺乏开放度，民众参与程度不足。形成这种现象的原因有三个方面：一是战争时代形成的保密习惯；二是对决策内容缺少科学分类，没有分清哪些属于涉及国家安全和军事安全的决策，需要保密，哪些属于公共政策，特别是涉及公众切身利益的公共政策需要开放；三是决策高度意识形态化，把决策过程与阶级斗争和政治斗争相联系，把决策过程中的意见分歧往往与立场、路线联系在一起，为了防止把党内政策的意见分歧公开化，给社会上形成党内分裂的看法，所以不愿意将决策公开，把决策过程变成了党内高层形成统一意志的过程。表现在实践中，即与民众切身利益相关的重大决策经常是极少数人通过非规范方式做出，而广大的民众却缺乏制度化渠道参与决策过程，因而也就无法表达自身的利益倾向，无法有效维护自身的权利。

第四，决策方法仍然以经验决策为主，决策科学化程度不高。经验决策具有简便、决策成本低和灵活迅速、反映及时的特点，但经验决策缺乏科学分析和准确判断，容易不顾实际条件的约束而做出错误的决策，并造成巨大损失。当决策变成了少数人甚至是个人的选择，成为随意性、主观性、盲目性的决断，那么重大决策的失误就会经常发生。"在一切失误中，决策的失误是最大的失误。一着不慎，全盘皆输。'大跃进'决策的失误造成数以千亿计的重大损失。这还只是物质财富方面可以计算出来的损失，还有许多无形的

---

[1] 胡耀邦：《全面开创社会主义现代化建设的新局面——在中国共产党第十二次全国代表大会上的报告》，北京：人民出版社1982年版，第59页。

损失,特别是在人们的精神状态方面造成的损失,比这影响更为严重。'文革'十年的决策失误,更是误国殃民,祸及子孙,使我们至今仍不得不努力消除这些重大决策错误所造成的深远后果。"[1]

(三)转型社会决策民主化发展的路径选择

改革开放30多年来,我国的决策体制有了很大的完善,基本上形成了适应当代中国经济社会转型需要的民主决策体制。但是,深入推进决策民主化的实践还需要继续完善和发展我国的决策体制。当代中国的决策民主化改革,就是要建立制度体系规范合理、体制机制程序流畅、实践探索公开透明、参与监督效益显著的决策体制。由此,当代中国决策民主化改革应该从以下方面进行努力。

第一,在尊重既有宪法法律体制的前提下,积极推进执政党党内民主制度建设,推进执政党与各参政党的党际民主,合理规范决策体制中执政党与国家机关的关系。同时,在国家立法机关的"全国人大"与统一战线组织的"全国政协"的两会制度中,合理配置民意表达机制、民主协商机制和决策监督机制。"两会"机制提供了整合政党、政府和公民关系的制度化平台,发挥好"两会"的作用对于促进决策民主化会起到重要的作用。要进一步坚持民主执政、科学执政和依法执政,继续推进党务公开和政务公开,增强决策的透明度,让决策过程以"看得见"的方式呈现给广大民众。

第二,形成科学民主的现代决策制度体系,依靠稳定的可持续的制度建设保障决策实践的规范性。民主决策的制度化,就是通过具体的制度设计、体制机制建设和程序设计,将民主决策以规范形式如法律、规章和制度等形式确立下来,并在实践中得到稳定持续的实施。决策民主化的制度化水平高低

---

[1]. 参见《万里文选》,北京:人民出版社1995年版,第523—524页。

在一定程度上反映了国家的民主化程度。决策民主化的制度体系建设，要着力于构建体系完备、稳定可持续的制度，同时，制度能够有效运行并随实践发展而不断完善。民主决策的制度体系应该包括有"基于民主集中制的集体决策体制"、"决策咨询机制和信息支持系统"、"重大决策合法性审查制度"、"决策责任制度"、"决策反馈和评估机制"等。

第三，进一步提高法治化水平，保证决策民主化的实践能够积极稳妥地推进。法治化首先能够将民主决策的制度体系法律化，使其具有广泛的效力和权威性；其次，法治化能够规范民主决策的实践遵循既定的制度规范，保证决策是在深入调查研究、广泛听取意见、充分进行论证的基础上，由集体讨论决定，确保决策是集中了民智，反映了民意，代表了民利的科学决策；再则，法治化能够对于违反制度规定的决策行为或者不当后果进行责任追究，坚决实行"谁决策、谁负责"的原则。集体决策出现严重失误的，既要追究直接责任人员的责任，也要追究领导人员的责任。通过适当的惩戒警醒决策者及决策过程，增强决策者的责任意识、风险意识。

第四，将决策民主化的顶层设计与决策民主化的基层经验有机结合起来，在实践中创造条件，积极推进决策的民主化进程。改革开放以来，我国在经济社会发展等方面取得了巨大的成就，对外部世界的了解也更加清晰，民主决策的实践探索也积累了丰富的经验和资源。当改革发展进入深水区、关键期，决策民主化的推进就需要科学进行顶层设计，顶层设计就是对未来发展的目标、方向、路径、阶段和勇气与智慧等勾勒出宏观图景，由此，决策民主化的实践才更明确、更有序、更有成效。顶层设计并不排斥民主决策的基层经验。只有将顶层设计与基层创新有机结合起来，才能够积极推进民主化决策。同时，虽然民主决策需要很多条件如民意表达机制的完善、信息收集系统的建立、科学决策机制的形成和决策效果的评估与反馈等，但决策的民主化不是各项条件完备的必然结果，决策民主化是在实践中逐步走向完善和发展的。因此，要在不同层面、不同领域、不同地域积极推进民主决策的实

民主决策
Democratic Decision-making

践创新。

　　总之，当代中国地方各级党政部门的民主决策实践为我们提供有益的经验资源，也指出了我们面临的问题和未来发展的方向。随着当代中国经济社会发展的快速转型，决策领域的民主化实践既面临着难得的机遇，也存在着严峻的挑战。实现决策的民主化、科学化和法治化还需要进一步深化体制改革、推进实践创新、借鉴有益经验，只有这样，才能够积极推进决策民主化实践适应经济社会的转型与发展。

民主决策与政治合法性
——关于"立法听证"的案例研究*

陈家刚
(中央编译局比较政治与经济研究中心)

作为一种程序民主，立法听证是指立法机关在制定或通过涉及公民个人、法人或其他组织权益的法案时，通过多样性的制度形式，赋予利益相关人表达自身利益的权利和机会，并将这种利益表达作为立法依据或参考的程序性安排及实践。在现代民主政治中，立法听证是实践人民主权原则，促进公民政治参与，维护公民政治参与权利的重要制度和程序；是广泛收集立法信息，提高立法质量，制定良法的重要途径；是公民参与政治生活，表达自身利益偏好，促进公共利益的重要形式。作为协商民主的一种重要形式，立法听证突出了协商民主的参与、表达等基本特征。而立法听证程序的建构对于促进公众有序政治参与，促进我国民主政治的建设和发展，具有重要的意义。

---

* 20世纪80年代，"立法听证"逐渐变成了我国立法过程中的重要程序。笔者与其他研究者一起，坚持关注和跟踪研究，多次参与地方立法机构的听证活动。笔者感谢广东省人大、深圳市人大、贵阳市人大、甘肃省人大等所给予的大力支持和帮助。本文的许多资料和分析来自地方人大以及与立法机构官员的访谈、对话。本文的观点由笔者负责。

一、立法听证在中国的兴起与发展

(一) 听证与立法听证

所谓听证（hearing），就是国家在行使权力的过程中听取当事人的意见，所谓听证制度就是相关社会主体通过表达自己的意见而参与国家权力运作的一种程序性制度。听证制度始于普通法系，最早发端于英国，其理论依据可以追溯到自然法中的自然公正原则，这一原则可以表述为：第一，任何人都有为自己辩护的权利；第二，任何人或者团体都不适合于作自己案件的法官；第三，任何人或团体行使权利可能使别人利益受到不利影响时，必须听取对方意见，并且任何人的意见都必须被公平的对待。听证制度法律上的依据最早可以追溯到英国1215年的《自由大宪章》中有关公民的法律保护权的条文。宪章第39条规定："自由民非依据国法予以审判者，不得逮捕或禁锢，也不得剥夺其财产，放逐国外，或加以任何危害。"听证是西方国家司法程序中的一项重要内容，其基本精神是：以形式正义来确保实质正义，用程序公平来确保结果公正。它体现了任何人非经正当法律程序审判其自由、生命和财产都不能被剥夺的法律精神。听证制度是社会利益分化、市场经济发展、民主政治扩散的结果。

1946年，美国制定《联邦行政程序法》，明确规定听证程序为行政程序的核心，第一次把听证作为一项重要的制度写入法律。随后，西班牙、意大利、德国、日本等国家也相继制定了统一的行政程序法，其中无一例外地都规定了听证程序的内容。听证制度作为正当法律程序的一部分，开始只适用于司法审判领域，司法听证为司法审判正当的必经程序，体现公平和救济原则。后来听证制度随着民主观念的逐渐深入被先后引入到立法领域和行政领域，立法听证和行政听证随之产生。在实践中，已经发展出各种灵活多样的听证形式：正式听证（听证会）与非正式听证、事前听证与事后听证、书面听证与口头听证以及诸多介于其中的混合性听证等。听证制度逐渐成为一种全世界公认的保障公民权益,维护法律公正,体现程序公平的法律制度程序。听证制度的出现,改变了行使国家权力的主体单方面作出决定的传统。通过民意的充分表达,将差异、冲突与矛盾纳入到理性的沟通渠道,听证有利于维护各方利益,消除政府与公民的隔阂,缩短政府与人民之间的距离,有效地降低执行成本。

听证也是立法机构普遍采用的一种制度形式,就立法机关举行听证会的目的不同,可以将听证分为三种:立法听证、监督听证和调查听证。立法听证是立法机构举行的各类听证活动的一种。它指的是立法机构(中央的和地方的)就某一个即将推出的新的法律法规草案或修正草案举行的听取证人证言的活动。立法听证是立法机构借助民主的手段实现立法决策的制度形式。民主参与、利益表达等是促进立法机构正确决策的关键环节。

立法听证的组织者是立法机构的某个委员会或小组,其目的是决定是否要制定法律或通过法律议案。这些听证为公众提供一个公共的空间,不同背景的证人,包括委员会委员、政府官员、利益群体、学术团体和与议案有关的其他公民,都可以为立法提供事实,发表意见。立法者通过听取有关各方的陈述、论辩,寻求对特定法案的支持或反对依据。在国外议会立法中,虽然听证不是一个必经程序,但也是一个基本程序,未经委员会听证就制定法案的情况是例外。

作为一种程序民主,立法听证的功能是多种多样的。德国学者鲁道夫·卡贝尔根据德国的经验指出,立法听证具备四个方面的功能:(1)给社团提供了一个用自己的观点影响立法程序的机会;(2)避免或减少了社团的秘密影响,增强了透明度;(3)社团成员可以看到他们的愿望、异议或疑问有机会被立法机关纳入考虑;(4)议会议员获得了一个额外的机会可以收集更多更好的关于细节及一个法案的潜在结果的信息。[1] 而美国学者基夫和奥古尔认

---

1. [德] 鲁道夫·卡贝尔(Rudolf Kabel):《德国的立法听证》,王瑾译。这篇演讲稿是鲁道夫·卡贝尔先生在2000年11月28日至12月5日北京举办的"国外议会立法听证报告会"(北京大学法学院人民代表大会与议会研究中心主办)上的演讲整理而成。

为，美国国会立法听证会的主要作用是：（1）了解事实；（2）听取各方面的意见；（3）宣传法案及其可能的结果；（4）把"人民的意愿"告知立法者。[1] 国内有学者将把立法听证的功能分为民主性功能和执行性功能两大类，前者包括：（1）扩大公民参与，推动直接民主；（2）加大信息传播，实现透明立法；（3）关注利益协调，促进社会公平；后者包括：①降低政治争议，力求规范立法；②技术专家相助，以便理性立法；③加强职能行使，增进立法效率。[2]

归纳起来，立法听证主要具备两种基本功能：第一，立法听证的法律功能，它有助于立法机构了解实际情况，广泛收集立法建议，更加科学地做出立法决策，从而克服立法过程中的有限理性。第二，立法听证的政治功能，它能够为相当广泛的社会主体提供具有制度保障的、经常化的民主训练实践，促进公民的有序政治参与。而其他诸多功能都是从这两种基本功能延伸出来的。例如，协调各方利益、规范立法过程、提高立法质量等都属于立法听证的法律功能；而民主参与、民主训练、民主教育等则属于立法听证的政治功能。有学者也认为，立法听证实质上承担着增强国家与公民社会互动的功能。它既是立法者了解社会各方利益的正式渠道，也是公民直接参与立法过程的一项正式制度。这在地方立法中尤其如此，因为地方立法机构与公民社会的距离更近，公民社会对地方事务更热心也更了解。立法听证中的互动越好，就越有利于立法听证的直接目的的实现，从而能进一步推动国家与公民社会，至少是立法机构与公民社会之间的良性互动。[3] 总之，立法听证能够通过具体的机制、程序和规则等制度性安排实现规范立法，同时也在这种程序实践中体现了参与、平等、公开、透明与公正的民主价值。

---

1. William J. Keefe, Morris S. Ogul, *The American Legislative Process*, Prentice - Hall, Inc. 1985, p. 207.
2. 彭宗超、薛澜、沈旭辉：《国外立法听证制度的比较分析》，载《政治学研究》，2003年第1期。
3. 杨雪冬：《中国地方立法听证中的参与困境》，见杨雪冬、陈家刚主编：《立法听证与地方治理改革》，北京：中央编译出版社2004年版。

（二）立法听证在中国的兴起与发展

听证制度在我国的发展开始于 20 世纪 80 年代，在 90 年代后期得到初步的发展，但总的来说依然处于起步阶段，寻找适合中国法律体系和中国文化传统的听证制度依然是当前和今后的主要任务。1982 年，国务院《企业职工奖惩条例》明确规定，"给予职工行政处分和经济处罚，必须弄清事实，取得证据，经过一定的会议讨论，征求工会意见，允许受处分本人进行申辩，慎重决定。"[1] 此处的"会议讨论"具有听证的实质性质。1993 年，深圳在全国率先实行价格审价制度，这是我国听证制度的雏形。听证制度被明确写入法律是 1996 年的《行政处罚法》。该法第 42 条规定"行政机关做出责令停产停业、吊销许可证或者执照、较大数额罚款等行政处罚决定之前，应当告知当事人有要求举行听证的权利；当事人要求听证的，行政机关应当组织听证。"该法对听证制度如申请、通知、主持人、陈述人以及笔录等都做了具体的规定，是对我国现行听证制度的较为完整的界定。从此，"听证"由一个学术名词变成了我国的法制实践，这也意味着我国民主法制建设迈出的重要一步。

1997 年 11 月 29 日颁布、第二年 5 月 1 日实施的《中华人民共和国价格法》，将部分地区已经实行并得到各地普遍效仿的价格听证作了正式的肯定，开创了行政决策领域引入法定的听证程序的先河。1998 年 5 月 1 日正式实施的《中华人民共和国价格法》要求"制定关系群众切身利益的公用事业价格、公益性服务、自然垄断经营的商品价格等政府指导价、政府定价，应当建立听证会制度，由政府价格主管部门主持，征求消费者、经营者和有关方面的意见，论证其必要性、可行性。" 2001 年 7 月，当时的国家计委发布了《政府价格决策听证暂行办法》，随后，又颁布了具体的价格听证目录，强化了有

---

1. 刘泽军：《听证制度研究》，载《北方工业大学学报》，2002 年第 14 卷第 2 期。

关价格听证程序的操作性。2002年12月,《政府价格决策听证办法》正式发布,至此,使价格听证制度的实施依据更加明确。

听证程序又向立法领域迈进,2000年3月15日颁布的《中华人民共和国立法法》对听证会形式做出了原则性规定。该法第34条第1款规定:"列入常务委员会会议议程的法律案,法律委员会、有关的专门委员会和常务委员会工作机构应当听取各方面的意见。听取意见可以采取座谈会、论证会、听证会等多种形式。"第58条规定:"行政法规在起草过程中,应当广泛听取有关机关、组织和公民的意见。听取意见可以采取座谈会、论证会、听证会等多种形式。"随后在2001年11月,国务院根据《立法法》又出台了《行政法规制定程序条例》和《规章制定程序条例》,对行政立法中的听证程序做了进一步的规定。这些规定,开启了在立法领域——制定长期有效性且要求公众普遍遵守的普遍性规则——这一对公众的利益有着重大影响的领域的公众参与之门,为收集和吸纳民智开辟了新的渠道。2003年8月27日,被称为"治官之法"的《行政许可法》出台并于2004年7月1日起正式实施,是我国法治史上又一重大事件。在对行政许可行为进行规范的程序中,对听证程序进行了特别规定,并第一次在法律上正式确立听证笔录是进行行政许可决定的唯一依据。根据这一"案卷排他原则",使听证制度的地位得到进一步的提升。2006年新近通过的《治安管理处罚法》是一部对违反治安管理行为进行处罚的法律。为规范公安机关权力的行使,在一系列制度规定中,我们再度看到了听证制度。

听证制度在我国行政领域和立法领域的建立,使人民"有参与国家管理,向国家工作人员提出意见与建议"的宪法性权利更进一步地从政治宣言阶段走入法律制度层面。进而,各种听证会的召开,使听证制度的影响越来越广泛。

《立法法》颁布以后,地方各级人大常委会的立法听证实践就具备了明确的法律依据。因此,各地的立法听证实践也日益丰富、日益规范。2000年深圳市人大就《深圳经济特区审计监督条例（草案）》举行了首次立法听证会。2001年11月，深圳市第三届人大常委会第十一次会议正式审议通过了《深圳市人民代表大会常务委员会听证条例》，并于2002年1月1日起开始实施，这是《立法法》颁布以来的全国首例立法听证规则，填补了国内立法空白，同时也为深圳公民在立法领域内进行有序的政治参与提供了制度化渠道。

立法听证作为制度文明的一种体现，是立法主体在进行有关审核特定法案、即将推出新的法案或修正案时，听取利害关系人利益表达的活动。1999年9月9日，广东省人大常委会就《广东省建设工程招标投标管理条例》（修订草案）举行了听证会，从而开创了我国立法听证的先河。1999年10月29日，武汉市人大常委会就《武汉市外商投资企业管理条例（草案）》举行了首次立法听证会，广泛听取外商投资企业的意见。听证会共有46家外商投资企业的听证参加人，18家外商投资企业法人或其委托人在会上发言或提交了书面发言材料，市人大常委会21名常委会组成人员作为听证人参加了听证会。

到2002年为止，全国已有19个省市人大常委会举行了立法听证会，17个省市人大常委会制定了立法听证规则，形成了比较完善的听证制度。[1] 而截止2006年1月，全国已有31个省、市、自治区人大常委会选择与群众利益密切相关的46件地方性法规草案，先后举行了45次立法听证会。2006年，宁夏回族自治区、贵州省人大常委会也首次举行立法听证会，分别就《道路交通安全条例（草案）》听取公众意见。

（三）我国立法听证的特点

第一，地方立法机构开始越来越多地在立法活动中采取立法听证这种程序制度。从2000年3月《立法法》颁布到2002年底，上海市人大常委会就

---

1. 许华、王郸：《立法听证制度初探》，载《人大研究》，2002年第4期（总第124期）。

举行过三次立法听证。2000年5月18日,上海市人大常委会教科文卫委员会组织实施了《上海市中小学生伤害事故处理条例》的听证活动;2001年9月17日,上海市人大常委会法制委员会组织实施了《上海市劳动合同条例》的听证会;2002年4月18日,上海市人大常委会法制委员会就《上海市历史文化风貌区和优秀历史建筑保护条例》举行了听证会。2004年8月31日,山东省历史上的首次立法听证会举行,20名听证陈述人从不同方面和角度针对《山东省海洋环境保护条例(草案)》发表了自己的意见。2004年10月26日,河南省人大常委会举行《河南省高速公路条例(草案)》立法听证会。2004年9月3日举行的北京历史上第一次立法听证会,16名代表不同行业的北京人作为第一批立法听证陈述人就北京实施《道路交通安全办法草案》发生激烈辩论,就行人违章、机动车买单等问题进行了正面交锋。

广东省人大常委会作为我国开立法听证先河的地方立法机构,也将组织立法听证作为其立法的主要制度。1999年9月7日,广东省人大常委会举行了全国首次立法听证会,就《广东省建设工程招标投标管理条例(修订草案)》进行立法听证;2000年10月18日就《广东省建设工程监理条例(草案)》举行了听证会。2003年7月8日,广东省人大常委会就《广东省爱国卫生工作条例(草案)》举行了立法听证会。

2000年,贵阳市十届人大常委会第11次会议在审议《贵阳市维修业管理办法(草案)》时出现较大分歧,为了解决分歧,贵阳市人大常委会主任会议决定于7月21日举行立法听证会;2003年8月10日,贵阳市人大常委会就《贵阳市南明河保护管理办法(草案)》和《贵阳市物业管理规定(草案)》两个条例举行了"面向市民立法听证"。2004年4月22日,甘肃省人大常委会法工委在兰州举行了首次立法听证会。甘肃省这次的立法听证会主要针对即将出台的《甘肃省消费者权益保护条例(草案)》。立法听证会得到市民的热烈响应,156人报名参加了听证会,其中16人作为陈述人在听证会上阐述了自己的意见。正在兰州参加"地方立法听证的推广与完善国际研讨会"的专家学者，以及西北部分省区的人大工作者也旁听了此次立法听证会。此外，南京、青海、新疆等地的立法机构也就相关法律法规举行了立法听证。

第二，立法听证开始从地方立法机构转向国家立法机构。根据我们既有的知识和经验，立法听证多是在地方立法机构中实施的。例如各省市自治区的立法机构、享有地方立法权的地方立法机构等等。2005年13日，国家环保总局就社会广泛关注的北京圆明园遗址公园湖底防渗工程项目的环境影响问题举行听证。媒体将此次听证会冠以"中国第一个真正意义上的国家级听证会"的荣誉。早在2002年1月12日，由国家计委举行的铁道部和消费者代表双方参加的全国部分旅客列车票价实行政府指导价方案的听证会在北京举行。其实，这两起听证会作为国家相关行政机构举行的听证会，还不是立法听证。真正意义的最高权力机构举行的立法听证则是2006年9月的个税听证。2006年9月27日，全国人大法律委员会、财经委员会、人大常委会法工委就"个人所得税工薪所得减除费用标准"举行了立法听证会。这是全国人大常委会立法史上首次举行听证会。全国人大常委会此次听证会，是在税收层面推进立法民主的具体表现，也为公民直接参与国家管理提供了一个渠道。在全国人大及其常委会的立法史上，这是首次举行听证会，具有重大的政治和法治发展意义。

首先，这一做法符合我国现行宪法精神的要求。全国人大及其常委会选择了立法听证会的方式，让更多的社会成员代表直接参与到税收立法过程中，就重大疑难的起征点问题向立法机关直接表达意见以维护自身权益，充分表明国家立法机关正采取实际行动来积极拓展和有效运用人民依法管理国家事务的途径和形式。其次，全国人大及其常委会就立法中的疑难问题举行听证会，是贯彻实施《立法法》的重要举措。是我国民主的实现途径和形式广泛、多元、多样化的表现。再则，随着经济社会的发展，现代国家管理实践中越来越多地增加了民主因素特别是直接民主因素，公民参与国家管理事务成为新的制度价值追求和民主判断标准，逐渐显现出法制民主化发展趋势，并对经济、政治、文化与社会生活的发展产生重大影响,程序公正的法治理念逐渐反映到当代法制民主化进程中来了,具体而言,就是直接体现民主参与精神的听证会、审议会、论证会、民意测验等各种立法参与、执法参与、法律监督制度不断出现。

第三,为了规范立法听证的实践,各地开始制定立法听证规则,依靠制度性安排来矫正立法听证的随意性和临时性。立法听证规则是由立法机构制定的规范性法律文件,是对立法听证活动的程序性规定,具有法定的约束力和规范效果。立法听证规则的价值在于:(1)规范立法者,使立法者守规则。(2)促进立法听证活动的日常化,避免立法听证的随意性和临时性。(3)保护听证参与者的权利和利益,保证听证过程利益表达的真实性。

我国目前还没有制定全国性的立法听证规则,但是,地方各级人大常委会则根据自身的实际情况将制定听证规则并根据规则举行听证的工作放在了重要的位置。2001年10月,深圳市人大通过了《深圳市人民代表大会常务委员会听证条例》。这是第一个由立法机构制定的地方性听证条例。此后,上海、浙江、安徽、江西、河南、四川、郑州、广州、贵阳等地相继以条例、办法、规定等形式制订了本地的立法听证规则。听证规则的发布和施行,标志着地方立法听证实践的规范化和制度化。

就立法听证与规则的关系而言,目前我国各地立法机构举行的立法听证主要有这样几种形式:(1)根据听证规则举行立法听证,如深圳市人大2002年1月、2003年7月和9月,就是在听证规则的规范下,分别就《深圳经济特区人才管理市场条例(草案)》《深圳市机动车停放管理条例(草案修改稿)》和《深圳经济特区道路交通管理处罚条例(修正案)》举行了听证;(2)没有听证规则的听证,如广东省。广东省人大是我国地方举行首次立法听证会的立法机构,但广东省人大一直没有制定立法听证规则。究其原因,有学者认为,广东省立法机构的考虑是要等到立法听证"相对成熟以后,各种问题和缺点都有所暴露,才针对各种问题依据现实经验进行格式化和稳定化的规则条文创制"[1]。（3）根据规则草案举行听证，总结听证经验修改规则然后正式颁布实施，贵阳市和甘肃省人大常委会的立法听证就是如此。2003 年 8 月 10 日，贵阳市人大常委会就《贵阳市南明河保护管理办法（草案）》和《贵阳市物业管理规定（草案）》举行的"面向市民立法听证"就是根据听证规则草案举行的。听证之后，贵阳市人大常委会于 2003 年 8 月 29 日经市十一届人大常委会第 6 次会议审议通过了《贵阳市人大常委会立法听证规则》。而甘肃省人大常委会 2004 年 4 月 22 日就消费者权益保护举行的立法听证会也是根据《甘肃省人大常委会立法听证规则（草案）》举行的。

在我国各地的立法听证实践中，一般都制定有专门的立法听证规则或者比较具体的立法听证的工作方案，对立法听证的原则、主体、范围、程序作出规定。从制定规则的主体看，大致有四种情况：一是由省人大常委会制定的地方性法规。如山东、甘肃等；二是由省市人大常委会主任会议制定立法听证规则。如上海、浙江、青海、江西、湖北、四川等；三是省市人大常委会下属的专门委员会制定的立法听证规则。如安徽省人大常委会财经工委 2000 年 6 月制定了《安徽省人大常委会财经工作委员会经济立法听证规则》，重庆市人大法制委员会 2002 年 4 月制定了《重庆市人大法制委员会立法听证规则》；四是没有统一的立法听证规则，仅有一定的程序规定和工作方案，一次立法听证制定一个具体规则。如广东，每次立法听证由主持立法听证的委员会制定程序和工作方案。

第四，听证领域开始涉及关乎国计民生的方方面面。从各地已有的实践看，我国立法听证的法案的选择虽然也有一定的随机性，但立法听证的范围都涉及关系群众日常生活的热点难点问题：消费者权益保护问题，如上海、内蒙古、浙江、云南、新疆等；房屋拆迁问题，如山西、浙江、安徽、福建、

---

1. 杨雪冬、陈家刚主编：《立法听证与地方治理改革》，北京：中央编译出版社 2004 年版，第 23 页。

江西、四川、广州市等；物业管理和土地房屋登记问题，如天津、江苏、乌鲁木齐、贵阳、沈阳等；个体私营企业权益保护问题，如河北；一些专业性技术性很强的难点问题，如广东就招标投标、工程监理等进行立法听证；其他一些带有地方性的和老百姓生活密切相关的问题，如湖南禁毒，陕西出租车，深圳养犬等。此外，还有铁路运输价格听证、个税起征点、环境保护等重大决策的听证，如全国人大、铁道部、环保总局的听证等。立法听证开始从日常的热点难点，转向既影响普通民众生活，又影响国家发展的重大决策的领域。

第五，立法听证的理论研究与实践探索紧密地结合在一起，有效地推动了地方立法听证的完善与发展。

近年来，我国立法听证制度建立过程的一个最突出特点就是理论研究与实践运作、专家学者与地方立法机构实际工作者紧密结合，二者之间的良性互动有力推动了立法听证制度的建设。2003年9月，在中共中央编译局比较政治与经济研究中心和贵阳市人大常委会的共同努力下，"立法听证与地方治理国际学术研讨会"在北京顺利召开。会议邀请了来自全国人大、清华大学、华东政法大学、武汉大学、深圳大学和兰州大学等国内立法听证问题研究专家，以及来自山西、广东、陕西、甘肃、重庆、南京、厦门和贵阳等省市立法机构的实际工作者，会议还特别邀请了德国、美国等国立法机构的专家。会议围绕各地立法听证的具体案例，从理论和实践两个方面展开了热烈的讨论。既有实际工作者的具体描述，也有专家学者的理论阐释，既严肃地分析问题，也坦诚地面对质疑。虽然理论与实践本身存在差异与冲突，但互动式交流与讨论产生了良好的效果。与会人员就立法听证的特点与意义、功能、程序建设等方面基本上形成了共识。而此次研讨会之前，中央编译局"立法听证与地方治理"课题组还进行了实地调研，相继赴广东、深圳和贵阳等地旁听了各地的立法听证会。

2004年4月，中共中央编译局比较政治与经济研究中心与甘肃省人大常委会法工委联合在兰州举行了"地方立法听证的推广与完善国际学术研讨会"。会议邀请了武汉大学、中山大学、华东政法大学、兰州大学、西北师范大学、西北民族大学、甘肃政法学院等高等院校研究立法听证问题的学者，甘肃省立法机构的实践工作者，青海、新疆、内蒙古等省、自治区和贵阳市人大的实践工作者，以及美国全国国际民主学会、美国和德国立法机构的专家。此次研讨会的目的是从理论上认识并在实践中解决立法听证对立法质量的影响、立法听证的成本，以及立法听证的推广与完善等问题；参加甘肃省人大常委会举行的首次立法听证会，并总结经验、修改完善甘肃省人大常委会的立法听证规则。此次研讨会取得了相当的成果并受到各界的广泛关注与好评。

北京大学议会研究中心和中国政法大学的宪政研究中心也都积极地与全国人大、地方人大联合，共同在理论探讨和实践操作方面促进立法听证的发展和完善。

巩固和完善人民代表大会制度既是理论问题，也是实践问题；既需要专家学者的思考，也需要立法工作者的实践。以地方立法听证为切入点，将国际与国内、中央与地方、专家学者与立法工作者充分结合起来，通过平等对话和理性交流形成的理论与实践的联系将会进一步促进地方立法听证的发展与完善。

二、立法听证的多样性实践与意义

随着理论研究的深入，以及不同层级立法机构的积极探索。我国立法听证的实践表现出多样性的特征。从全国到地方，不同层级的立法机构都在积极推动立法听证的时间；不同领域，从经济发展，到社会稳定，以及民生各领域，都被纳入到立法听证的主题选择之中。立法听证已经成为我国法治建设的重要环节。

民主决策
Democratic Decision-making

(一) 立法听证的多样性实践

1. 广东省立法听证：开创立法听证的先河

1999年9月9日，广东省人大常委会就《广东省建设工程招标投标管理条例（修订草案）》举行首次立法听证会，开创了地方立法听证制度的先河。2000年，广东省人大常委会为完善立法公开征求意见制度聘请了8位立法顾问。在《立法法》将听证制度写入以后，广东省人大又于2000年11月10日举行了《广东省建设工程监理条例（草案）》立法听证会。2001年8月7日，中国第一个立法论坛——广东省电子商务立法论坛在广州开幕。目前广东省人大进行立法征询意见的形式已经越来越丰富，形成了一个正式与非正式，程序与非程序相结合的征询方式系统，如登报公布、上网公开、召开立法听证会、座谈会、辩论会和论证会等等。采用立法听证的方式来征集社会各界对立法的意见已经成为一种行之有效的方法。

广东省人大1999年、2000年举行两次立法听证会，即《广东省建设工程招标投标管理条例（修订草案）》和《广东省建设工程监理条例（草案）》听证会，所涉及的领域都是相对专业化的领域，即工程招标投标和工程监理。所要解决的问题都是这两个领域中的专业化问题，需要专业人员从理论和实践的角度出发，给一个相对合理的解释、建议或者论证。因此，1999年听证会的听证人主要是城乡建设环境与资源保护委员会成员，2000年听证会的听证人则又包括了人大法制委员会的成员，这些听证人对建设工程招标投标以及工程监理的程序和规则都相当了解和熟悉，保证了听证的效果。而听证的参加人则大多是听证领域的专家、学者、行业管理人员、工程技术人员以及相关法律人士等。如《广东省建设工程招标投标管理条例（修订草案）》听证会，报名参加听证会的有30人，新闻单位28家，还有30多人报名参加旁听。其中主要包括律师、建筑行业从业人员、专家、学者和在校大学生。而

《广东省建设工程监理条例（草案）》听证会参加人员共 24 人，其中 7 个工程建设和投资单位，6 个建设监理单位，6 个行政管理部门，2 个大学单位，1 个律师事务所，1 个建筑设计单位，1 个媒体单位，参加人中工程建筑和监理单位占 54%，行业主管部门占 25%，其他占 21%。

2003 年 7 月 8 日，广东省人大常委会关于《爱国卫生工作条例（草案）》举行立法听证会。这是广东省人大第三次举行公开立法听证会。时值 2003 年 SARS 事件，听证内容因此包括了关于宠物和野生动物方面的条款。此次听证会，有 50 人左右报名，旁听约 200 多人。陈述人的邀请从报名的人中确定，但是非强制性的。其中共选择了 22 名听证陈述人。参加此次旁听的人员包括来自全国人大、其他地方人大、相关科研机构，以及国际机构的研究人员和实际工作者。

立法听证制度对于保障法律的公正性、合理性和适用性来说是极为有效的一种方式和手段。广东省人大首次公开举行立法听证会来征求社会各界意见，被媒体誉为"开创全国地方立法史先河"，是"立法民主化、公开化的一个里程碑"。立法听证会中参加人从专业角度的发言和所提出的修改意见，对于法律的最终审议通过和法律条文的完善都有重要的借鉴和启发意义。

从广东省人大的几次立法听证来看，虽然每次听证正反双方的观点和利益冲突都非常尖锐，有时候会出现语气或者情绪过激现象，但是由于听证主持人、听证人，以及陈述人的共同努力，听证都能够在一种纯粹讨论和各抒己见的氛围内顺利进行。听证陈述人的各种不同意见和建议，在不同程度上为人大立法所采纳。立法听证坚持公开透明的原则，积极鼓励不同利益的表达，充分尊重参与者的不同意见，有效地促进了民主立法。

2. 个税听证

2005 年 9 月 27 日，"个人所得税工薪所得减除费用标准"听证会在北京举行。这是全国人大常委会立法中首次举行立法听证会。此次听证会由全国人大

民主决策
Democratic Decision-making

法律委员会、财政经济委员会和全国人大常委会法制工作委员会共同组织。

全国人大常委会法制工作委员会有关负责人指出,在立法的过程中,广泛听取各方面的意见,充分反映民意、集中民智,有利于提高立法质量,使制定的法律符合实际并得到有效实施。这次举行立法听证会是全国人大常委会广泛听取社会各方面意见的又一种重要方式,是全国人大常委会坚持走群众路线、充分发扬民主、增加立法工作透明度、推进立法民主的一项重大举措,对于扩大公民的立法参与,构建社会主义和谐社会,具有重要意义。

我国于1980年开始征收个税,其立法目的为调节收入分配,缩小贫富差距。当时确定个税起征点为800元,次年征收个税500万元,基本上只具有象征意义。随后从上世纪90年代开始,国家个税收入出现"井喷式"增长。1994年,国家征收个税72.48亿元,占税收总额的1.6%;2004年,达到1737.05亿元,占税收总额的比重上升为6.75%。这10年中,全国个人所得税年平均增幅高达48%,远高于城镇居民人均收入年均7%—8%的增长率,这意味着纳税人的实际税负大大加重了。有关部门统计,2002年,就业者月薪收入在800元以上的已升至52%左右,个税日益变成"人头税"。另外,2006年中国征收的个税中,65%来自工薪阶层;而占总收入一半以上的高收入者,交纳的个人所得税仅占20%。换句话说,个人所得税大有"杀贫济富"的趋势,日益远离其调节收入分配,缩小贫富差距的立法初衷。为改变上述情况,财政部门的个人所得税调整方案将起征点上调到1500元。

但是,在被征求意见的民众当中,超过七成的人认为起征点仍然需要提高。国家发改委宏观经济研究院研究员丁元竹也认为,考虑到物价的变化,计入通货膨胀率后,1500元实际上就相当于20世纪90年代的800元,可以说没有实质性变化。北京大学外国经济学说研究中心副主任夏业良认为,理想的起征点最低也应当在5000元以上。这样可以使中等收入水平以上的阶层——比如月收入2万元以上的阶层承担起税收负担,而使低收入阶层能够在一段时期内逐步完成初始财富的积累,否则低收入阶层还要为购买房产、子女教育、医疗和养老保障等这些过去由国家承担的诸多支出而大伤脑筋。

一方面，由于该项减除费用标准的高低，既涉及国家对收入分配的合理调节，也直接关系广大工薪收入者的切身利益，受到社会普遍关注。另一方面，对于起征点依然存在争议。所以，为了在充分听取各方面意见的基础上，合理确定工资、薪金所得的纳税负担，全国人大法律委员会、财政经济委员会和全国人大常委会法制工作委员会决定，就此项内容召开听证会，进行听证。

为了使各方面意见在听证会上得到充分的表达，这次听证会的听证陈述人包括四个方面：一是财政部、国家税务总局和国务院法制办公室，作为个人所得税法修正案（草案）起草部门的代表，就听证事项予以说明、陈述；二是有工薪收入的公民，作为个人所得税的纳税义务人，就听证事项陈述自己的观点、意见；三是全国总工会的代表，广大的工薪收入者都是工会会员，由工会组织的代表就听证事项表达意见是必要的；四是部分地方财政或税务部门的代表，主要是个人所得税为中央和地方共享税，不同地区的经济发展不平衡，在制定全国性的法律时，需要充分听取不同地方的意见，对有关问题统筹考虑。[1] 此次听证会实际听证陈述人为 25 人。

个人所得税的起征点问题，在任何国家都是经济政策选择和法律规范调整的难题，是一个复杂的博弈过程，也成为当前我国社会生活中一个争议很大的热点问题，解决此类难题，民主是一个重要途径。全国人大法律委员会、财经委员会和全国人大常委会法制工作委员会决定就个人所得税法修改过程中涉及的起征点难题举行听证会，在全国人大及其常委会的立法史上，这是首次举行听证会，具有重大的政治和法治发展意义。

首先，立法听证符合我国现行宪法精神的要求。全国人大及其常委会选择立法听证会的方式，让更多的社会成员代表直接参与到税收立法过程中，

---

[1]. 全国人大常委会法工委有关负责人就举行立法听证会答记者问。2005 年 8 月 28 日。新华网。http: //news. xinhuanet. com/newscenter/2005 - 08/28/content - 3413663. htm（访问时间：2008 年 9 月 1 日）。

就重大疑难的起征点问题向立法机关直接表达意见以维护自身权益，充分表明国家立法机关正采取实际行动来积极拓展和有效运用人民依法管理国家事务的途径和形式。其次，全国人大及其常委会就立法中的疑难问题首次举行听证会，正是贯彻实施《立法法》的重要举措，也是我国民主的实现途径和形式广泛、多元、多样化的表现。最后，随着经济社会的发展，现代国家管理实践中越来越多地增加了民主因素特别是直接民主因素，公民参与国家管理事务成为新的制度价值追求和民主判断标准。全国人大及其常委会举行立法听证会，能够拓展参与途径、完善表达程序、提升民主程度，符合人民群众的根本利益。

3. 贵阳市立法听证

在地方人大的改革实践中，贵阳市人大的探索实践是多方面的。推动市民旁听市人大常委会会议就是贵阳市的创举。随后，贵阳市人大联合相关研究机构，积极推动立法听证。

2003年8月10日，贵阳市人大常委会就《贵阳市南明河保护管理办法（草案）》和《贵阳市物业管理规定（草案）》举行了面向市民的立法听证。7月25日，贵阳市人大常委会在报纸、电台和互联网上发布了立法听证的公告：8月10日下午，贵阳市人大常委会将就《贵阳市南明河保护管理办法（草案）》、《贵阳市物业管理规定（草案）》面向市民立法听证，届时电视和广播将进行现场直播。因为这两个法规与市民生活密切相关，而且市人大常委会又创造性地将现场直播引入立法听证，让立法听证面向全市市民，听证时间选择在星期天也便于市民参与，所以，立法听证公告的发布在市民中激起强烈反响。

几天的时间，就有114名市民报名，其中包括机关干部、教师、学生、律师、物管人员、业主等等。最后，市人大常委会确定了50名听证陈述人参与立法听证。50名听证陈述人可分为11类：机关干部5人，占10%；科研人员和教师 7 人，占 14%；大专院校学生 3 人，占 6%；律师 5 人，占 10%；退休人员 6 人，占 12%；物管人员 6 人，占 12%；业主 5 人，占 10%；企业职工 6 人，占 12%；个体工商户 3 人，占 6%；村民 1 人，占 2%；有关行政部门负责人 3 人，占 6%。对于首次立法听证，新闻媒体的参与热情也非常高。参与本次立法听证的有贵阳市电视台、贵阳市人民广播电台、贵州人民广播电台、《贵阳日报》、中央人民广播电台等新闻机构。

8 月 10 日下午 3 时，贵阳市首次立法听证正式开始，市人大常委会主任、副主任、秘书长等常委会组成人员作为听证人与陈述人、市民代表对面而坐。在 100 分钟的听证时间内，听证陈述人积极踊跃发言，规定的 3 分钟发言时间对于陈述人来说显然难以尽兴。据统计，本次听证活动中，市人大常委会共收到市民书面立法建议 74 份，提出的立法建议近 300 条，接听了 104 个市民来电。

贵阳市人大的立法听证设有 5 部现场热线电话，专门的工作人员负责接听电话，每间隔 25 分钟向现场报告数量与内容。在第二会议室设有现场收视室，希望参与听证但没有机会的市民可以在市人大的会议室观看现场，也可以提交书面材料。电视收视现场大约有 20 人左右的市民在收看。听证结束后，听证陈述人、方圆装饰公司职工刘建林仍抑制不住兴奋和自豪，"作为一名普通的贵阳市民，能有机会坐在地方最高权力机关的会议室里，与立法者一起讨论立法大事，并且提出的建议有可能被写进即将出台的法规，我觉得这是真正面向我们的听证！"

随着越来越多的地方人大采用开门立法的做法，基层人大的立法工作进一步增强了透明度，在扩大公民有序政治参与上迈出了坚实的一步。立法过程采取立法听证的形式收集立法信息，倾听群众呼声，使普通公民有了更多参与立法决策和权力资源配置的机会，使群众感受到了实实在在又直接关系自身利益的民主，充分体现了立法程序中公开、公平、公正的原则。可以说，这是民主与法治建设的一大进步，是民主立法的成功实践，是以民为本的

民主决策
Democratic Decision-making

"阳光立法"。立法听证，是立法民主的集中体现，它能以最高的效率和最低的成本实现更广泛的民主。立法听证已经成为一种行之有效的民主宣传、民主教育的课堂。

（二）立法听证的意义

对于立法机构而言，立法听证制度的建设与实践，具有多方面的功能和意义，而对于整体的政治发展而言，其关键意义还体现在鼓励公民有序政治参与，以及充分的利益表达等方面。

立法听证会是立法机关在立法过程中，直接地、公开地听取社会意见的一种重要方式。听证会最大的特点，一是公开、透明。听证的内容和焦点问题事先向社会公布；符合报名条件的公民都可以自愿报名作为陈述人或者旁听人；听证会对媒体开放，从而使更多的人了解听证的事项和各方面的意见。二是公正、客观。组织者应当在报名参加听证会的公民中选择持不同观点的代表作为听证陈述人，面对立法机关直接陈述自己的意见，使各种不同意见得到比较充分的表达，立法机关能够更全面地了解各方利益和矛盾所在，妥善地协调不同地区、不同部门、不同方面群众的利益。三是程序性强。为了保证听证陈述人都有平等的机会发表意见，提高听证会的效率，听证会都制定有严格的听证规则，对听证会的发言顺序、发言时间等作出规定。四是注重实证。听证陈述人发表的意见，其理由要以了解的事实作依据，要有实证性资料作支撑，听证会注重的是事实和证据，陈述人到会进行陈述，不是仅发表个人的抽象看法。五是听证结果作为立法的重要参考。听证会结束后，立法机关的工作机构要根据听证会记录，整理出全面反映听证会意见的听证报告，作为参阅材料，印发立法机关组成人员。作为立法机构审议修改相关草案的重要依据。

而施行立法听证的意义则在于：

第一，对于立法机构来说，通过立法听证，能够更广泛、更全面地了解实际情况，收集更多的立法信息，并以这些信息作为参考，有利于使立法决策更符合实际情况，提高立法质量。立法听证能够通过正式的程序性安排，从专家、行业管理人员、普通市民、政府官员等具有不同职业背景的听证参与者那里获取各方面的意见和建议，掌握更多的决策信息，从而促进立法质量。实行立法听证，可以在比较短的时限获取相当大的范围的意见。在听证会上不仅可以听到参加人的发言，还可以听到旁听者的提问。在听证会上发表意见的，不仅可以有立法主体通常邀请参加座谈会、论证会的组织和个人，还有其他有关方面。因此，听证会所能征集和汲取的意见比之座谈会、论证会，往往更广泛、全面、完整。确保一个更可行及公平的决策。基于每个人知识有限、理性有限，以及思维方法不同，群体智慧对于决策来说相对是优越和可靠的。通过意见的交流和不同观点的冲击，不但可以使个人的眼界得以开阔，而且个人的私欲亦得到控制，使政策依据群体的意愿而作出，从而更好地体现公众的利益和智慧。2003年8月，贵阳市人大常委会的立法听证就收集到300余条立法建议，使《贵阳市南明河保护管理办法（草案）》和《贵阳市物业管理规定（草案）》，可以集聚更多的智慧和民意。同时，立法听证还能够使立法者受到监督，使所立之法成为良法，或是使所立之法不至于背离实际、背离公正。听证制度应是在立法过程中广纳民智的制度，这样才能更有效地避免部门立法，实现公共立法，从而提高立法质量。

第二，立法听证有利于促进并扩大公民的有序政治参与，促进立法民主化。立法听证是立法机构听取民意的重要方式，更是民主参与的一种形式和平台。民众可以通过立法听证发表和陈述自己的看法，监督立法机构的立法过程，防止法律对弱势群体的侵害和凌驾于部分人民利益之上。2003年7月的广东省人大常委会举行的立法听证会，报名参与陈述的人员有50多名，参与旁听的人员超过200人。他们当中有专家、学者、村民代表、政府官员和退休人员。发达和欠发达地区都有自己的代表。而通过媒体，更多的公众也

都热切地关注着自己身边的立法听证，关心自己身边的公共利益。从而使民众能够以一种规范的渠道，参与政治生活，关心政治生活。

第三，立法听证是一个可以充分表达利益偏好的平台。对利益相关的主体而言，他们可以借助立法听证直接自身的利益与价值倾向，表达对立法的要求或希冀，从而使立法能够更好地或尽可能地反映他们的合理的心声、尊重他们的可取的意愿，或是使立法不至于漠视他们的心声或意愿，维护他们的利益。在立法决策之前以及立法过程的其他有关阶段，各方可以就同一主题在同一场合同一时间从各有关角度发表意见，引起各有关方面的正面交锋，从而便于立法主体从多种多样的矛盾的正面冲突中了解各相关方面的意愿。听证陈述人在这种对话、表达、沟通和交流的过程，秉承着尊重多元、尊重多样性的原则，认真倾听来自不同方面的意见和利益，在表述自身利益的同时，根据各方的观点来衡量那些能够促进公共利益的价值选择。公开地、充分地运用理性，能够促进立法的质量、民主的质量。听证制度应是不同利益主体进行利益表达的制度，因此具有不同利益诉求的主体有均等机会进行参与。听证制度应是不同利益主体进行利益博弈的制度，因此，不同利益主体的诉求应在这里发生碰撞。听证制度应是对公众的意见足够尊重的制度，只有这样才能起到提高立法、决策及各种具体决定质量的作用，并达到制约公共权力的效果。

第四，实行立法听证制度，对立法获得广泛的和比较深入的社会基础也是大有益的。在听证过程中，会引起各有关方面对所立之法的直接的真切的关注，吸引他们在一定程度上参与其中，在这种背景之下产生的法律、法规、规章，就有了更好的得以贯彻实施的社会基础。从国内已有的立法实践看，实行立法听证的立法项目，更多的是那些直接关涉社会公众利益和情况复杂的事项，如劳动合同、房屋拆迁、学生伤害赔偿、出租汽车管理、见义勇为奖励和保护、个体工商户和私营企业利益、招标投标……之类的事项，针对此类事项实行立法听证，使各相关方面参与此类事项的立法，倾听他们真实的心声，尽可能合理地反映他们的意愿，这样产生的法律、法规、规章，便能获取社会公众的自觉认同和拥护，至少可以获得公众的比较好的了解和理解。通过立法听证，政策决策主体充分考虑和重视广大人民群众的切身利益和实际愿望，并把政策目标的确立和政策措施、手段的选择建立在符合这种利益和愿望的基础之上，以减少决策过程中的盲目性，提高政策的合法性。可以减少执行中的阻力，有利于政策的有效执行。一项政策，如果是包含公民参与的成果，那么这项政策是大多数人愿意接受并执行的，而且公民在参与过程中对事件有了认识，对决策有了了解，并且知晓政策的关键所在，加上个人对政策出台的"亲历亲为"，那么政策的施行不仅有效，而且还可以大大降低施行的成本。

第五，立法听证是民主实践的课堂，可以为相当广泛的社会主体提供具有制度保障的经常化的民主训练的空间。听证制度是一种行之有效的民主训练、民主宣传、民主教育的课堂，是广泛的社会主体直接参与国家生活、社会生活的实际演练，尤其是社会公众直接参与民主、享受民主的有效途径。在我们的国家生活和社会生活中，普通的社会主体特别是公众，直接获得民主的实践经验和实际演练的机会，同一个走向现代民主、现代法治环境的大国的要求相比，是比较少的，现在有了立法听证这种制度民主，正可以在这方面弥补我们的欠缺。公众在民主制度的操练中，能够学会尊重他人、学会表达自己、学会倾听他人的意见、学会宽容、学会维护权利，等等。公民参与，对公民个人的成长、思想的升华以及其抉择的方法都起着教育和锻炼的作用。每个公民都享有同等权利去表达自己的意志，去考虑或批评别人的观点，通过一系列讨论和思忖的过程，公民会逐渐培养出独立决策和辩证看问题的能力，这对于其生活、事业等方方面面的抉择是不无裨益的。同时，积极地参与冶炼了公民的政治热情，成为一个自觉参与政治、自觉表达个人意志、自觉维护个人权益的个体。这样，个人权益得到保障，民主得到实现；而社会的发展，亦不会因少数领导人的错误决策而走弯路。

第六，立法听证，是推进民主和法治建设的重要途径。民主政治的发展可能会需要经济的、文化的、制度的、程序的等方面的条件，但是，实行民主是无条件。民主只有在民主的实践中才能够建立和完善。借口经济发展程度不够、民众文化水平不高、缺乏民主的文化和传统等，都是以民主条件为由而延缓或拒绝实施民主。立法听证为民众在实践中运用和学习民主提供了一个法定的、可以行的、规范的场所或舞台。立法听证制度，使包括普通公众在内的社会主体有了这个可以在一定程度上参与立法决策和权力资源配置的机会，这是对旧传统的改造，同时也是在培养健康民主所需要的公民。

立法听证的价值理念，就是力图通过程序正义进而实现实质正义。作为不同利益主体进行利益表达的程序性制度，立法听证是政治国家与市民社会良性互动的重要法律机制，是锻炼民众民主能力，实践民主制度的重要渠道，具有控制公共权力并使其公正行使、保护权利不受侵犯的宪政功能。

我们可以将立法听证看成是某种形式的协商民主。通过利益相关者参与政治决策过程，并在过程中对话、沟通和交流的基础上，形成最终的共识，从而对于立法决策产生影响。立法过程中的表达、陈述、对话和思考，即协商，会因为其产生的结果而具有价值。一种结果是，通过增强公民对其社会以及应该支配其社会的道德原则的理解，普遍地改善了立法的质量。那些在所有公民中就可选择性建议的优点进行善意讨论和理性争论的社会往往会更公正，或者更好地保护自由。这里，法律和社会制度的正义将通过讨论过程而得到增强。同时，与那些没有经过针对立法的深入协商过程的社会相比，这些社会的法律在其公民眼中往往在理性上更为正当。通常来讲，协商能在公民之间就立法的优点达成理性一致。在这种情况下，社会的合法性借助协商而得到增强。此外，当公民必须参与协商过程中来时，他们身上某些优良品质就会得到发扬。

三、立法听证：挑战与反思

虽然立法听证对于中国立法民主，以及中国民主政治的发展，具有重要的意义。但是，目前依然存在着诸多挑战和不足。从理论和实践两方面来讲，立法听证的制度建设在我国都还是处于初期阶段。因此，立法听证不可避免地存在着需要严肃对待和认真解决的问题，也不可避免地从探索走向建构、从临时与随意走向规范化。

（一）参与不足

立法听证过程的参与是一种重要的社会化路径。在参与的过程中，公众不仅真切地了解到立法的程序，表达了自己的利益要求，而且体会到公民权的实现。从程序和实质上都了解到法律的形成。这对于一个缺乏法治传统的社会尤其重要。因为传统上，立法只是少数人的专利，是以"管人"和惩罚为目的的。而法治社会则需要使法治精神渗透到每个公民的思维和行动中。但是，从实践的运作来看，立法听证过程的公众参与处于不足或缺失状态。

立法听证过程中的参与不足，可以包括两个方面：一方面是体制内参与的不足。部门立法使本来应该履行立法职能的人大代表和常委会组成人员没有足够的渠道和时间参加法案的制订、审议，作用难以到位，缺乏对政府部门利益进行有效的制衡。在整个立法过程中，从编制立法计划、进行立法调查研究、起草法规草案、审议法规草案直到通过法规。参与者基本上都是体制内的人员和机构，尤其是政府职能部门。（1）在编制立法规划中，人大有关机构主要听取政府部门的意见建议，不注重向人大代表和常委会组成人员征求立法建议；（2）在进行立法调查研究中，侧重于听取执法部门的意见，

民主决策
Democratic Decision-making

不能全面听取被涉及对象的意见；（3）立法的起草多由政府职能部门负责。它们往往不适当地强化和扩充本部门的权力和利益，使法规草案程度不同地带有部门保护主义色彩。[1]（4）法规案的审议过程中，人大机构内部的参与也不充分。常委会组成人员的应有知情权没有保障；（5）法规草案的审议过程和草案内容多是不公开的，使得公众无法了解正在制订中的法规。而且即使在法规通过后，也缺少必要的宣传。[2]

另一方面是体制外参与的匮乏。包括公民、专家以及各种利益相关者难以通过有效的正式渠道表达自己的意见，维护自己的利益。而人大代表与社会公众沟通作用的不到位进一步影响到体制外声音的表达。关于公民参与不足的典型案例是昆明市第一次立法听证会的尴尬遭遇。2001年11月，昆明市人大常委会法工委就《昆明市道路交通管理条例（草案修改稿）》举行听证会，这是该市第一次就地方立法举行听证会，其讨论内容与市民生活紧密相连。从10月中旬开始，法工委通过报纸向社会通报这一消息，并邀请市民报名到会旁听。只有段群立一位市民报名，还因故未到会，由于法工委此前已有针对地邀请了有关人员，才使听证会顺利举行。当地媒体就此次地方立法听证会对数十位市民进行访问的结果显示，市民对地方开展立法听证充满兴趣，但由于对这一新鲜事物了解不多、心存疑虑，甚至担心自己的意见没有人听，因此不愿参加旁听和讨论。[3]

杨雪冬博士认为，这种参与的双重缺失在某种程度上形成了一种恶性循环。立法者对政府部门的制约作用不到位，削弱了社会公众对立法者的信任度，影响了公众参与的积极性；公众参与的减弱，使立法者得不到社会的有

---

1. 有学者归纳为："部门权利规定得多，义务规定得少；管理相对人义务规定得多，权利规定得少；行政管理办法规定得多，市场调控手段规定得少。"（孙少亨：《如何防止和克服地方立法中的部门利益倾向》，载《党政干部论坛》，2002年第4期。）
2. 山西省人大法制委课题组：《关于地方立法程序的几个问题》，载《晋阳学刊》，1998年第6期。
3. 《昆明地方立法听证会走近市民》，载《中国青年报》，2001年12月11日。

力支持，难以借助社会的力量来抗衡膨胀的政府权力，影响立法机关的职能充分到位。[1]

而制约公众参与的因素，首先是长期以来缺乏民主实践锻炼的民众，对于参与的形式不熟悉，对参与的效果缺乏信心。其次是因为缺乏开放性的参与制度和程序。客观地说，在一项法规制订的过程中，立法者也通过调研、开座谈会等形式来听取各方的意见。但是这些形式多为非制度化的，更重要的是完全由立法者意志掌握的，可以根据自己的好恶来取舍，没有给公众（包括专家和普通公民）提供主动、自愿参与的制度渠道。这样也造成了整个立法过程在结构上的单一性。[2] 再则，出于不同的目的，听证组织者在选择听证陈述人时，往往从有关政府部门邀请相当比例的作证人。听证陈述人的广泛性不够，报名希望参与听证，甚至希望参与旁听的民众，都缺乏有效的渠道。听证代表人数少，不足以充分体现民意。例如个税起征点调整关系到了每个人的生活，影响到了广大工薪阶层的实际收入。在我国，医疗、教育费用居高不下的情况下，起征点调整对中低收入者生活的影响尤为明显。因此，立法听证充分反应民情民意就尤为必要。而本次立法听证，工薪阶层代表人数仅为15—20人，听证会也只举行了一次。我国人口众多，加上职业、地域、收入、实际扶养人口等方面，仅仅15—20人是无法代表所有工薪阶层的。

（二）立法听证的制度支撑不足

完善的制度、机制和程序能够保证立法听证实践的顺利推进。明确规范立法听证的法律依据，使之获得足够的法律支持；正确定位政府管理部门的

---

1. 杨雪冬：《中国地方立法听证中的参与困境》，见杨雪冬、陈家刚主编：《立法听证与地方治理改革》，北京：中央编译出版社2004年版。
2. 同上。

角色，明确政府管理部门必须在充分听取公众合理化建议的基础上进行立法工作；从法律条规上明确听证程序的公开原则。制度中还要对所提意见中采纳的部分予以公示，同时对不被采纳的意见以书面形式向有关听证参加人作出解释。另外，我国目前还没有统一的全国性立法听证规则，各地立法机构有的已经制定了立法听证规则，有的制定了立法听证规则的草案，有的仍然处于摸索和探索阶段，希望更多地总结听证经验之后再制定听证规则。立法听证是立法机构做出立法决策的程序性实践，因此，必须制定完善的立法听证规则才能规范其实践运作。在立法听证的过程中，各个环节和程序都必须有利于公民真实利益的表达和收集广泛的信息，因此，要真正将立法听证作为立法机构日常的、规范化工作，就必须制定和完善立法听证规则。

中国在立法中发挥不同利益集团的作用，建立立法听证会制度，应发挥自己的优势，综合考虑其中的利弊得失，考虑社会稳定的因素，一步一个脚印地走，就一定能创造出一条有中国特色的，有制度化保障的，公众参与立法的好形式。

（三）公民参与和表达的能力不足

增强公众参与的自觉性和积极性，提高公民参与立法听证的能力。沉默的公民或许会成为独裁者的理想臣民，但对于民主制度来说，却是一场灾难。去除政府主导立法的弊端，洗去立法听证的政治色彩，走平民化、日常化路线，形成良好的公众参与氛围，就能很好地调动公民参与立法活动的积极性，有利于公众参与制度的建设和完善。从公民参与的角度来看，现有的听证会还没有成为公民参与立法过程的一种"日常化"的渠道，带有明显的临时性和随意性。在一些地方甚至类似某种政治运动，其组织工作的投入、引起的重视程度完全由当地立法机关的领导人决定。这样，使一种本来可以日常化、程序化的简单程序变成了政治，造成了公民自愿参与的不足。

提高公民能力，还需要进一步明确听证参与者的权利和义务。立法听证的首要目的是收集真实、广泛的立法信息，因此，如何获取真实可靠的利益表达是立法听证过程必须认真关注的。立法听证的参与者既包括利益群体代表、政府机构代表，也包括公民个人。不同的参与者具有不同的价值观和利益倾向，正是这种价值、利益的差异才是立法听证实现自身目的的基础。目前，我国各地实施的立法听证，或者说制定的立法听证规则都没有明确规定听证参与者的权利和义务，或者说规定的非常模糊。因为权利义务规定的缺位，所以，有报名参与听证的公民会因为误工要受处罚而未能参与，有参与听证的公民因为担心而没有充分表达自己的意见，等等。所以，立法机构必须在听证规则中明确听证参与者的权利和义务，这样才能真正发挥听证参与者的作用。

立法听证是立法过程中一种征求意见程序，立法听证本身并不决策。公众参与缺乏自主性和积极性，公民自愿参与不足，怠于行使参与立法的权力，随大众。等等，既有历史、传统和文化的因素，又有制度的因素，还有一点值得关注的是公民的能力不足。公民对立法听证这种新的民主形式的认知、理解，对于如何运用这种新的民主程序，对于在这种民主形式中表达自身的利益，需要一个学习和实践的过程。只有持续地利用这种形式，鼓励公民参与，在实践中锻炼自身的能力，才能够促进立法听证的发展。

（四）听证范围的界定明晰度不足

立法听证范围，又称立法听证的客体、对象，或者立法听证的适用范围，是指对哪些法案以及法案涉及的哪些内容、什么问题应当进行听证。根据我国《立法法》的规定，列入常务委员会会议议程的法律案，法律委员会、有关的专门委员会和常务委员会工作机构应当听取各方面的意见。听取意见可以采取座谈会、论证会、听证会等多种形式。由此可见,举行听证会只是有关机构听取法案意见的形式之一,并且是"可以"采取而不是"应当"采取的一种方式。听证仅仅是保证和提高立法质量,实现立法民主化、科学化所可以采取的形式之一。究竟哪些立法活动必须进行听证,哪些可以进行听证,哪些不用听证,目前,在《立法法》和地方立法听证规则中都没有明确的界定。怎样确定立法听证范围的标准仍然是个关键性问题。笔者认为,立法听证的范围应该是:(1)对经济和社会发展全局有重大影响的;(2)对公民、法人、其他组织切身利益有重大影响的;(3)涉及不同利益群体,且相互之间存在明显利益冲突的;(4)需要广泛听取意见、收集信息的;(5)对法案内容存在较大意见分歧的;(6)听证机关认为有必要举行听证会的其他法案。

(五)公开性不足

关于听证结果的处理问题。目前,我国各地立法机构的听证总体上偏重于听证的民主性功能,注重追求听证的公开透明、公正合理。相反,对于听证的执行性功能,即听证结果的处理和应用却重视不够。很多地方都规定,听证结束后,听证人、听证陈述人和记录人要在听证记录上签名确认,立法机构根据听证记录制作听证报告,提交常委会。但是,在实践中,很多听证结束后并没有签名确认,而且,立法机构如何采纳听证结果、对听证陈述人提交的书面意见和发表的意见如何处理,都没有明确和严格的规范。因此,从总体上讲,听证的效能很难得到保证。为了保证立法听证的效能,立法机构必须做出某些技术性安排,明确立法机构采纳了哪些意见和建议,这样,才能使立法听证发挥其应有的功能。

听证报告是会后提出,并提交人大常委会的,并未向社会公开。听证报告是对听证相对人意见的总结和综合,它又是立法机关重要的参考依据,连接着民意和立法机关,公民知悉听证报告内容才能了解到民意是否被尊重和被尊重的程度。反之，听证报告不公开，人大常委会审议法律草案时对它的参考意见也不公开，如果公布后的法律和听证前的法律草案又基本相同，会让人怀疑立法听证是"作秀"还是真心听取民意，从而影响到公民参与立法听证积极性。所以，立法听证报告应向社会公开，立法机关审议草案时如何认识听证报告也应作出解释。

虽然立法听证的实践目前还存在这样那样的不足，但是，作为一种民主政治的实践形式，立法听证为公民有序政治参与、为合法决策提供了恰当的制度性渠道和平台。

而就目前来讲，首先必然要实现立法听证的功能从政治走向法律。就我们目前从理论上了解的、在实践中参与的立法听证来说，立法听证的民主功能被普遍地置于其各种功能之首。立法听证是作为民主价值的体现而进入中国政治实践的，立法听证的政治意义超越了其法律意义。有些学者将立法听证的功能分为价值性功能和技术性功能，前者包括公正平等、公众参与和公开透明，它们是立法听证的最重要功能。[1] 有些学者认为，扩大公民参与，加强立法者与公民的互动是诸多功能中的核心。[2] 而在地方各级立法机构的听证实践中，从立法者的价值取向到媒体、普通公民的积极参与来看，立法听证的民主性功能也显然优先于其收集立法信息、科学立法的功能。这种对于立法听证民主价值的强调源自于我国政治文明建设的取向、立法听证的公开公正和透明性的特征。在立法听证实践初期强调其民主性功能有利于提高人们对立法听证的认识、有助于培养人们的民主意识、锻炼人们的民主能力。

但是，正因为对立法听证民主功能的强调，才导致目前我国立法听证实践中诸多问题，如立法听证规则的规范性与听证过程的随意性之间的冲突；追求公民参与的积极性与忽视听证效力或结果之间的冲突；立法机构收集立

---

1. 彭宗超等：《国外立法听证制度的比较分析》，载《政治学研究》，2003年第1期。
2. 杨雪冬、陈家刚主编：《立法听证与地方治理改革》，北京：中央编译出版社2004年版，第172页。

法信息与媒体宣传之间的冲突，等等。所以，随着立法听证实践的深入发展，立法听证必然要走向规范化和日常化，也即立法听证将主要作为立法机构科学决策的技术途径。但是，这种转向并不会导致排斥其民主功能。

（原载陈家刚：《协商民主与当代中国政治》，北京：人民大学出版社2009年版）

地方人大立法听证制度分析
——以深圳市四次立法听证会为分析对象

唐 娟
（深圳大学当代中国政治研究所）

立法听证是指立法机关在制定或修改涉及公众或公民权益的法案时，听取利益相关者、社会各方及有关专家的意见并将这种意见作为立法依据或参考的制度形式和实践活动。立法听证制度之精髓在于以形式正义来保证实质正义，以程序公平来保证结果公平，从而体现民主政治的基本价值。

1993年深圳在全国率先实行的价格审价制度，可以看做是中国听证制度发育的雏形。1999年9月，广东省人大常委会就《广东省建设工程招标投标管理条例》（修订草案）举行了听证会，开创了全国立法听证之先河。同年，深圳市人大计划预算委员会制订了全国首个地方人大的部门立法听证规则即《深圳市人大计划预算委员会听证制度》。2000年颁布的《立法法》第34条正式把听证制度纳入立法领域，成为立法机关立法活动中听取民意、使法律公正合理的制度保障。同年，深圳市人大就《深圳经济特区审计监督条例（草案）》制订举行了立法听证会，这是《立法法》颁布以后全国第一次具有听证规则的立法听证会。2001年11月,深圳市第三届人大常委会第十一次会议审议通过并于2002年1月1日起正式实施的《深圳市人民代表大会常务委员会听证条例》,是国内第一个正式由立法机构制订的地方性立法听证规则。此后,广州、上海等地也相继以条例、办法、规定等形式制订了本地的立法听证规则,到2002年7月,全国已有19个省市人大常委会举行了立法听证活动,有17个省市的人大常委会制订了立法听证规则。迄今,举行过立法听证活动的省市区则已达20多个,通过或修改的法规规章所调整的社会关系十分广泛,取得了良好的效果。

应该说,在各地的立法听证实践中,深圳的立法听证实践走在了全国前列。迄今为止,深圳市人大常委会已经举行了四次立法听证会。无论从听证规则上看,还是从运行过程看,深圳的立法听证正在步向成熟。

本文主要采取实证研究方法,以深圳市人大常委会2003年7月举行的立法听证会为研究对象,分析中国地方立法听证的规则、操作过程、绩效及问题。为了研究这一问题,笔者以陈述人身份参加了2003年7月15日深圳市人大常委会举行的《深圳市机动车停放管理条例(草案修改稿)》立法听证会;2003年9月9日又以旁听人身份参加了深圳市人大常委会就《深圳经济特区道路交通管理处罚条例(修正案)》举行的立法听证会,借以观摩立法听证会的运行过程,并收集和整理了深圳市人大常委会制订的有关听证规则及已经举行的听证会的文件和资料,对这两次听证会组织人员和听证人进行访谈,以了解举行听证的原因、背景、听证规则、组织过程。之后,笔者整理了听证会现场的基本情况、发现的一些问题和所得的听证会的文本资料,包括:听证报告书、听证笔录、听证程序规则文本、听证公告、听证人员资料等等,在此调查研究和参与实践的基础上,开展这项研究。本文分析的维度有五个,包括:听证会背景、听证会规则、听证会事项、听证会操作过程、听证会效果及存在问题。

一、立法听证背景分析

深圳市的立法听证会已经运行了4年，而且已经从市级人大常委会向下延伸至区级人大常委会。深圳市级人大常委会举行的4次立法听证会的主要情况参见下表：

听证时间	听证组织者	听证事项
2000年11月28日	市人大常委会计划预算委员会	深圳经济特区审计监督条例（草案）
2002年1月24日	市人大常委会法制工作委员会	深圳经济特区人才管理市场条例（草案）
2003年7月15日	市人大常委会法制工作委员会	深圳市机动车停放管理条例（草案修改稿）
2003年9月9日	市人大常委会法制工作委员会	深圳经济特区道路交通管理处罚条例（修正案）

深圳市立法听证的宏观背景与国家政治改革及深圳经济特区特殊的地位密不可分，具体到每次的听证会，则各有缘由。

深圳市享有的地方立法权，为其进行立法听证制度创新提供了前提和珍贵的平台。1992年7月，七届全国人大常委会第二十六次会议通过了《关于授权深圳市人民代表大会及其常务委员会和深圳市人民政府分别制定法规和规章在深圳经济特区实施的决定》，这一决定使深圳经济特区在尊重宪法及国家法律和行政法规的基本原则的前提下，有权根据深圳经济特区的实际需要，对国家法律和行政法规进行适当变通、补充和细化，并享有大力借鉴世界发达国家和地区的法律法规的有益经验的权力。此时，深圳所享有的立法权，可称之为国家授权立法权。2000年7月1日，《中华人民共和国立法法》正式实施，该法不仅赋予深圳以特区立法权，还赋予它以较大市的立法权。这一规定，使深圳市的立法权有了实质性的扩大。2001年2月，广东省九届人大四次会议通过的《广东省地方立法条例》，进一步确立了深圳市的"较大市的立法权"。

深圳的立法听证制度创新之所以走在全国前列，与其并享两种立法权的立法优势密不可分。

立法听证会的微观背景，关涉立法听证会举行的必要性以及范围的界定。究竟在什么样的情况下举行立法听证会，目前地方人大系统中主要有两种观点，一是认为在听证程序规范化的前提下，所有法律法规的制定都必须进行听证，从而使听证成为立法必经的程序；二是认为，立法听证属于选择性的实践，因为各级立法机关的立法任务都很繁重，而立法听证所要投入的时间和人力比较多，为了保证立法效率，不可能对所有的法案都进行听证。其中，第二种观点居于主流。深圳的立法听证条例明确规定了举行听证会的前提条件和范围，属于选择性听证模式，这从其四次立法听证会的微观背景也可以得到印证。

从2000年到2003年，深圳市举行的4次立法听证会，单独看来，各有其具体的背景和理由。参见下表：

听证会	微观背景
2000年11月立法听证会	政府投资项目审计监督管理体制本身运行不畅
2002年1月立法听证会	人才和劳动力市场管理体制运行不畅
2003年7月立法听证会	机动车停放管理体制运行过程中遇到的问题
2003年9月立法听证会	道路交通管理体制运行过程中遇到的问题

上述4次立法听证会各自具有明确的理由、听证范围和事项，但均是深圳特区政治经济和社会发展在一定情况下的必然。听证的理由和事项中，既有城市公共支出流向、支出程序及成本—收益核算问题，也有就业市场问题，还有城市建设管理问题，基本上都是与市民利益息息相关、为市民普遍关注的热点难点问题，而且对这些问题，社会舆论分歧比较明显，立法机关必须在广泛听取意见、搜集信息之后才能做出相对公正的决策，才能以一种比较公正的方式回应市民社会的需求。

二、立法听证规则：文本解读

从听证规则的意义上分析，目前地方举行的立法听证会，有如下几种类型：一是没有立法听证规则的立法听证，希望在总结积累经验的基础上制定立法听证规则；二是根据明确的立法听证规则举行的立法听证会，实现了听证会的规范化运行；三是根据非法定立法听证规则举行的立法听证活动，及根据其他地方的立法听证规则制订本地的立法听证规则草案，根据草案实施立法听证活动，再借助于立法听证活动来检验、充实和完善草案，然后正式审议通过和实施。深圳市的立法听证属于第二种类型。

根据《深圳市人民代表大会常务委员会听证条例》，深圳市立法听证规则主要包括如下七项内容：

立法听证规则的基本框架。作为一种地方法律文本，深圳市的立法听证条例对听证活动的总原则、活动的各个环节都详细地予以规定，这些原则和程序性规定构成了立法听证规则的基本框架。其中，总原则包括：制定立法听证规则的法律依据、立法听证活动的目的、立法听证应该遵循的基本原则；程序性规定包括听证提起、举行和结束等。与其他地方的立法听证规则相比，深圳的立法听证规则还专门对听证主体做了规定。此外，每次的立法听证会都专门制订了具有针对性的实施办法，但在形式上和听证条例一样，是完整的法律文件。

立法听证内涵界定。深圳市的立法听证是指市人大常委会及其有关部门在依法履行职责过程中，对有关事项做出决定前，按照法定程序，以听证会的形式收集信息、听取意见的活动。

立法听证的范围界定。主要包括四方面的问题：涉及社会普遍关注的热点、难点问题；涉及对特定组织和个人的权利和义务或者对公共利益有影响的；常委会、专门委员会和工作委员会组成人员之间出现较大意见分歧的；

民主决策
Democratic Decision-making

需要广泛听取意见、搜集信息的；其他需要举行听证会的社会问题。

立法听证的提起与决定。听证会的提起者包括深圳市国家机关、社会团体、企业事业单位以及其他组织和个人，提起对象是市人大常委会、专门委员会和工作委员会。是否举行听证会，由市人大有关的专门委员会或工作委员会研究决定，或者报人大常委会主任会议决定。

听证公告和通知。听证公告由听证机构发布，公告内容包括举行听证会的时间、地点、出席听证会的人数、听证事项及陈述人、旁听人员报名等有关事项。除了特殊情况，公告均是在听证会举行10日前公布。确定了的陈述人和旁听人名单，由听证机构通知。

听证主体的构成。听证主体主要由听证人、陈述人、旁听人三部分组成。决定并组织听证会的市人大常委会、专门委员会、工作委员会和特定问题调查委员会统称为听证机构，出席听证会的听证机构的组成人员统称为听证人。陈述人是参加听证会并提供与听证事项有关事实的单位或个人。陈述人的产生有两种途径：一是公民自愿报名途径，二是听证机构邀请途径。陈述人享受如下的权利：(1) 进行陈述发言；(2) 提出支持自己陈述意见的相关材料和依据；(3) 经主持人许可，向其他陈述人发问；(4) 申请主持人回避；(5) 要求对听证记录予以补正；(6) 对违反听证会程序的行为提出抗议。同时，陈述人也必须履行相应的义务，包括：(1) 保证所陈述事实的真实性；(2) 根据主持人的要求，提供有关证据材料；(3) 遵守听证会的规则和纪律；(4) 保守国家秘密和商业秘密。

旁听人也是由市民自愿报名、然后由听证机构确定而产生。此外，听证机构可以邀请人大代表、有关专家或其他社会成员作为嘉宾参加听证会。

听证报告。听证会结束时，听证记录交陈述人核对，并由主持人、记录人员和陈述人签名，存档保管。主持人和其他听证人需要进行合议，制作合议记录，并在合议记录上签名。听证会结束后5个工作日内，听证会主持人根据听证记录和合议记录形成听证报告，听证报告包括以下内容：听证会的时间、地点、参加人员；听证事项；主持人以及参加听证会的其他人员、陈述人；陈述人提出的主要事实、理由和意见；听证人对听证事项的意见。听证报告制作完毕由主持人送交听证机构，听证机构将听证报告印发听证机构的全体组成人员和提议举行听证会的组织或者个人。

三、立法听证运行过程：以 2003 年 7 月 15 日听证会为例

听证规则的价值首先在于在听证活动过程中其被遵守的程度。《深圳市人民代表大会常务委员会听证条例》实施以来举行的立法听证会，都根据特定的听证事项和该条例规定，制订了具体的听证会规则，用以规范听证会的操作和运行过程。下面以 2003 年 7 月 15 日听证会为个案，分析听证会的运行过程。

（一）听证会缘起和准备

机动车停放矛盾是 2003 年 7 月 15 日听证会的直接缘由。深圳市家庭平均拥有汽车数量在全国名列前茅，再加之单位用车，至 2003 年 7 月，深圳市机动车数量高达 69 万辆，但是，停车位却不到 20 万个，车位少、车辆多的矛盾日益突出。为了弥补这一静态交通设施的不足，在获得政府许可的情况下，有些企业和个人在一些路段设置咪表，提供临时车辆停放处。但由于一些企业和个人利用此公共设施非法牟利，引起车主的普遍不满。与此同时，居民区停车场和户外临时停车场，汽车被损被盗现象也时有发生。由于国家有关法律对停车场管理责任尚未有明确的界定，因此，该停车场责任问题也是一个的社会矛盾，尤其成为有车族非常关注的焦点。深圳市第三届人大常委会第二十五次会议提交了《深圳市机动车停放管理条例（草案修改稿）》，就咪表设置原则和停车场法律责任做了初步规定。但是，该条例草案公布之后，

引起很大的社会反响，市民意见甚至针锋相对，而在物业管理行业则引起轩然大波。就咪表设置而言，矛盾的焦点集中在要不要设置咪表上；就停车场责任问题，矛盾的焦点集中在停车场管理单位要不要对停放的车辆承担保管和赔偿责任。其中，深圳的50家有影响力的物业管理公司甚至通过特快专递向全国人大送去一封"紧急报告"，对条例草案中有关停车场因管理不善而应当承担相应责任的条款提出抗议。与此同时，一些社区业主委员会也为了有车族的利益而四处奔走。

鉴于社会争议激烈，市人大常委会法制工作委员会遂提出听证会建议，经深圳市人大常委会批准后，仍由法制工作委员会负责组织举行。法制工作委员会首先确定了四方面的听证事项，包括：设置咪表路段是否必要；如何设置咪表路段；停车场管理单位的民事赔偿责任是否妥当；停车场管理单位的民事赔偿责任如何规定。然后，在市人大常委会网站和深圳重要报刊上刊登了"关于举行立法听证会的通告"，组织专人负责接待市民报名，确定陈述人和旁听人名单，通知确定了的陈述人和旁听人选。

7月15日立法听证会的陈述人结构分为政府部门陈述人和个人陈述人两部分。其中，来自政府部门的陈述人受法制工作委员会邀请而参加，个人陈述人采取自愿报名方式，由法制工作委员会根据陈述人报名顺序、所持不同观点、行业特点、专业水平、利害关系等标准来确定。被正式确定的陈述人名单共18人，他们又被分为正方和反方两部分。这些陈述人中，政府部门陈述人共6名，占全部陈述人人数的1/3；个人陈述人共12名，占全部陈述人人数的2/3。从陈述人职业界别看，来自政府部门的约占33%，来自企业界的约占44%，来自高校的约占6%，来自社区的约占11%，来自社会中介机构的约占6%。从理论上说，听证会陈述人是构成会议正式代表的核心，因此，陈述人结构在一定程度上是利益博弈格局的体现。旁听人基本上都是普通市民，共36名。

(二) 听证会运行程序

7月15日的听证会按照深圳市人大法制工作委员会制订的《〈深圳经济特区机动车停放管理条例（草案）〉立法听证会规则》进行。具体程序由如下环节构成：第一，听证会开始前，工作人员首先查明应通知的陈述人是否到会，并宣布会场纪律和注意事项。第二，首席主持人宣布听证会开始，介绍到会的听证人、领导与嘉宾、陈述人，说明听证事项，告知陈述人的权利和义务。第三，陈述人围绕咪表问题和停车场法律责任问题按先后顺序发言。发言顺序是：（1）与听证事项有利害关系的陈述人；（2）了解听证事项的陈述人；（3）专家陈述人。主持人负责调控陈述人发言的时间。第四，陈述人陈述完后，进入自由发言阶段。旁听人和特邀嘉宾可以举手发言，主持人负责调控旁听人和特邀嘉宾发言的时间。第五，旁听人和特邀嘉宾发言完毕，首席主持人进行简要总结。第六，市人大常委会副主任作会议闭幕讲话。第七，听证会工作人员在听证现场制作听证记录，各陈述人在听证记录上签名。第八，听证会结束后进行听证合议，由主持人和其他听证人参加，并制作合议记录。

立法听证会结束后，听证机构及时制作了听证报告，并提交法制委员会，还印发给了每个参加听证会的陈述人员。

至8月5日，深圳市人大根据听证会报告，再次对《深圳市停车场规划建设和机动车停放管理条例》进行大幅修改，改动多达80余处。8月27日，深圳市第三届人大第二十六次会议正式表决通过了《深圳市停车场规划建设和机动车停放管理条例》。

四、关于立法听证会的理论分析

立法听证制度创新属于深圳市立法体制建设的内在构成部分，贯于其中的是立法民主的精神，进行立法听证的目的在于使人大系统更加全面地了解民情、反映民意、集中民智，更好地体现人民群众的利益，提高立法的民主性、公开性、公正性和整体质量。

深圳市的四次立法听证会，在客观上取得了这样的效果，即：使得当地立法机构和公民开始熟悉这种新的立法程序，促进了立法质量的提高。总的看来，四次立法听证会的背景，在宏观上是深圳立法创新尤其是立法体制建设的内在构成部分，也是深圳民主政治发展的重要体现和标志；从微观上看，则各有缘由，但均是深圳特区政治经济和社会发展在一定情况下的必然需要，诸如人才市场、机动车停放、在市区内禁行摩托车等问题，均与广大市民切身利益联系紧密，市人大通过举行立法听证会，可以更加全面地了解民情、反映民意、集中民智，更好地体现人民群众的利益，提高立法的民主性、公开性、公正性和整体质量。

四次立法听证会所遵循规则和运行过程，表现出如下共同特点：

（1）听证范围明确。深圳市听证条例明确规定了听证范围，四次听证会均严格遵循这一规定，听证事项集中，围绕焦点展开的辩论观点明确而深刻。

（2）严格依照法律程序开展听证。这里的法律程序依据主要是《立法法》和深圳市人大常委会制订的听证条例，及每一次立法听证会的有关规则。它们为立法听证会提供了操作性规范。

（3）政府主导立法听证。决定组织和举行第一次立法听证会的是市人大常委会计划预算委员会，后来的三次听证会都由人大常委会法制委员会组织举行。虽然深圳市听证条例规定其他社会组织和公民也可以向人大常委会提出举行立法听证的建议，但到目前为止还没有这样的建议出台。

（4）听证会陈述人、旁听人构成界别比较全面。听证会事先都通过媒体向市民发布听证公告，制定公正的陈述人、旁听人遴选原则，保证各种不同意见有平等的发表机会。自由报名参加陈述人和旁听人的人选，是由听证机构经过综合考虑报名的先后顺序、所持观点、行业特点和专业知识等方面的因素最终选出的，力求各方面的利益要求都有机会表达。

（5）听证过程中基本体现出焦点集中、参与充分、抗辩交锋、程序严谨、公开透明的原则。每次听证会要解决的问题针对性都很强，参与者观点鲜明、表达充分，会议进程严格按照事先制订的程序、步骤进行。

（6）听证会公开举行，每次会前、会中、会后都有媒体参与，并及时向市民报道详情。同时，听证机构还为听证会准备了供公众索取的法规草案及相关资料，这一做法大大提高了普通市民参与立法的积极性，同时也使立法听证过程成为对市民的一次法制宣传教育活动。

（7）及时制作听证报告书，送交给人大常委会、专门委员会、工作委员会及常委会主任会议、各陈述人。有些与市民切身利益密切相关的法规，在听证会后，听证机构还邀请部分听证代表到其他地方进行考察取经，进一步调查研究，以制定切实可行的法规。

（8）立法机关对听证会意见的采纳情况向市民社会给予了及时公布。

除了上述特点外，深圳的立法听证会还存在着一些有待改进的地方，主要有：

第一，需要进一步拓宽市民获知立法听证信息的渠道。目前的拟举行立法听证会的公告是在市人大常委会网络和深圳几家报纸上刊登的，信息公布之后报名时间较短，而且采取的是现场报名方式，这使得一些想参加听证会的市民因获知信息不及时或路途不便而不能够参加。因此可考虑尽早发布公告、延长报名时间、增加电话或网络报名的方式。

第二，参加听证会的代表应该具有更大的广泛性，防止强势利益集团操纵听证会。虽然强势利益集团操纵立法情况还没有出现，但从2003年7月的听证会情况看，存在着这样的隐患。如物业管理企业为了确保其所管理的停车场的既得利益，迅速联合成人多势众的陈述人"集团"，发言时立场一致，而业主由于其力量分散，只是一个潜在的利益集团，很难达成集体行动，也较少有人愿意花费自己的时间和精力去争取政策性公共物品，因此，听证过程中，代表业主利益的社会声音就显得分散，如果不是行政执法部门代表并维护业主利益，听证会上业主的声音就显得很稀少。

第三，听证报告应当向社会公开，允许公众查阅。听证会后，参加听证会的人员在听证会上发表的意见虽然被听证机构及时地制作成听证报告，并及时送交人大常委会、专门委员会、工作委员会及常委会主任会议，及时通知各陈述人领取。但一方面，每次听证会陈述人名额有限，即使所有陈述人都领取了听证报告，市民知晓的范围也是十分有限的，另一方面，陈述人都是凭听证机构电话通知后亲自去人大机关办公地点领取，由于路程或时间关系，就可能有人放弃。因此，听证机构应当借助媒体把听证报告向全体市民公布，允许市民查阅和讨论，给市民提供反馈意见的机会。

（原载《贵阳金筑大学学报》，2004 年第 3 期）

通过对话寻求决策共识
——浙江省温岭市"民主恳谈"案例研究*

陈家刚
(中央编译局比较政治与经济研究中心)

"民主恳谈"是浙江省温岭市在世纪之交创造的一种基层民主形式。经过几年的发展,民主恳谈逐渐演化为一种稳定的制度。其主要内容包括:民主沟通会、决策听证会、决策议事会、村民议事会、乡镇人大表决会、党代表建议回复会、重要建议论证会和村民代表监督管理会等。"民主恳谈"是温岭市村民自治、乡镇基层政权和市政府职能部门重大事项决策的必经程序,是民众参与公共事务的制度平台。"民主恳谈"不仅是民意表达的场所,更是重大决策的必经程序。在诉诸个人与集体理性的基础上,"民主恳谈"的参与者能够借助倾听、对话和沟通,在充分讨论的基础上形成基本共识,从而赋予决策以合法性,并最大限度地促进了公共利益。"民主恳谈"在中国的实践,体现了协商民主的某些特征,对我国的民主政治建设具有普遍的示范和借鉴

---

* 浙江省温岭市"民主恳谈"自1999年实施之后,在国内国际产生了良好的影响,许多学者也从不同角度对这种基层民主改革进行了多侧面的研究。本文的研究一方面基于笔者的实地考察与调研,另一方面充分参考了陈奕敏同志、景跃进教授、周红云博士、贾西津博士和褚松燕博士等人的研究成果。

意义。

一、民主恳谈的兴起与发展

（一）"民主恳谈"的起源

温岭市地处浙江省东南沿海，是一个总面积920平方公里，辖11个镇5个街道，人口116万的县级市。温岭是中国大陆新千年第一道曙光的照射地，也是我国农村股份合作制经济的发祥地和甬台温地带经济最活跃、发展最快的地方之一。然而，"民主恳谈"这一被誉为"中国基层民主政治新曙光"的民主形式更让温岭人感到骄傲。

"民主恳谈"创始于1999年6月，当时温岭市松门镇以农业农村现代化教育试点，力图改变农村干部生硬、简单、粗暴的工作方式，促进干群面对面的沟通和交流。在开展教育试点工作之前，台州市委、温岭市委经过深入细致的调研，他们发现，城镇和农村居民与镇党委、政府之间存在较大的心理距离，镇党委、政府对群众缺乏亲和力，群众的许多热点难点问题难以得到及时反映和解决，群众对镇党委政府有一种疏离感。为了使试点真正取得实效，他们决定尝试采取一种面对面交流的方式，促进教育者、受教育者，以及其他参与者之间的互动式沟通。当时，他们给这种新的教育形式取名叫"农业农村现代化建设论坛"。

1999年6月25日，松门镇党委举办了第一期"农业农村现代化建设论坛"，至有记载的2004年3月，早已统一更名为"民主恳谈"的活动在松门镇已经举办了17期。松门镇的这一活动，在推动民主恳谈活动的温岭市委宣传部陈奕敏科长看来，具有相当的象征性意义。"1999年，松门镇党委举办了一个村民们从来没有见过的特殊会议。会场内没有了往常镇领导铿锵有力的长篇宏论，100多名自发前来参加的群众与镇领导平等对话、沟通交流，讨论解决问题。群众提出的意见、建议大至投资环境、村镇建设规划，小至邻里纠纷、液化气价格问题，镇领导耐心、周详地答复，届时或当场承诺解决的措施和时间。群众带着问题和疑虑而来，心情舒坦尽兴而归。这就是被温岭群众所津津乐道的民主恳谈会。"[1] "举办第一期时，我们还担心群众不愿参加，结果，出乎意料，群众参与的积极性很高。当年松门镇就举办了4期，参加的群众达600多人次，提出问题110件，当场解释、答复84件，承诺交办26件，被群众誉为松门的'焦点访谈'。"[2]

松门镇开启的"民主论坛"产生了积极的社会效果，激发了普通民众参与基层政治生活的热情和信心。1999年底，温岭市委推广了松门的做法，各乡镇出现了形式多样的民主沟通、民主对话活动，并在村一级推广了鼓励干群直接对话的"村民民主日"。虽然这些做法形式各异，但与松门镇的干群平等对话、沟通交流、解决实际问题的实质相同。2000年8月，温岭市在松门镇召开了现场会，将此前已经在各地开展的"民情恳谈"、"村民民主日"、"农民讲台"、"民情直通车"等活动形式，统一更名为"民主恳谈"，并将活动范围由镇、村两级向非公有制企业和政府部门延伸。2001年5月，台州市委召开了市委中心组（扩大）学习会，对"民主恳谈"作了高度评价，并决定把"民主恳谈"作为全台州市推进民主政治建设载体的一个统一名称，加以全面推广。随着活动的不断深入，原来作为农村思想政治教育工作新形式的"农村农业现代化建设论坛"转变成了具有基层民主政治建设新功能的"民主恳谈"。

2004年9月，温岭市委下发了《中共温岭市委关于民主恳谈的若干规定》，从基本原则、议题范围、基本程序、参加对象等方面对民主恳谈做出了详细的规定。将坚持党的领导的原则、依法办事的原则、民主集中制原则和

---

1. 陈奕敏：《以党心换民心——温岭市以民主恳谈为载体改进农村思想政治工作纪实》，见慕毅飞主编：《民主恳谈——温岭人的创造》，北京：中央编译出版社2003年版，第122页。
2. 同上，第23页。

注重实效的原则确立为民主恳谈制度所必须遵循的基本原则。[1] 将民主恳谈会与党内民主相结合主要表现在：引入了党委内部的议事决策制度和党代会常任制。初步的设想有两个：一是在党代会召开期间，对党代表提出的议案或一些重大事项，在党代会做出决定之前召开恳谈会，听取党代表和党员的意见，把民主恳谈会引入党的代表大会。党代会期间召开的民主恳谈会，党代表是参加的主体，党员自愿参加，发言时党代表和普通党员有同等的发言权。二是把民主恳谈会引入党委内部的议事决策制度。党委对一些重大事项，在做出决策前要考虑党员的意见。松门镇已经在做这方面的尝试。

至此，"民主恳谈"作为一项与公共事务的处理密切相关的社会协商制度，在温岭市得到确立。

(二) "民主恳谈"的延伸与扩展

在温岭市将"民主恳谈"的内涵由以民主的方式加强和改进农村思想政治工作向基层民主政治建设方向深化，建立民主决策、民主管理、民主监督机制，并逐步使之制度化、规范化、程序化的过程中，"民主恳谈"本身也得到了进一步的延伸和扩展：

首先，"民主恳谈"活动的实施范围进一步扩展。最初，"民主恳谈"是在镇一级试点展开的，松门镇的试点成功引发了温岭其他各乡镇不同形式的民主沟通和民主对话活动。同时，在村一级，以"村民民主日"、"村民主议事会"等形式的"民主恳谈"活动也普遍开展。随着活动的不断深入，在温岭市委的推动下，镇（街道）村两级的"民主恳谈"活动逐渐向企事业单位、社区以及其他政府部门扩展。温岭市委曾先后下发了《中共温岭市委关于进一步深化"民主恳谈"活动加强思想政治工作　推进基层民主政治建设

---

1. 参见《中共温岭市委关于民主恳谈的若干规定》，第2页，中国地方政府创新奖资料。

的意见》（温市委发〔2001〕35号）和《中共温岭市委关于进一步深化民主恳谈　推进基层民主政治建设的意见》（温市委发〔2002〕55号）两个文件，用于指导和规范"民主恳谈"活动的开展和深化。35号文件规定，"在活动范围上要进一步扩大，将'民主恳谈'活动推向基层和各个领域，做到纵横延伸。要积极创造条件，使民主恳谈从现在的乡镇（街道）、村、企业三个层面，进一步延伸到城镇居民社区、基层事业单位、党政机关、群团组织。"

第二，"民主恳谈"活动讨论涉及的主题进一步丰富。"民主恳谈"产生于最初的农业农村现代化教育活动中，当时的主要目的在于加强干部和群众之间的沟通交流，宣传党和政府的路线方针政策，解决群众生活中的热点难点问题等，从而增强政府和干部在群众中的威信和亲和力，拉近党和政府与群众之间的心理距离。因此，其时"民主恳谈"涉及的主题多为群众生活中的难点、热点问题。但是，随着"民主恳谈"在实践中不断丰富和发展，恳谈的主题也由原来的涉及群众个人利益的问题和要求转变为服务于群众的整体利益、全局利益和长远利益的问题。例如，初期的"民主恳谈"大多是就个人利益的具体问题进行对话交流，而发展和深化了的"民主恳谈"活动的恳谈内容主要是涉及公共利益的公共事务以及经济社会发展规划等的宏观问题。

第三，"民主恳谈"的制度功能进一步增强。"民主恳谈"初期的开展方式主要是群众出题目，政府抓落实，群众把平时在生产生活过程中产生的一些看法、意见带到恳谈会上提出来。群众在恳谈会上提出的意见和问题，如果要求合理，政府就给予答复和落实；对于那些群众不理解、不明白的，政府就根据党和政府的政策给予适当解释，化解群众的不满情绪和怨气；同时，基层干部也在与群众的双向平等的交流中，提高了自身素质，转变了工作作风，增长了工作才能。随后，"民主恳谈"活动开始转向为基层政府的公共决策提供决策前的信息收集、交流和沟通，促进公民成长的民主训练，以及怎样更好地为地区性的公共利益服务等方面，"民主恳谈"变成了集多种功能为一体的基层民主政治建设的新平台。除了继续坚持和强化前期的教育和服务

民主决策
Democratic Decision-making

功能以外,"民主恳谈"制度的内涵也在因其民主功能的加强而得到进一步的丰富。"民主恳谈"开始发挥着基层民主治理的新功能。

第四,"民主恳谈"活动程序与技术性安排越来越完善。(1) 2004 年开始,松门镇大力推进"民主恳谈"和人大制度的结合,以克服"民主恳谈"工作可能随领导人的改变而改变的随意性,充分发挥人大这一民意代表和权力机构的决策作用。"民主恳谈"在乡镇层次上与现有人大制度和党政工作制度衔接的基础上已经基本实现制度的全面构建,开始进入程序完善和技术细节的细化层面。(2) 在"民主恳谈"实践的每个环节都设立指导专家,对党政工作人员和参加"民主恳谈"的普通公民进行针对性培训,将"民主恳谈"所体现的民主价值通过技术手段固化在人们的思想和行为中。(3) 在具体事项"恳谈"的每个环节,对参加"民主恳谈"的普通公民进行朝向公共利益整合的技术培训,使普通公民能够跳出个人关注的范围有限的利益表达,站在公共利益角度来思考自身利益的合理性和实现的可能性、可行性,增强普通公民的理性思考能力,提升普通公民表达自身利益的能力和技巧。

第五,体制外的理论与技术支持逐渐成熟。公共事务的管理并不单纯地依靠政府,专家学者的意见对政府决策和政策的完善和修正具有重要作用。"民主恳谈"的成功同样也离不开专家学者的理论思维。"民主恳谈"的创造者在探索过程中一直注意与学术界保持良好的沟通渠道。1999 年 12 月,台州市委举办了由上级领导和省内外专家参加的"民主恳谈"研讨会,有关专家在观摩了松门镇的"民主恳谈"会后,将"民主恳谈"界定为一种新型的基层民主形式。2002 年 8 月,温岭市委举办了高层次的理论研讨会,来自北京大学、人民大学、浙江大学的专家学者一致认为温岭的"民主恳谈"是一种原创性的新型基层民主形式,对我国的基层民主政治建设具有普遍的示范和借鉴意义。而学者们同时提出了"民主恳谈"与人大制度相衔接的必要性和建议。2004 年,中国地方政府创新与改革考察组两次到温岭对"民主恳谈"的实施及其效果进行考察,也提出了进一步制度化和在实施过程中保护少数人合法权利的建议。专家学者的理论研究和建议无疑对温岭的"民主恳谈"制度化进程起到了重要的指导作用。2005年以后,"民主恳谈"吸引了美国等国家的专家学者的注意。2007年6月,作为中国地方政府创新奖的获奖项目,"民主恳谈"参与了联合国与奥地利政府联合举办的第七届政府创新全球论坛,并向与会者介绍了温岭的经验,产生了积极的影响。

(三)"民主恳谈"的动因

无论是"民主恳谈"的产生,还是"民主恳谈"的发展和深化,都受到当地经济发展状况、社会制度环境、思想文化水平等因素的影响。温岭处于市场经济发达地区,民营经济所占区域经济结构和总量都比较大,这使"民主恳谈"产生了发展的重要条件。个体私营经济的大量涌现及其加速发展,促使当地社会群体开始分化,产生了私营企业主和个体劳动者等新的社会阶层,并导致了利益主体多元化,不同的社会阶层和各个利益主体正在形成自己特殊的利益需求,而且其利益需求和实现途径也呈现出多样化和复杂性。这种利益主体的多元化和利益需求的多样化自然就形成了不同的利益表达和诉求,反映到政治生活领域中,则就形成了民主意识、民主过程和民主机制的逐渐生长。同时,经受市场经济锻炼的民众逐渐形成了自主、竞争、公开、公正、平等这些新观念,并将其渗透和延伸到政治生活领域中,从而激发了人们民主权利意识的觉醒,人们参与管理和监督公共事务的民主意识日渐增强。另外,"民主恳谈"的产生和发展也离不开文化基础,普通群众文化素质的提高,不仅会增强自身的民主意识,也将大大提高人民参政议政和依法行使民主权利的能力。

所有这些都为"民主恳谈"的形成奠定了初步的基础。而真正促使"民主恳谈"成为一种基层民主治理形式的动因则体现在这样几个方面:

首先,应对经济社会发展中的现实问题,是"民主恳谈"产生的根本动因。在日常的田野调查中我们可以发现,随着改革的逐渐深入,经济的发展,以及社会环境的变化，基层政府面临着越来越严峻的挑战，紧张的干群关系是农村存在的一个突出问题。干部在农村工作中的简单生硬、粗暴压制等工作方式和工作作风，造成了群众的抵制和反感心理，也造成了群众与政府之间的心理疏离。这是最为现实和直接的挑战，而这种挑战显然也对基层政府的工作造成了压力。温岭在组织开展农业农村现代化教育的过程中，敏锐地意识到这个问题，开始探索用民主的方法改进工作方式和工作方法。"农业农村现代化教育论坛"就是这种探索和尝试的产物。"农业农村现代化教育论坛"将过去"干部对群众的说教"改变为"干部与群众的对话"，在工作中加入了民主的要素。平等对话、互动交流是"论坛"的显著特点。这种工作方式和方法受到了群众的热烈欢迎，让群众感觉到耳目一新。参与论坛的群众感慨说，"都二十年没有这样的说话机会了"、"我们有了真正当主人的感觉"。一旦尝到民主甜头的老百姓岂肯轻易放弃"民主恳谈"这种好形式，这进一步促进了"民主恳谈"向纵深发展和演化。

其次，一个具有责任意识、创新意识的管理者群体，是推动民主恳谈的重要力量。温岭"民主恳谈"的发展过程中，存在着四种体制内的推动力量，即上级领导、温岭市委宣传部、乡（镇）、村一级的干部和当地的老百姓。其中，温岭市委宣传部的作用不可取代。它不仅是最初的发起者，而且始终对民主恳谈会投入了极高的热情和极大的精力。民主恳谈会在实践中的完善，理论上的升华和经验的总结与推广，都体现了宣传部所付出的心血。与印象中宣传部门不同的是，温岭市委宣传部是一个善于创新的群体、一个思维活跃的群体，表现出了一定的特质。宣传部的领导和工作人员，思想开放、敏锐，很少套话和官样文章，各类时髦的学术概念和网络语言经常脱口而出。正是这种个人加群体的公共意识和责任，使他们能够在既有的体制下，进行符合本地实际的创造性活动。

再则，处于国家与市场之间的第三种力量，即公民社会的推动，是"民主恳谈"发展的关键性条件。随着市场经济的发展和开放进程的推动，公民社会作为第三方力量逐渐兴起并发展起来。以新闻媒体、学术界、民间组织等为核心的社会因素开始在基层政治实践中发挥着越来越重要的作用。

一大批关心中国地方政府改革创新和基层民主政治建设的学者对温岭"民主恳谈"会的发展起到了关键性作用。可以说,"民主恳谈"会为我们提供了一个政府与民间力量良性互动的精彩案例。"民主恳谈"为学者的研究提供了鲜活的经验事实,而学者除了利用理论知识为"民主恳谈"提供源源不断的养料外,还运用了自身的话语权和影响力,积极倡导和宣传着"民主恳谈"的有益经验。有意思的是,知识精英的社会责任原本在于以理性的精神去观察、分析和审视社会现实。具体到"民主恳谈"会这个问题上,我们几乎没有听到批评和否定的声音。事实上,这并不意味着"民主恳谈"已经非常完善,恰恰说明作为独立的社会力量,对于"民主恳谈"的认识越来越温和与理性。这种理性的认知对于发现"民主恳谈"的优点,正视"民主恳谈"的不足,推动"民主恳谈"的完善具有极其重要的价值。温岭"民主恳谈"是中国基层民主政治发展过程中的新生事物,虽然还存在不尽理想的状态,但其阶段性贡献和工具性意义是不容否定的。"政府主动创新特别难。行政长官如果把主要精力都放在做官上,就不会去创新。因为一旦创新失败,很可能意味着仕途的结束,风险太大。一切为老百姓服务的政府创新,尤其需要鼓励。"[1]

二、对话与共识:"民主恳谈"的运作

(一)"民主恳谈"的运作机制

温岭的"民主恳谈"主要包括"民主恳谈"会、民主听证会、村民主议事会、"村民主日"以及"民情通道"等多种形式,涉及镇(街道)、村、城

---

1. 俞可平:《政府创新尤须鼓励》,载《新京报》,2004年1月20日。

市社区、市政府职能部门以及非公有制企业的"民主恳谈"等多个层面。

在"民主恳谈"的形成、发展和深化、完善的过程中，温岭市委共下发了三个指导和规范性文件，即温市委发〔2001〕35号文件、温市委发〔2002〕55号文件以及温市委〔2004〕7号文件，用于指导和规范各个层面以及多种形式的"民主恳谈"活动。其中，温市委〔2004〕7号文件（即《中共温岭市委关于"民主恳谈"的若干规定（试行）》，2004年9月29日制订）对"民主恳谈"制度的内涵、性质、基本原则以及"民主恳谈"会的议题范围、参加对象、基本程序以及实施和监督等环节进行了明确规定。镇（街道）、村、城市社区、市政府职能部门等的"民主恳谈"活动都根据这个文件要求实施和开展，同时，社会团体、行业协会和企事业单位的"民主恳谈"可参照该规定组织实施。我们将根据这些规定的内容完整介绍温岭"民主恳谈"制度。[1]

1."民主恳谈"的内涵与性质

"民主恳谈"是温岭市原创性的基层民主形式，是扩大基层民主，推进民主决策、民主管理、民主监督的重要载体。

2."民主恳谈"应遵循的基本原则

（1）坚持党的领导。"民主恳谈"制度的实施，要在各级党组织的精心组织和领导下进行，"民主恳谈"议题的确定，决策的形成、实施和监督，都要坚持党的领导，贯彻党的路线、方针、政策。

（2）坚持依法办事。要严格按照宪法和有关法律、法规、条例的规定办事，处理好"民主恳谈"与村民（居民）会议、村民（居民）代表会议、镇

---

1. 关于温岭"民主恳谈"制度的详细内容，请参看温市委〔2004〕7号文件：《中共温岭市委关于"民主恳谈"的若干规定（试行）》，2004年9月29日制订。

人民代表大会的关系，在依法办事的前提下开展"民主恳谈"。

（3）坚持民主集中制。开展"民主恳谈"要广泛听取群众的意见和要求，遵循民主集中制的原则，体现多数人的意愿，统筹兼顾各方利益。

（4）坚持注重实效。从实际出发，切忌形式主义，在保障和实现人民群众的民主权利，维护最广大人民的根本利益，促进经济社会发展和社会稳定等方面取得实效。

3．"民主恳谈"的讨论主题

（1）镇（街道）"民主恳谈"的议题范围包括：经济社会发展规划的编制和调整；经济和社会发展的重要政策、社会公共事务管理办法的制定和修改；政府投资的加大工程建设项目；群众普遍关注或反映强烈的重要事项；五分之一以上镇人大代表联名提出、经镇人大主席团同意列入"民主恳谈"会讨论的事项；其他涉及大多数群众利益的重要公共事务和公益事业。"民主恳谈"的下列议题应由镇人大主席团召集人大代表审议，依法作出决定：未列入当年人代会讨论又确需做出决定的重大事项；"民主恳谈"会上意见分歧较大，难以协商确定的重大事项；镇人大主席团认为需要提交人民代表大会讨论决定的重大事项；镇政府认为需要提交人民代表大会讨论决定的重大事项；1/5以上人大代表联名提出要求召开人民代表大会表决作出决定的重大事项。

（2）镇（街道）党委党内"民主恳谈"的议题范围包括：党代表提出的全局性或涉及面较广的建议案；事关物质文明、政治文明、精神文明建设的重要事项；党建工作；当地经济和社会发展规划的制定、修改、完善；党委认为需要提交党内"民主恳谈"会讨论的重要事项。

（3）村"民主恳谈"的议题范围包括：村民自治章程、村规民约的制定和修改；村财务年度、半年度收支情况；村集体资金使用安排；村建设规划的编制和调整；重要工程建设项目及承包方案；村民承包土地的变更、调整

及征收与征用；村集体企业、资产、资源等的承包、出租和出售；村干部享受误工补贴的人数及补贴标准；公益事业建设资金的筹集；其他涉及多数村民利益的公共事务和公益事业。

（4）城市社区"民主恳谈"的议题范围包括：居民公约等社区自我管理制度的制定和修改；社区公益事业；社区物业管理以及居民其他合法权益的维护和保障；优抚救济、安居福利房分配等民政福利事项；治安管理、公共卫生、社区文化、计划生育、道德建设和社区服务等事项；民主评议社区工作者；其他涉及社区多数居民利益的重要公共事务。

（5）市政府职能部门"民主恳谈"的议题范围，由各单位根据各自的管理、服务职能和具体情况，按照政务公开的要求确定。

4. "民主恳谈"会的参加对象

（1）镇（街道）、市政府职能部门的"民主恳谈"会，一般应由与讨论事项相关的利益群体或个人参加，可邀请人大代表、政协委员参加，其他群众均可参加。镇（街道）涉及市职能部门工作的专题"民主恳谈"会，市职能部门要主动配合、参与，派人员参加。

（2）党内"民主恳谈"会，应根据议题的内容、范围和工作需要，确定参加对象。必要时可邀请人大代表、政协委员和其他相关人员参加。市党代表和其他党员均可参加。

（3）村（社区）"民主恳谈"会，凡本村（社区）村民（居民）均可参加。

5. "民主恳谈"的基本程序

（1）议题的提出和确定。镇（街道）"民主恳谈"的议题，由镇政府（街道办事处）提出，经镇（街道）党委研究决定，要在充分调查研究的基础上，召开党政联席会议，研究提出初步意见或方案，1/5以上镇人大代表联名提出的议题，需经镇人大主席团审查确定；镇（街道）党内"民主恳谈"

的议题，由镇（街道）党委提出并确定；村"民主恳谈"的议题，由村党组织、村民委员会、1/10 以上村民联名或 1/5 以上村民代表联名提出，由村党组织统一受理，并召集村党组织和村民委员会联席会议，研究提出初步意见或方案；城市社区"民主恳谈"的议题，有社区党组织和社区居委会提出并确定；市政府职能部门"民主恳谈"的议题，由各职能部门党委（党组）提出并确定。

（2）"民主恳谈"会的议程包括通报议题、辩论发言、提交决定、宣布决定。镇"民主恳谈"会，群众对宣布的决定持有异议，可向镇人大主席团或人大代表反应，若获得五分之一以上人大代表支持联名提出，镇人大主席团应召开人民代表大会表决作出决定。

6."民主恳谈"讨论事项的实施和监督

（1）经"民主恳谈"讨论协商作出决定的事项，要认真组织实施。

（2）市人大代表、市政协委员、镇（街道）人大主席团（人大工委）、村民（居民）代表监督委员会或村民（居民）监督小组等要对"民主恳谈"讨论事项的实施情况进行督查。

（3）"民主恳谈"讨论事项的实施情况，要在下一次"民主恳谈"会或在年终的"民主恳谈"会上作出反馈，接受群众的评议和监督。

由于镇一级"民主恳谈"是温岭"民主恳谈"活动的代表和核心，镇一级"民主恳谈"活动也最为规范，所以，从发源地松门镇的具体做法我们也可以了解"民主恳谈"的基本情况。

松门镇既是温岭"民主恳谈"的发源地，而且在"民主恳谈"制度逐步深化和完善过程中也走在前列。松门镇早在 2004 年 3 月 15 日第十四届人民代表大会第三次会议上就通过了《关于松门镇民主恳谈的若干规定》，首次以人大决议的方式将"民主恳谈"以制度的形式固定了下来，较早开始了"民主恳谈"的制度化和规范化探索。在探索"民主恳谈"与人大制度相结合的过程中，松门

民主决策
Democratic Decision-making

镇还建立了与"民主恳谈"相配套的一系列制度措施，包括镇"民主恳谈"会工作制度、镇民主听证会工作制度、镇"民主恳谈"反馈监督制度和镇机关干部廉洁自律承诺制度等。松门镇同时较早地将"民主恳谈"和党内民主结合起来进行探索。[1]

松门镇"民主恳谈"的议题和范围。（1）镇经济和社会发展规划的编制、修订、调整。（2）政府投资但没有列入镇人代会讨论决定的、阶段性的重大工程建设项目。（3）本镇经济和社会发展的重要决策、社会公共事务管理办法的制订和修改。（4）群众普遍关注的公共事务或反响强烈的重要事项。（5）镇政府、镇人大主席团认为需提交民主恳谈会讨论和决定的事项。（6）五分之一以上镇人大代表联名提出，经镇人大主席团同意列入民主恳谈会讨论和决定的事项。（7）其他涉及本镇大多数群众利益的重要公共事务和公益事业。

松门镇"民主恳谈"定期或不定期开展，一年不得少于四次，一般每季召开一次，遇特殊情况可随时召开。"民主恳谈"的议题确定和方案形成必须进行深入调研，必须具有较强的可操作性和实际可行性；"民主恳谈"会的议题、时间、地点应在会议召开前5天发出通告，本镇公民和社会各利益群体均可自由参加"民主恳谈"会；"民主恳谈"会首先由主持人通报本次会议议题提出的缘由和初步方案及意见；然后参加对象围绕议题有序发言，提出建议、意见。在听取建议、意见的基础上，召开班子会议，对初步方案进行修改、调整、完善；再将吸收群众和班子会议的集中意见向与会对象通报。

松门镇民主恳谈结果的实施和监督。（1）民主恳谈会的结果应在民主恳谈会后半个月内向群众通报。（2）民主恳谈会讨论决定的事项和人民代表大会表决决定的事项，镇政府要认真组织实施，并接受镇人大代表的监督。对于未付诸实施的，镇政府应在下一次镇人民代表大会或"民主恳谈"会上向人大代表和群众作出解释。

---

1. 《关于松门镇民主恳谈的若干规定》（2004年3月15日松门镇第十四届人民代表大会第三次会议通过）。

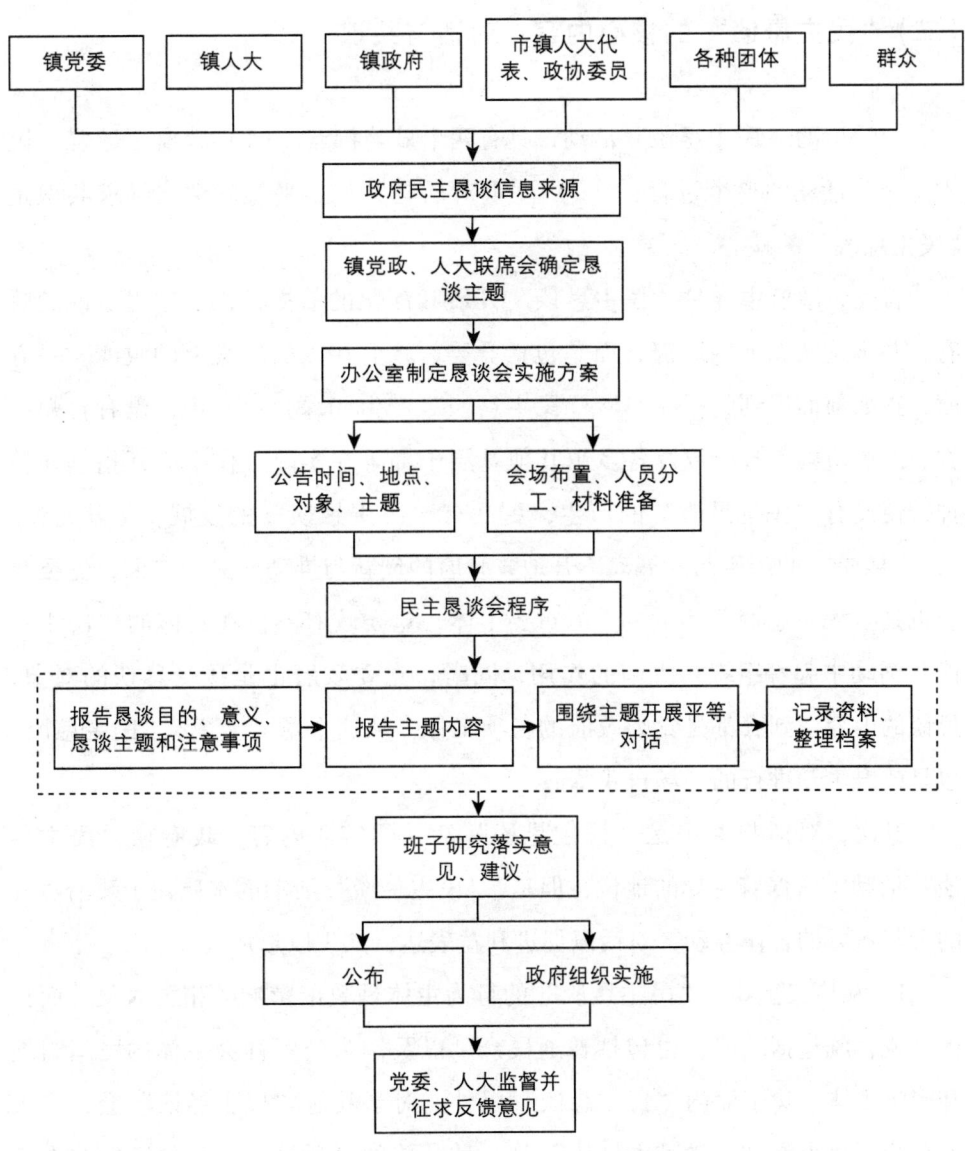

图1 松门镇"民主恳谈"会操作示意图

资料来源:中共松门镇委、松门镇人民政府编:《民主恳谈——原创性的中国基层民主政治建设的崭新载体》。

(二)"民主恳谈"的核心内容：对话与共识

温岭市的"民主恳谈"活动，具有两个显著特点：（1）政府主导着"民主恳谈"活动的整个过程；（2）注重对话与共识，平等对话、寻求共识是"民主恳谈"的核心。

首先，政府主导是"民主恳谈"开展和深化的前提条件。这里所说的政府，并不是狭义上的政府，而是包括党委、政府在内的广义上的政府。一方面，正如前面提到的，在温岭"民主恳谈"产生和深化过程中，没有台州市委、温岭市委市政府以及各乡镇其他基层干部等在实际工作中的开拓创新精神，便没有"民主恳谈"的产生，更没有"民主恳谈"的发展。也就是说，"民主恳谈"的产生与发展离不开地方政府的创新与推动。另一方面，党委政府也是"民主恳谈"活动的一方重要主体，党委政府不仅在具体的"民主恳谈"活动中起着组织、协调的作用，同时，党委政府也是接受恳谈的对象，恳谈的内容说到底都是党委政府的各项工作，从这个意义上说，"民主恳谈"也是政府主动进行的一场自我革命。

其次，对话与共识是"民主恳谈"活动的实质内容。政府在"民主恳谈"活动中占据着主导的地位，但是，"民主恳谈"活动的本质在于政治过程的参与各方的合作互动，对话以促进利益表达，共识以形成决策。

1. 从广义上讲，"民主恳谈"的行为主体是政策影响的相关对象，而具体来说，既包括政府，也包括普通民众，以及作为公民社会主体的民间组织和市场主体。除了党内"民主恳谈"以外，对于其他"民主恳谈"会，广大群众均可自由参加。"民主恳谈"是一种开放的对话平台，其包容性非常广泛。"民主恳谈"过程中的政府与普通公民是地位平等的主体，参加"民主恳谈"的人员具有同等的发言权，均可对讨论事项提出建议、意见、要求和主张，这体现出政府与公民的平等对话。

2. "民主恳谈"最初的做法就是群众出"题目",政府抓落实。那时的议题多是群众普遍关注反映强烈的难点、热点问题或者是当地需要解决的突出问题等,群众自由提问,政府给予解释、答复、解决和落实。这些"题目"内容广泛,涉及区域内社会经济和政治生活的方方面面。而这些题目是参与者根据自身的感受、实际境况以及切实需要提出来的。它们是民众自身利益、群体利益、共同利益的真实表达。随着"民主恳谈"的发展与深化,"民主恳谈"逐渐制度化、规范化和程序化,"题目"的表达也更为规范。一般来说,在村干部、镇办公室或职能部门的有关同志针对群众反映的难点热点问题、当地亟须解决的重点问题以及按"民主恳谈"制度规定的议题范围内的问题等作充分的调查研究的基础上,由党委政府共同研究提出并确定恳谈会的议题。但是,普通民众同时也可以有机会和渠道表达不同于政府的倾向。在镇一级,除了党委、政府可以提出议题,1/5 以上的镇人大代表联名可以提出,经人大主席团批准群众也可以联名提出;在村一级,村党组织、村民委员会、1/10 以上村民联名或 1/5 以上村民代表联名都可以提出议题。

3. 在讨论、决定、实施与监督环节,最是体现利益相关者对话并达成共识的过程。例如,在镇"民主恳谈"过程中,对于镇领导班子集体研究作出决定时意见分歧、争议较大的事项或者群众对宣布的决定持有异议,则由人大代表审议表决作出决定。而对于村一级的"民主恳谈"出现这种情况时,则由村民会议或村民代表对讨论事项进行表决作出决定。另外,对于"民主恳谈"讨论协商作出决定的事项,人大代表、政协代表、人大主席团、村民(居民)代表监督委员会或者村民(居民)监督小组等都可对其实施情况进行监督。"民主恳谈"会的结果要向群众通报,对于未能付诸实施的,要向群众做出解释。存在分歧是客观事实,但"民主恳谈"利益对话、倾听、表达、沟通和交流等形式,经过理性反思,最终会形成共识,而这种基于共识的决策结果,具备了现实的合法性,并能够在未来的实施过程中得到切实地贯彻。

民主决策
Democratic Decision-making

（三）民主恳谈的协商要素

很多学者将"民主恳谈"看做是协商民主在中国基层的民主实践。而实际上，"民主恳谈"只是因为其蕴含的对话、理性思考、共识等要素的存在，才可以说成是具有协商民主的某些特征，从而成为一种具有巨大潜能的民主治理形式。这些协商要素的存在，在一个侧面为我国基层民主实践的决策、管理和监督的深化提供了替代性选择。那么，除了上述对话和共识之外，协商民主的要素和特征还表现在什么方面呢？

第一，参与和多元。"民主恳谈"为广大群众广泛有序地政治参与提供了渠道和场所。广大群众不仅能通过"民主恳谈"会表达自己的利益诉求，而且参与政府决策过程，监督政府公权力的行使。另外，对于"民主恳谈"，广大群众可自由和自愿参加，这样就保证了有着不同利益诉求的利益相关者和多元化的利益主体都有机会为自己的利益进行讨价还价和协商，从而达成利益协调与妥协，以利做出有利于各方利益主体的决策。

第二，平等与对话。"民主恳谈"会上参加对话的广大群众之间、群众与决策者之间都是平等的主体，有着平等的发言权，有着表达意见的平等机会，这样，平等对话和交流的机会不仅能够起到消除各方之间分歧的作用，而且有助于各方以宽容的态度接纳和容忍别人的不同意见，从而达成最终的利益平衡。

第三，公开与透明。"民主恳谈"首先提供了信息的自由和公开的交流场所，这样不仅保证了参加对话者之间充分了解对方的意见和想法，使参加对话者都能参与形成共识的过程，而且在公开的交流过程中进行自我教育，通过观点的比较和思想的碰撞，使狭隘的自我利益服从于公共利益的要求；其次，"民主恳谈"还为广大群众监督基层公权力的行使开辟了一条新途径，可以阻止秘密的和幕后的决策，使决策过程由原来的"暗箱操作"变成了"阳光决策",提高了决策的透明度和科学性。

第四,合法性。正是由于参与性、对话性、平等性和公开透明性,才使得"民主恳谈"做出的决策具有了合法性基础,它不仅能够聚合参加对话者的所有意见,也反映出更高程度的集体的理性反思和相互的责任。由于"民主恳谈"听取了广大群众的意见而增强了民意基础,使得看似提高了决策运行成本的措施从结果来看实际上分散了决策压力和风险,降低了决策执行成本。原来那些带着思想顾虑开展民主恳谈的干部以及那些"不喜欢"民主恳谈的干部,都因为"民主恳谈"带来了决策的合法性,减少了执行决策的压力和阻力,提高了干部自身工作的效率并且得到了群众的认可和欢迎,而卸掉了思想包袱,受益于"民主恳谈"的基层干部也变得很有积极性和主动性开展民主恳谈了。

"民主恳谈"为民众提供了对他最关心的问题表达意见的渠道和机会,让人们在"想要民主的时候"有了表达意见的权利。"民主恳谈"活动的开展还教会人们这样一个道理:将民主权利真正还给人民是政府的责任,而行使民主权利却是人民自己的事情。而且,民主的关键在于实践,尽管我们的制度、机制和程序还不完善,但民主实践是创造和完善民主的重要途径。民众也能够在实践中培养自身的民主技能,养成民主习惯。从这个角度来说,作为一种具有"温岭模式"意义的协商民主形式,"民主恳谈"既给我国基层民主治理实践提供了新载体,也给人们提供了一种行使民主权利的平台。

三、绩效、挑战与可持续性

(一)"民主恳谈"的绩效

作为一种制度,"民主恳谈"在基层的实践,扩大了基层民主,为民主决策、民主管理和民主监督提供了一条新的途径;推动了基层人民代表大会制度、村民自治的实践；促进了政府与公民之间的沟通和交流，锻炼了普通民众的民主能力；增强了干部民主意识和服务意识，转变了干部工作作风；化解了社会矛盾，维护了社会稳定，促进了社会发展。具体地讲，"民主恳谈"的绩效主要包括这样几个方面：

1. "民主恳谈"为政府与公民之间的沟通、互信建立了有效的平台，扩大了政府决策的民众基础，推动了政府合法性建构

合法性的本质在于民众对于政府、政府决策的认同，而"民主恳谈"就是在基层使民众能够直接参与政府决策，表达自身利益倾向，促进公共利益的恰当平台。"民主恳谈"使公民对决策的相关过程和方案设计有全面的了解，公民能够在知情的基础上发表对党委和政府决策的意见和建议，能够在对话和倾听过程中认真思考自身利益、他人利益、公共利益等，通过协商讨论就公共利益达成一致，从而与政府形成连续性的互信。而由于民众参与了政策的决定过程，并充分地了解政策的相关内容，政策执行过程中就会形成对于责任与风险的分担和理解，增强了政府的合法性基础。

"民主恳谈"不仅延续了群众路线的优良传统，而且有利于政策的制定和落实。这种由基层探索出来的社会协商对话形式是在既有的权力结构内对不同的利益群体之间的关系进行调整的，容易为各方所接受。"民主恳谈"从基层政治现实出发，在协商对话中使公共政策决策的初衷、根据和公共利益的实现方式为群众知晓和理解，尽管在一定程度上相对延缓了决策的速度，但在民主基础上增强了政策对社会各方利益的统筹考虑和安排，降低了政策执行过程中出现社会矛盾和利益冲突的可能性，有效地降低了公共政策过程的成本，提高了决策效益。不仅如此，"民主恳谈"形成各种意见、建议和方案的过程实际上是各种利益相互说服、沟通的过程，公共利益就在这个相互说服和沟通过程中逐渐明确，政策的合法性也逐渐建立

起来。

2. 政府决策过程逐步趋向民主化、科学化

民主恳谈是在村民选举的基础上,进一步把民主的原则贯彻到城镇和农村公共事务的管理和决策中。随着各项制度的建立和完善,"民主恳谈"已经成为温岭各村、镇、企业和市职能部门作出重要事项决策的必经程序。"民主恳谈"扩大了群众对公共事务的参与度和知情度,增加了广大人民群众在决策中的发言权。在决策中,决策部门把相关问题交给参加"民主恳谈"会的群众进行讨论、出点子,使得决策透明化、民主化,增强了决策科学性,降低了决策成本,减少了决策失误带来的风险。原来的"暗箱操作"、"拍脑门"、"少数领导拍板"的决策方式变成了集思广益的"阳光决策",提高了决策形成和实施过程的透明度,原来的单方面的决策行为变成了决策部门和群众的互动合作,使得决策更能体现民意,代表当地大多数人民群众的利益和意愿。"民主恳谈"优化了基层的决策程序,提高了决策质量。基层社会有大量的公共事务需要处理,尤其是经济发达、乡镇财政收入或农村集体收入比较多的地方。基层干部虽然生活、工作在基层,但并不等于对基层百姓的愿望或要求就了解得清楚。"民主恳谈"作为一项必经的决策程序,有利于防止或消除基层干部决策的随意性。通过民主恳谈,基层党组织的领导方式和基层政府的施政方式得到明显改善。

3. 促进了基层权力机构的归位,同时,也建立了民主管理和监督的新平台

"民主恳谈"制度是继我国农村村民自治制度以后、推进基层民主建设的新探索。"民主恳谈"促进了乡镇人民代表大会和村民代表会议作用的发挥。例如,在松门镇,将"民主恳谈"与人大制度结合起来,不仅通过人代会以地方最高权力的形式制定"民主恳谈"制度,由人代会讨论通过每年"民主恳谈"的议题,同时,在"民主恳谈"会上出现意见分歧和争执的时候,由镇政府提请人大主席团召开镇人民代表大会，由人大代表审议表决作出决定。这些做法都加强了乡镇人民代表大会作用的发挥，在一定程度上有效解决了基层人大在权力结构中边缘化的问题。在村一级，"民主恳谈"制度也推动了村民代表会议和村民大会作用的发挥，以前不常召开的村民代表会议或村民大会，现在已经变得经常化。在温岭，农村召开村民代表会议已经普遍地经常化，松门、泽国、城东镇（街道）的许多村每年的村民代表会议召开次数在30次以上。

从另一方面讲，"民主恳谈"还建构了新的管理和监督平台。按照我国现行的政治体制，基层群众的政治参与主要是通过乡镇人大来实现，而乡镇人大代表人数一般仅有数十人，大镇也不过百余人，其他公众几乎没有参与社会公共事务管理的机会。"民主恳谈"为广大人民群众直接参与基层社会公共事务的管理和监督提供了渠道。温岭在深化"民主恳谈"的过程中，把政务、村务和厂务的"三公开"作为恳谈会的重要内容，在农村基层建立起人民群众广泛参与的民主管理和监督机制，提高了人民群众对基层社会公共事务的知情度、参与度和监督度，有效防止和约束了基层公权力对公众利益的侵害，维护了广大人民群众的根本利益。

4. "民主恳谈"探索了一条公民有序政治参与的有效路径

多样化的公民有序政治参与路径具有维护公共秩序和促进公民个体全面发展的目标功能。"民主恳谈"通过具体的议题生动地将有着利害关系和利益追求的公民和社会组织吸引到基层政权的决策过程当中，形成了不同意见进行沟通和相互协商、说服的特定公共空间。不仅如此，"民主恳谈"在镇一级的参加者绝大部分由各村的村支书、村长、村民代表、市镇的人大代表、党代表、致富能手、企业代表和利益相关的公民组成，很多人如村支书等几乎是每一期都参加，以便及时掌握镇委镇政府的决策。他们在"民主恳谈"中的作用，对"民主恳谈"认知，对普通公民的参与具有极大的示范作用。普通民众在"民主恳谈"这个平台上，可以有制度化的渠道表达并反映自身的利益诉求。传统通过上访等形式的情绪化诉求，已经逐渐演变成通过制度影响来完成。民众的参与越来越规范和有序。而且，正是这种有序的政治参与，使民众的民主能力有了很大提高。他们学会了如何利用现有的制度，如何去倾听和理解他人的观点，如何表达自身的观点，如何从关注个人的利益走向同时关注集体与共同的利益。同时，普通民众在表达中，也学会了对话、沟通的技巧。在一个长期缺乏民主传统的国度，在农村这个特殊的空间，改变普通民众的意识，培养良好的民主习惯，是一件非常艰难的事情。而实行"民主恳谈"，明显地改善了民众的素质。民主在群众自身的实践中得到有效施行。民主的实践持续性地创造着健全和完善民主的条件。

5. 政府部门的民主意识、服务意识逐渐增强，政府与公民之间的关系越来越融洽

从某种角度来说，"民主恳谈"确实可以算得上是政府进行的一场自我革命。开展"民主恳谈"实际上就是基层党委政府进行的自我加压。"民主恳谈"在开展的初期也遇到了来自部分机关干部，甚至领导干部的抵制和思想分歧的困境，认为"民主恳谈"给老百姓创造了一个"发牢骚"的基地，是让"干部丢面子"的一种做法；认为抓"民主恳谈"仅仅是政治作秀的一种形式而已；认为"民主恳谈"越深入，政府业绩就越淡化，干部形象就越受影响，干群关系就越僵化，等等。但是，随着"民主恳谈"制度的深化，不仅广大群众尝到了民主的甜头，广大干部也同样受益于"民主恳谈"。如，面对面地交流培养了干部的沟通技巧和表达能力；干部的工作更多地得到了群众的理解；干部给群众做工作也更容易了；干部在群众心目中的形象也更清廉了；干部群众之间距离缩短了，关系也更融洽了。当然，这些都得益于"民主恳谈"增强了干部的民主意识和服务意识以及干部工作作风的转变。每举办一期"民主恳谈"，干部就要做大量的调查研究，要花大量的精力解决和落实群众提出的问题和要求,为了抓好落实,取信于民,干部就只能深入基层为群众办实事办好事。"民主恳谈"会上,通过干群之间双向平等的交流,群众合理的要求得到答复和落实,群众不了解的政策得到解释,群众不满的情绪得以宣泄,从而加强了干部和群众的沟通,消除了群众的疑虑和不满,弥合了干群之间的隔阂和距离,融洽了干群关系。在这个过程中,干部不仅自身受到教育,增强了民主意识,而且提高了服务意识,转变了工作作风。

6. 化解社会矛盾,维护社会稳定,促进社会发展

"民主恳谈"会上讨论的问题多半是群众关心的热点、难点问题,在处理不当时最容易激发矛盾,影响社会稳定。"民主恳谈"会上,干部与群众面对面交流沟通,释疑解惑,拉近了干部与群众的距离;同时群众有了提问、投诉和建言的渠道,化解了群众与群众、群众与干部之间的矛盾,维护了社会稳定。在松门镇,他们通过建立"便民绿色通道"使"民主恳谈"的听意见、办实事的服务功能经常化、具体化,专门开辟具体的反映渠道,经常性地听意见、抓落实,让群众反映的诸如宅基地审批、邻里纠纷调解、企业用地、交通整治、液化气价格、环境卫生等具体问题能够及时地向便民服务中心反映,并能及时得到答复或落实,这样,及时化解了可能出现的矛盾和问题,维护了社会稳定。另外,对于诸如学校教育、环境卫生、社会治安、投资环境、基础设施建设、村镇建设、城市规划、经济发展等这些公共事务和公益事业,"民主恳谈"能够起到积聚民智,集思广益,促进经济社会发展的作用。

(二)"民主恳谈"的生命力

"民主恳谈"带来的上述效益将使得这一基层民主治理的新形式具有了长期存在和发展的持续性和生命力。作为一种基层民主治理和民主政治建设的新载体,"民主恳谈"不可能走回头路,真正尝到民主甜头的广大人民群众不会让民主的进程停下脚步,受益于"民主恳谈"的地方政府也将继续推进和深化这一民主进程。"民主恳谈"的持续性和生命力体现在以下几个方面:

1."民主恳谈"把维护、保障和实现人民群众的利益作为根本出发点和落脚点

"民主恳谈"把维护、保障和实现人民群众的利益作为根本出发点和落脚点,这为"民主恳谈"制度提供了维持生机活力和持久生命力的源泉。有人担心,"民主恳谈"会不会只是地方政府做出的走走过场和形式的政治作秀?"民主恳谈"能维护、保障和实现人民群众的利益吗?对于这些问题,调查期间温岭市委宣传部副部长慕毅飞给我们介绍的他亲眼所见的一个案例将给出答案。故事是这样的:温岭石桥头镇召开过一次关于镇小学搬迁建设选址的恳谈会,恳谈会上,镇政府提出了总共五套方案,讨论中大家普遍对第三套方案比较拥护,然而,镇政府最后的决议却是靠近镇政府的第五套方案,因为镇里想在新区建立镇部,这样可以增值,当方案一宣布,群众哗然,纷纷离席,其中一个群众直接走到主席台前,大声质问镇委书记、镇长:"还民主呢?民主你个头呀?"群众言辞十分激烈,台上的镇领导一时间十分尴尬,下不来台,最后决议也不了了之。这个案例至少说明了两点:第一,如果地方政府组织了"民主恳谈"会,却又不听取多数群众的意见,这样的"民主恳谈"会下次肯定没有群众来参加,因此,要么不搞民主恳谈会,要么好好搞下去,个别人想要让民主恳谈会变得流于形式不太可能,群众根本不能答应。第二,既然地方政府不能将"民主恳谈"会变成走过场的政治作秀,那么,从客观上讲,"民主恳谈"会就能起到维护、保障和实现人民群众利益的效果。可见,无论从地方政府主观上讲,还是从"民主恳谈"的客观效果上讲,"民主恳谈"只能以维护、保障和实现人民群众的利益作为出发点和落脚点,如果不是这样,创新的"民主恳谈"不会诞生,流于形式的"民主恳谈"也无法持续下去。

2. "民主恳谈"的制度化、规范化和程序化增强了"民主恳谈"的制度生命力

前面提到,温岭一些地方如松门镇、温峤镇等从制度上建立了"民主恳谈"与人大工作相结合和互动的机制,使得"民主恳谈"具有了更加强大的制度生命力,这样,"民主恳谈"不会因为领导的喜好不同或变更而变形或流产。另外,松门镇等一些地方还在进行"民主恳谈"与党内民主相结合的尝试,将"民主恳谈"引入党委内部的议事决策制度和党代会常任制。另外,温岭市委也都专门发文统一规范了"民主恳谈"的程序和具体做法,使得"民主恳谈"已经成为村、镇、企业和市职能部门作出重要事项决策的必经程序。因此,"民主恳谈"的制度化、规范化和程序化为"民主恳谈"持续下去提供了制度基础。

3. "民主恳谈"是建立基层透明政府的一种创新方式

公开透明保证了"民主恳谈"制度的强大生命力,成为"民主恳谈"制度持续下去的现实基础。"民主恳谈"制度的核心内容是平等对话和民主参与,这就使得"民主恳谈"具有了公开透明性。一方面,从群众的角度来说,公开透明保证了群众的知情权、参与权和监督权。"民主恳谈"会为群众提供了一个有序政治参与的渠道和场所,实现了群众的知情权和参与权;"民主恳谈"会也为群众民主监督政府公权力的行使开辟了一条新途径,实现了群众的监督权。因此,一旦群众尝到了"民主恳谈"制度带来的好处,"民主恳谈"就会成为群众拥护的一项民主制度,"民主恳谈"也就有了持续下去的群众基础。另一方面,从基层政府的角度来说,"民主恳谈"提高了基层决策的透明性,增加了民意基础的决策,决策压力小了,决策成本降低了,决策执行的成本也下降了,在这种情况下,受益于"民主恳谈"的基层政府也更愿意将"民主恳谈"制度继续下去。

（三）"民主恳谈"的完善与发展

虽然"民主恳谈"带来了上述那么多的效益和好处，然而，在"民主恳谈"不断深化和完善的过程中，它仍然有其存在的问题和局限性，主要表现在：

1. "民主恳谈"议题的确定程序有待完善

《中共温岭市委关于民主恳谈的若干规定》中将镇一级民主恳谈的议题范围规定为：（1）经济社会发展规划的编制和调整；（2）经济和社会发展的重要政策、社会公共事务管理办法的制定和修改；（3）政府投资的较大工程建设项目；（4）群众普遍关注或反映强烈的重要事项；（5）五分之一以上镇人大代表联名提出，经镇人大主席团同意列入"民主恳谈会"讨论的事项；（6）其他涉及大多数群众利益的重要公共事务和公益事业。[1] 但对于究竟什么是"重大"，哪些是"公共事务"，人们总是争论不休。由于议题和议程多由"民主恳谈"的组织者来确定，"民主恳谈"议题在确定时容易带有组织者的主观色彩，也容易取决于组织者的喜好来定，这使得民主恳谈议题的确定不具有稳定性；另外，那些关于"民主恳谈"议题范围的规定大多过于原则，不够明确和具体，导致这些条文规定因为过于含糊而缺乏可操作性。

2. "民主恳谈"的代表性与民主能力有待提高

第一，参加"民主恳谈"会的人员不是法定的，而是自愿的和随机的。因此，对于某些恳谈会的议题来说，真正的利益相关者没有来参会，前来参

---

[1]. 参见《中共温岭市委关于民主恳谈的若干规定》，第5页，中国地方政府创新奖资料。

会的人员可能又不能达到恳谈的真正目的，这必然削弱恳谈会的代表性。第二，由于掌握的资源的不同，民主过程必然会出现不平等与支配现象，甚至恳谈会被某些权势群体所把持。第三，参加"民主恳谈"会的人员多半对议题没有深入的了解和分析，只是到达现场之后临时提出自己的意见和建议，这种临时性的意见和建议很难形成高质量的民意。第四，参与者的表达技巧、沟通手段、对话方式等民主能力有待提高。恳谈的参与多是基层的精英代表，例如自治组织负责人、企业负责人，等等。

3. "民主恳谈"的决策程序有待规范

在作出和执行某项决定时，干部们常常喜欢称之为"群众意见"、"人民呼声"。然而，究竟多少人提出来的意见叫群众意见，这个意见需要经过怎样的程序才能变为决策等问题缺乏一个明确的规定。政府最后对这个意见的吸纳是凭个人判断还是有一个量化的计算呢？就笔者的观察，基本上是群众讨论后，直接由镇或村的领导班子集体讨论一下就作出决定了。对于民主恳谈会上提出的问题，恳谈会的组织者可以当场作出决策，也可以不当场决定，是否当场决定问题以及如何决定和决定的形式等，都可以由组织者根据议题和恳谈情况而定；另外，在作出决策时，组织者如何吸纳恳谈会上的民意，是凭个人的判断还是由组织者的班子讨论决定。总之，对于民意需要经过怎样的程序转变成决策没有明确的规定。

4. "民主恳谈"的制度化程度有限

在温岭，"民主恳谈"的制度化大致体现在两个方面：第一，温岭市委专门发文以地方文件的形式规范了"民主恳谈"，使"民主恳谈"成为村、镇、企业、市职能部门等对重大事项进行决策的必经程序，成为了一种不得不执行的制度；第二，有些乡镇采取了将"民主恳谈"与人大制度、村民代表大会（或村民大会）等结合起来的做法，使得"民主恳谈"更加具有了刚性制度的特征。但是，有了制度并不表示就能实现制度化，它需要人们按照制度的规定去实施和执行。当人们不按照制度规定去执行时，制度也就是一纸空文。我们可以看到，"民主恳谈"的性质主要是通过人民群众直接参与对话、协商、听证和评议等来实现民主决策、民主管理和民主监督，恳谈的意见也只能起到咨询、论证和沟通的作用；"民主恳谈"因不具有相应的法律地位而在议题的确定、参与的人员范围以及决策作出等方面都处于相对被动的位置。在调查中，笔者对此感受最为深刻的是，民主恳谈会开的多少，成功与否往往取决于镇、村、社区一把手的态度。一般而言，"民主恳谈"会搞得好的，都是那些相对清廉，为老百姓干实事的干部。而那些存在问题的干部通常会因为心虚而以各种借口不开或少开"民主恳谈"会。这样就陷入了一种被称为"马太效应"的恶性循环。虽然，温岭市委已将"民主恳谈"工作纳入干部年度工作目标考核的项目内，但这种约束和监督仍然十分脆弱。因此，由于前述"民主恳谈"程序上存在的种种问题，以及我国体制环境的某些限制，"民主恳谈"的制度化程度也必然是有限的。

此外，"民主恳谈"的发展，需要进一步解决这样几组关系：一是政府官员的政绩追求与任期之间的关系；二是制度稳定性与政府管理体制改革之间的关系；三是公民社会的发育程度与制度变革之间的关系。

（原载陈家刚：《协商民主与当代中国政治》，北京：人民大学出版社2009年版）

中国非政府组织政策参与及其正向效应分析
——以宁波市海曙区政府购买居家养老服务为例

秦 勃

(广西师范大学政治与行政学院)

政府的科学决策离不开广泛和深入的民主参与,在民主发育成熟的国家,各种社会组织参与政府决策已经成为一种常态,这是政府因应公共需求的必然选择,也是政府民主决策的题中应有之意。改革开放30多年来,我国民主化程度不断提高,特别是在公共政策的制定、执行、评估、监督等过程中,社会组织已经不再是"旁观者",而是积极"参与者"。在诸多社会组织中,非政府组织无疑是不容忽视的重要一极,随着我国民主政治的不断推进,非政府组织在政府决策中扮演着越来越重要的角色。

2004年3月起,我国东部城市宁波市海曙区实施了一个叫"居家养老服务"的社会工程。经过短短几个月的试点,这项旨在解决当下养老困境的工作、这个关涉为老服务事业的民生工程以其独特的运作机制和所取得的骄人成绩引起了政界、学界等领域普遍的关注。值得注意的是,这项工作之所以能够取得巨大的成功,与一个重要非政府组织——海曙区星光敬老协会所发挥的中介和桥梁作用离不开。正是在这个非政府组织的参与之下,使政府承担辖区内养老服务的压力大大的减轻，同时还激发了社会组织参与为老服务的积极性，满足了辖区内老年人多样化的养老需求，可谓一举多得。客观的来讲，如果没有这么一个非政府组织的参与，这项工作就无法开展。宁波市海曙区政府向非政府组织星光敬老协会购买居家养老服务的实践，是政府与非政府组织合作的有益尝试，也是非政府组织政策参与的有益探索，这种政府通过非政府组织转变政府职能，拓展和深化公共服务的做法，闯出了一条解决社会养老问题的新路子。

一、政府购买居家养老服务的海曙样本

作为我国沿海发达城市，宁波市的人口老龄化程度高于浙江省的平均水平，而且老年人口绝对数更是以每年2%—3%的速度递增。海曙区是宁波市的中心城区，下辖8个街道，76个社区。截止2010年底，海曙区户籍总户数112893户，总人口为302866人，全区共有60岁以上老年人5.6万人，占全区总人数的18.49%；其中80岁以上的高龄老人8788人，占总老人数的15.7%；空巢独居的老年人2.6万人，占老年人总数的46.42%；失能老人399人，半失能老人1120人。老龄人口增长迅速，空巢化、高龄化、单身化现象进一步加剧。[1] 海曙区严峻的老龄化形势并不是偶然的，这与我国现代化进程中综合国力不断增强分不开。随着我国改革开放的深入，人民生活水平不断提高，社会保障体系逐步健全，医疗卫生水平显著增强，人口寿命也不断延长。而在另一面，我国计划生育政策的施行给传统家庭结构带来了巨大的冲击，突出的表现就是由原来的几代同堂演变成家庭小型化，普遍出现"421"的家庭结构（即4个老人、2个年轻人、1个小孩）；此外，两代同堂的核心家庭也逐渐演变成现代家庭结构的主体。因

---

1. 海曙区政府：《宁波市海曙区关于进一步深化居家养老服务的实施意见》海政办〔2011〕59号。

此，家庭的小型化、核心化，人口流动的不断频繁，以及现代社会给年轻人所带来的巨大工作压力等因素导致了家庭养老功能日渐式微，家庭养老方式越来越脆弱。而机构养老也面临着如养老设施落后、资金匮乏、存在经济风险等问题，机构养老不能满足所有老年人的养老服务需求。

面对我国"未富先老"的社会老龄化格局，政府作为提供公共服务的应然主体必须在社会发展中扮演重要角色，特别是地方政府必须打破计划经济体制下"无所不包"的"全能型政府"公共服务供给方式，应该根据社会发展的现实要求转变政府职能，引入市场机制，将部分提供公共服务的职能让渡给市场和社会。就养老服务来讲，当下传统家庭养老和机构养老显然已经不能满足老年人日益增长的物质文化等需要，必须积极探索一种新型的养老方式，在这样的背景下，居家养老应运而生，居家养老以其独特的优势逐渐成为解决当下我国老龄化社会带来的种种问题的一条重要途径。所谓居家养老，是指老年人不离开自己的住所，在家中享受社会所提供的养老服务的一种社会化养老模式。它是一种不脱离家庭亲情，以家庭为核心，以社区为依托，既有别于传统家庭养老，又不同于机构养老的新型社会养老模式。这种养老模式被许多学者称为"没有院墙的养老院"，它具有三个方面的优势：第一，居家养老能够满足老年人家庭情感依归的需求；第二，居家养老能够分解家庭养老的压力；第三，居家养老能够节约社会的养老成本。在我国居家养老服务模式探索和居家养老服务体系构建的实践中，宁波市海曙区结合本地实际走出了一条居家养老服务的新路，无疑成为我国居家养老服务工作的一个积极范本。

（一）试点与推广

海曙区从2004年3月份起，选取了17个社区开展社会化居家养老服务工作试点。在试点阶段，规定凡是辖区内高龄、独居的困难老人，都可享受到这一养老服务模式。[1] 在试点阶段，区政府根据入户调查摸底选取了 100 多名高龄、独居的困难老人，由政府出资购买服务，社区落实家庭服务员，每天上门服务 1 小时，服务成本每人每年 2000 元。试点仅仅开展了几个月，就广受社会各界尤其是老年人的欢迎。为研究和探索居家养老这一新型的养老方式，2004 年 8 月至 9 月，宁波市老龄办对海曙区的 17 个试点社区进行了一次居家养老困难家庭状况统计和抽样调查，实地调研了其中 5 个社区。所调查的 17 个试点社区总人口为 10.9 万人，其中，60 周岁以上老年人口为 1.44 万人，大部分是老年人口比例超过 13% 的城中老社区，也是宁波市城区居家养老比较集中的典型社区。

调查结果发现：（1）60% 以上的老年人不与子女生活在一起，且独居老人中高龄老人占 70%；（2）1/6 的居家老人需要生活照料，独居老人需求比例最高；（3）医疗护理和生活料理是老年人最需要的服务，但精神慰藉也不容忽视；（4）近七成老人有自费购买服务意识；（5）需要照料的老年人家庭中，近 1/3 为经济困难户。[2] 在所统计的 10004 户老年人家庭中，老人需要他人提供生活照料的家庭数为 1648 户，占 16.5%。其中，与子女生活在一起的为 568 户，二老及以上纯老年人家庭为 521 户，单老独居为 559 户。值得注意的是，独居老人需要他人提供生活照料比例占到 1166 位独居老人的 48%，大大高于其他类型老年人家庭的需求比例。[3]

针对海曙区老年人口队伍庞大、家庭养老和机构养老不能完全满足辖区老年人养老服务的现状，海曙区政府在总结政府购买居家养老试点的基础上反复论证，于 2004 年 5 月 12 日颁发了海政办〔2004〕29 号《关于海曙区社

---

1. 海曙区对于享受居家养老服务的对象条件并不是固定不变的，随着政策的继续施行和居家养老工作不断走向成熟，覆盖面作出了一定的调整。
2. 吴玉霞：《政府购买居家养老服务的政策研究——以宁波市海曙区为例》，浙江大学硕士论文，2006 年。
3. 左建一、周兆骏：《宁波城区居家养老服务的现状及思考》，http://gtog.ningbo.gov.cn/art/2005/6/29/art_13236_653948.html（访问时间：2009 年 1 月 20 日）。

会化居家养老工作的指导性意见》，提出了"政府扶持、非营利组织运作、社会参与"的工作思路。整个工作采取试点先行、分步实施、稳步推进的工作方法，具体分为三个阶段，即准备阶段、试点阶段和铺开阶段。按照工作部署，从 2004 年 9 月开始，政府购买居家养老服务在全区 65 个社区中全面推行，当年就有 600 余名老人享受了此类服务。2005 年，海曙区政府将社会化居家养老工作列为全区重点工作之一，并将所需的资金 150 万元列入区政府年度财政预算。2006 年成立了居家养老照护院，2007 年成立了居家养老义工招募服务中心。到 2012 年，已经在全区成立了 74 个"社区养老议事会"组织，76 个单身老人俱乐部，收纳会员 4000 余名，182 个"三合一"家庭团队，还成立了"海曙区关爱失独老人专业委员会"，在 12 个社区进行关爱试点。

（二）主要内容

海曙区政府向非政府组织购买居家养老服务是一项复杂的系统工程，所关涉的主要内容也比较多，包括申请政府购买服务对象的条件、服务对象的确定程序、居家养老服务的模式、社会化居家养老服务体系运作的流程等，正是在诸多方面的共同合力下，这项工作才能取得丰硕的成果。

服务对象的申请条件 2004 年 5 月 12 日海曙区政府颁布的《关于海曙区社会化居家养老工作的指导性意见》明确规定居家养老的服务对象为"70 岁以上的老年人。重点对象是孤老、特困老人和独居老人、生活自理有困难的老年人（包括残疾人）"。在这个文件中，主要将海曙辖区内的居民享受居家养老服务的条件进行了框定。这显然和该区在当年 3 月份启动居家养老服务试点时所规定的对象申请条件有所不同，试点初期规定"凡是辖区内高龄、独居的困难老人，都可享受到这一养老服务模式"。与试点初期相比，《关于海曙区社会化居家养老工作的指导性意见》对享受居家养老服务对象的申请条件更加细致和具体。

值得一提的是，海曙区居家养老服务的具体方式主要有个人购买、企业购买、政府购买三种。政府购买居家养老服务的对象与享受居家养老服务的对象并不是一个概念,前者对对象申请条件的要求更加的特殊和苛刻,毕竟它投入的是公共财政,只有严格划定服务对象和申请条件才能有效规避"搭便车"的行为。因此,在2004年《关于海曙区社会化居家养老工作的指导性意见》中对政府购买居家养老的条件还有这样的规定:"对家庭经济困难生活不能自理或半自理,家属又无能力照顾,需要提供生活服务的老年人,由政府通过购买服务的方式解决其生活困难;对其他类型的需要生活服务的纯老年人家庭,由非营利性机构提供低偿服务。"宁波市海曙区星光敬老协会网站公布的"申请政府购买服务对象的条件"更加具体,要求申请对象是"海曙区常住人口(居住半年以上)中,高龄(一般在80周岁以上)、独居的困难老人。"[1] 随着经济社会的发展和老龄化趋势的加剧,社会化居家养老服务势必面临新的问题和挑战,为了进一步深化居家养老服务工作,海曙区政府于2011年又颁布了海政办〔2011〕59号文件《宁波市海曙区关于进一步深化居家养老服务的实施意见》。在《实施意见》中明确了要适度扩大政府购买服务的范围,即"以失能、单身、独居老人为重点,适度扩大政府购买服务的受惠面。政府购买服务对象范围扩大到分散供养的'三无'老人,60周岁以上独居烈属,60周岁以上六等以上伤残军人,百岁老人,曾获得市级以上劳模称号的中度、重度失能或仅与残疾子女生活的老人,60周岁以上困难的独居、空巢老年人或中度、重度失能老年人"。

服务对象的确定程序 为了使公共财政在居家养老中能够发挥最大的效用,要求政府对服务对象的确定必须建立在实事求是的基础上,这样才能体现公平性和公正性,让真正需要政府帮助的老年人享受到居家养老服务。因此,在服务对象的确定上需要一套严格的确定程序。海曙区的做法是:(1)由老人或者家属自行向所在社区提出需要享受政府购买居家养老服

---

1. 宁波市海曙区星光敬老协会网站:http://www.haishu.gov.cn/tshs/About05.htm(访问时间:2009年1月27日)。

民主决策
Democratic Decision-making

的申请;(2)所在社区接到老人或家属申请后与老人取得联系,到老人家中去实地进行初步调查核实情况;在摸底的基础上对所有申请者进行初步筛选后向所在街道上报名单;(3)所在街道接到社区的上报名单后进行初步审查,根据有关规定将初审后的名单上报给非政府组织——区星光敬老协会;(4)区星光敬老协会派出工作人员到申请享受政府购买居家服务的老人家庭进行入户调查,核实情况。在入户调查的基础上,区星光敬老协会将最终确定名单反馈到所在社区;(5)所在社区将最终名单在一定范围、一定期限内进行公示,公示后,对符合条件者,落实服务员上门服务。

服务对象确定的程序见下图2。

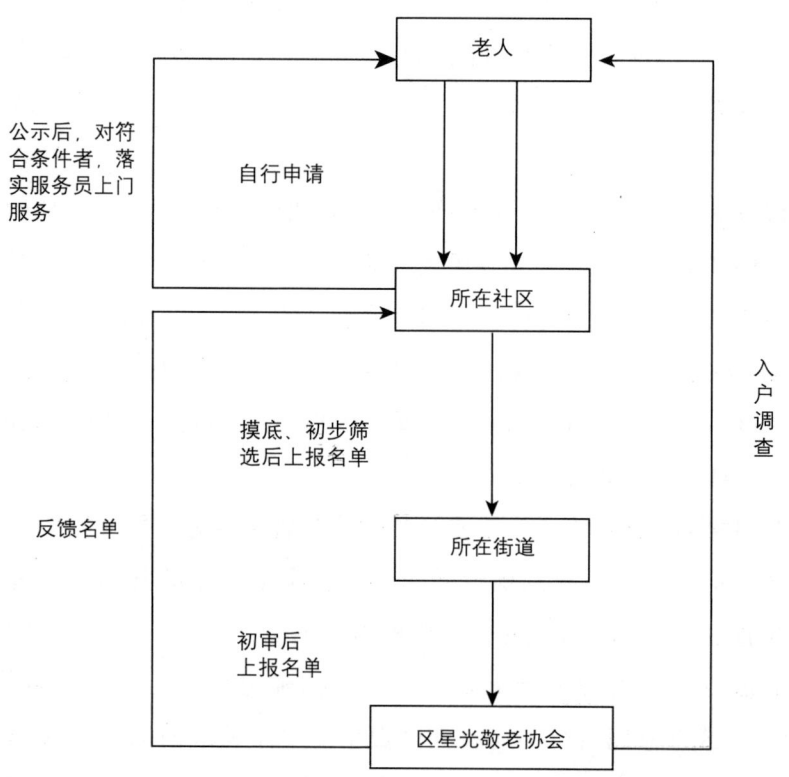

图2 海曙区享受政府购买服务对象确定的基本程序

资料来源:宁波市海曙区星光敬老协会

服务方式和运作机制　　海曙区政府购买居家养老服务是社会组织参与政府决策和参与政府提供公共服务的有益尝试。海曙区政府围绕居家养老工作，有效地整合各种社会资源，充分挖掘和利用现有的可供开展居家养老服务的社区资源，依托该区社会组织服务中心和星光敬老协会等区级社会组织力量，扩大了居家养老服务的社会参与度，不仅可以大大节省政府的支出，而且还可以提高社区资源的利用率。具体做法是，由海曙区政府出资，向非政府组织——星光敬老协会购买居家养老服务，社区落实居家养老服务员，每天上门为辖区内600余名老人服务。享受服务的对象是海曙区辖区内，高龄、独居的困难老人（包括残疾人）。各社区根据本社区的老人和居家养老服务员的情况，进行上门结对服务。服务内容包括生活照料（日常护理或者特殊护理）、医疗康复（包括陪同到医院看病、治疗、配药等）、精神慰藉（每天和老人交流，发现老人的需求，排除老人的孤独感）。额外的服务要靠志愿者上门、企业捐助或老人自己购买。居家养老服务员的服务质量由海曙区星光敬老协会和各社区监督。

海曙区星光敬老协会承担的工作有：审定需要提供居家养老服务的对象；确定居家养老的服务内容；对居家养老的服务质量进行检查和监督；培训居家养老服务员和结对上门服务的志愿者。政府购买居家养老服务的经费，由政府预算拨给敬老协会之后，敬老协会依托社区来组织运作。敬老协会每两个月提前把每个社区的居家养老服务员的工资划拨到社区，服务员给老人服务后，每月到社区领取工资。敬老协会每天深入社区检查、监督服务情况。海曙区星光敬老协会崔德海会长说：“这种运作机制，解决了钱和服务双重的监督问题，这样老人高兴、社区高兴、政府也高兴，何乐而不为？”[1]

为了有效地对居家老人实行安全应急救助，海曙区借助81890求助服务平台对信息系统进行了改造升级，设计出专为老弱病残人员方便使用的"81890一键通"电话机。"81890"，用宁波当地发音就是"拨一拨就灵"，这

---

1. 高丽莎、张伟：《居家养老的海曙模式》，载《浙江人大》，2008年第4期。

民主决策
Democratic Decision-making

是海曙区政府为老百姓精心打造的信息服务平台。"81890一键通"电话机具有三大功能（即普通电话机的功能、"一键"拨通的功能以及8秒内无操作、无通话自动接通的功能），对持有这种特制话机的用户，"81890"事先将他们的有关信息，如姓名、住址、病史以及子女、物业、所在社区居委会或其他联系人的电话输入信息系统，只要按一下"一键通"，上述信息就会在"81890"电脑屏中自动显示；如高危用户拿起话机后，连拨键或诉说都有困难时，8秒钟后，"81890"信息系统也会自动接通并显示用户信息，从而可实现第一时间迅速、合理地组织各种救助力量实施救助。[1]

海曙区政府购买居家养老服务的政策有一套特有的运作机制，即"政府扶持、非营利组织运作、社会参与"。政府是居家养老工作的规划者和政策制定者，政府扶持是决定性因素，海曙区政府每年都把居家养老工作作为一项重要工作来部署。海曙区居家养老工作领导小组作为政府的领导机构，主要职责是完善海曙区、街道、社区三级居家养老服务体系。领导小组组长是分管养老工作的副区长，一位副组长是海曙区民政局局长，另一位副组长是非政府组织——海曙区星光敬老协会的会长。海曙区政府购买居家养老服务还有其他配套政策，海曙区政府形象地把它概括为"走进去"和"走出来"的"两走"居家养老模式。

所谓"走进去"，主要是指以一些高龄、独居的困难老人为对象，通过政府购买服务，由专门的服务人员走进老人的住所，提供上门服务。除此之外，"走进去"的服务方式还有志愿者无偿服务、老人自己有偿购买服务和企业为老人购买服务等。由此可见，"走进去"老人家庭为老人提供养老服务的主体是多元的。有经济能力的老人个体，可以根据个人需求和偏好购买服务；一些社会责任感较强、乐于支持为老服务事业的企业也是一个重要主体，它们通过认购"居家养老服务券"和社会认养等方式支持居家养老服务；对一些

---

1. 海曙区民政局：《海曙区城市居家养老模式的探索与实践》，2006年。

特殊老年人群需要公共财政扶持养老的，由政府购买服务。这三个主体能够为老年人不走出家庭即可享受到养老服务提供了经济支持，但它们并不是直接提供养老服务的主体。直接为老人提供养老服务的有：（1）星光敬老协会聘请的全天候照护员，这个群体是固定的养老服务实施者；（2）"81890一键通"是非常重要的服务主体，能够解决居家老人突发事件以及为他们提供安全应急救助；（3）"义工银行"，所谓"义工银行"是指为老年人提供养老服务的义工都建立了一个档案，他（她）们在每一次义工服务以后都会被记录在案，等他（她）们年纪大了需要人照顾的时候，就能免费享受政府替他（她）们购买的养老服务，也就是"服务今天，享受明天"。正是这些主体的共同作用才使海曙区居家养老服务能够得以顺利的推进，每一个主体都能发挥各自的作用，这些主体形成的合力为老年人提供了较好的养老服务。见图3。

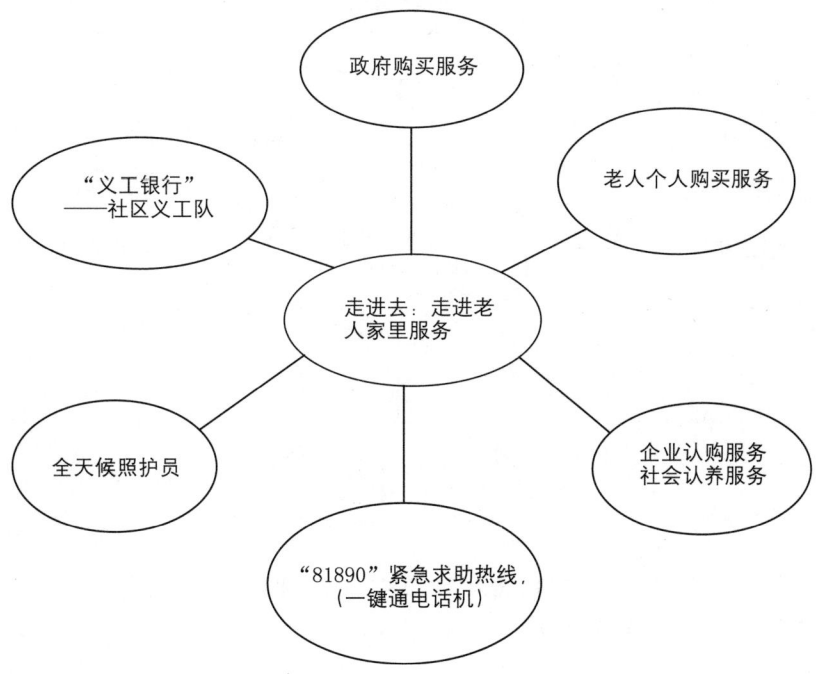

图3 "走进去"老人家中服务的各类主体

资料来源：宁波市海曙区星光敬老协会

所谓"走出来",就是让大部分行动方便的老年人,走出小家庭,融入社区大家庭,老人"走出来"的载体有老人"日托"中心和各种老年民间组织。自实施居家养老服务工作以来,海曙区加大了力度,为老年人提供各种服务设施、服务项目。许多社区相继建立了带有日托服务功能的居家养老综合服务中心,向社区老年人提供日托、就餐、康复、休闲娱乐、学习等各种服务。在这里,社区提供的不仅是物质性的服务,更重要的是精神、情感方面的服务。[1] 正是在社区多个载体的通力配合下,使得大多数老年人能走出家门融入社区大家庭,满足了精神慰藉的需求,这些载体有社区、街道的日托中心、社区卫生服务站、各种老年俱乐部、联谊会、"义工银行"等。见图4。

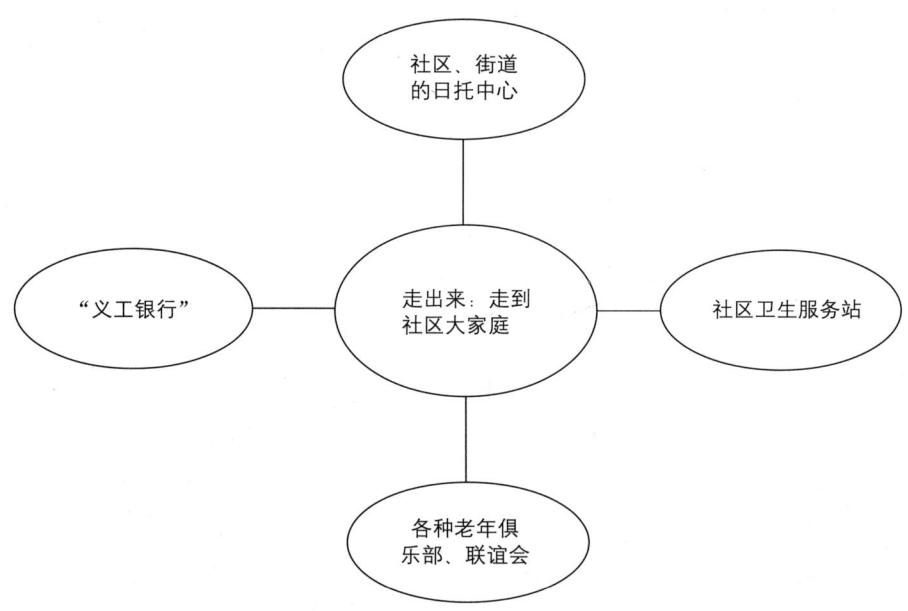

图4 老人"走出来"的各种载体

资料来源:宁波市海曙区星光敬老协会

---

[1] 高丽莎、张伟:《居家养老的海曙模式》,载《浙江人大》,2008年第4期。

（三）取得的成效

海曙区在"党政主导、社会参与、全民关怀"的老龄工作方针指引下，坚持"走进去、走出来"的居家养老服务模式，通过个人购买服务、企业认购服务、政府购买服务、社会认养服务的积极推行，大大拓展了养老市场和公共服务的重要内容。在居家养老服务工作的推进中，政府扮演着发起者和规划者的重要角色。通过建立起由政府、敬老协会和社区三个层次组成的居家养老组织体系，夯实了居家养老服务的基础。通过近十年的探索和实践，海曙区政府购买居家养老服务模式愈加成熟，同时也取得了丰硕的成果。

首先，满足了辖区内老年人多样化的需求。随着社会的发展和人们生活水平的提高，在养老服务项目需求上，老年人对生活需求越来越多样。而且根据每个人的实际情况，所表现出来的需求强度不一，这一定程度上说明了老年人对社区照料服务和精神慰藉的期待，这样能弥补家庭照料功能的不足或缺失。海曙区通过居家养老服务员和义工"走进去"上门服务，提高了老人的基本生活质量；通过各年龄段老人"走出来"，走进街道社区日托所和各类老年组织，丰富了他们的精神生活。广大低龄老人担任义工提供居家养老服务，通过"服务今天，享受明天"的"义工银行"制度，既丰富了今天的精神生活，又提高了明天的养老保障。[1]

其次，降低了政府的养老成本和行政开支。从较长时期来看，居家养老的投入成本仅为传统机构养老的1/4。传统的机构养老模式中，政府需要投入大量的公共财力。根据民政部门的测算，建设一个具有基本养老保障功能的

---

1. 中国政府创新网：《宁波海曙区政府：政府购买居家养老服务（优胜奖）》http://www.chinainnovations.org/cx03.html（访问时间：2009年1月5日）。

养老机构，初期床位的固定投入最小为50000元/张；而具有医疗保障设施的中高档养老机构，初期床位的固定投入最少为100000元/张。其日常运作如考虑土地成本、固定资产回收、运作成本及收费情况，每月每张床位政府还需补贴保障250—350元，中高档型每张床位需补贴400—500元。而政府通过购买居家养老服务，为一些高龄、独居的困难老人提供养老福利，每人每月仅需支付成本165元。[1]这样就大大降低了政府建设养老基础设施的成本。通过政府购买居家养老服务，政府可以花费较少的行政成本满足老年人的养老需求。换言之，在政府支付养老费用固定的前提下，政府购买养老服务可以使受益的老年人群大大拓宽，通俗的讲，就是花同样多的钱，赡养更多的老人。通过政府购买居家养老服务，海曙区政府每年只需支出一二百万元，就能履行传统机构养老需要支出三四千万元才能履行的职能。

再次，激发了非政府组织参与居家养老的热情。在实施居家养老服务工作的过程中，海曙区政府始终重视对非政府组织参与该项事业的积极鼓励、引导和培育，通过出台各种政策鼓励非政府组织参与居家养老工作。典型的例子就是星光敬老协会在参与海曙区居家养老服务的过程中不断地得到了发展和壮大，同时还提升了该非政府组织的社会公信度和社会影响力。在居家养老服务领域，目前海曙区星光敬老协会几乎成为居家养老的一个代名词，从事居家养老实务工作和研究工作的人一般都会提到这个非政府组织。正是在"星光敬老协会"的示范带动下，海曙区社区内的各种老年民间组织纷纷参与到居家养老服务事业中来，充分发挥了它们的积极作用。

此外，通过政府购买居家养老服务，还使社区有了一个强化能力的平台，拓展了社区服务的空间，增强了社区服务功能。"义工银行"的建立为低龄老年人提供了一个储蓄劳务的途径，既发挥了低龄老年人的爱心，也为将来自

---

1. 《社会经济效益分析报告》，载《星光动态》，2006年第27期。

身养老提供了一个保障。同时,激发了人们尊老爱老的热情,使互助互爱、关心他人、乐于奉献的社会风尚得到了传播。

二、作为非政府组织的星光敬老协会及其政策参与

海曙区星光敬老协会网站是这样介绍自己的:宁波市海曙区星光敬老协会于 2003 年 6 月成立,是从事为海曙区老龄人群服务而自愿结成的地方性群众团体,属非营利性社会组织。依照《社会团体登记管理条例》规定,经核准注册登记,具有法人资格。协会设会长 1 名;副会长 1 名;秘书长 1 名;常务理事 10 人;理事 64 名(由现任各社区主要负责人组成);干事 169 名(由社区推荐的老年骨干组成);协会共有会员 908 名。[1] 到目前为止,非营利组织和非政府组织还没有一个统一的定义。正是因为如此,对"星光敬老协会"的性质,有人把它归为非营利组织,有人把它归为非政府组织。[2] 本文认为,星光敬老协会符合非政府组织研究国际专家和代表人物萨拉蒙和安海尔提出的非政府组织所具备的五个特征:组织性、民间性、非营利性、自治性和志愿性,属于非政府组织。但是,这并不影响其还属于非营利组织,所谓非营利组织是指不是以营利为目的的组织,它的目标通常是支持或处理个人关心或者公众关注的议题或事件。事实上,非政府组织也可能同时是非营利组织。根据非政府组织和非营利组织的定义和特征,可以认定星光敬老协会既是非

---

1. 宁波市海曙区星光敬老协会网站:http://www.haishu.gov.cn/tshs/About07.htm(访问时间:2009 年 1 月 27 日)。
2. 把星光敬老协会归为非营利组织的依据主要是 2004 年 5 月 12 日颁布的《关于海曙区社会化居家养老工作的指导性意见》中的一段文字,海曙区政府居家养老的工作思路是"政府扶持、非营利性机构运作、社会参与",这也成为后来人们推介、研究居家养老必提的运作机制或运作模式。当然,就海曙区政府自身而言,也认识到"星光敬老协会"并不单纯就是非营利性组织,这可以从其颁布的海政办〔2011〕59 号《宁波市海曙区关于进一步深化居家养老服务的实施意见》中可见一斑,文件要求"完善政府购买服务机制。拓展与星光敬老协会的合作,最大限度地发挥社会组织在现阶段居家养老服务体系中的作用"。在这里,海曙区政府把"星光敬老协会"称为"社会组织"。《南方周末》2007 年 7 月 18 日发表了一篇题为《用最少的钱做最多的事——宁波试解未富先老难题》的报道中这样界定"星光敬老协会":"星光敬老协会是专门为配合居家养老而成立的 NGO"。

营利组织又是非政府组织。

非政府组织是一个国家民主和社会价值的忠实维护者，它的蓬勃发展展现了一个社会的公民活力，代表着社会的多元和开放。非政府组织参与政策过程对于平衡多元社会利益，推动政府民主决策和科学决策，进而构建公平公正的社会利益格局具有十分重要的意义。改革开放30多年的实践证明，中国社会由传统经济向现代经济、由计划经济向社会主义市场经济过渡的转型，使得中国发生了历史性的变革，经济取得巨大发展，经济结构发生革命性变革。与此同时，中国的社会阶层结构也发生了深刻的变革，社会阶层结构的构成要素和构成部分的种类和数量明显增多，社会利益格局日益分化和失衡。在社会利益格局分化和失衡的条件下，政府作为最重要的公共部门理所当然地必须代表全体公众的利益，并且通过各种政治决策和公共政策使社会的利益格局走向均衡。政府代表全体公众的利益，其前提是全体公众的利益能够充分表达，不同社会群体的利益能够被充分地反映，并得到政府有效的回应。在这样的背景下，作为第三部门的非政府组织应运而生，在协调政府、市场、社会等诸多利益关系中，非政府组织所发挥的重要作用不容小觑。一方面它在调整政府与社会的关系中，充当一个"纽带"的作用；另一方面在社会秩序和制度的压力下，非政府组织以政策参与者的身份作为利益表达和利益均衡的有效机制，使社会张力保持在可控制的限度内，从而促进社会的和谐运行和发展。

本文倾向于这样界定非政府组织政策参与：它是指非政府组织通过合法途经，代表民众利益诉求，参与公共政策的制定、执行、评估等诸环节，协助政府改进公共政策，以便有效地促进公共问题的解决和降低公共政策执行中的机会成本，最终保证公共政策符合公众的最大利益。由此，非政府组织政策参与的基本内涵包括：

1. 非政府组织政策参与的目标是追求、实现、维持和保障公众利益诉求，从而最大限度地发挥政策收益。任何一项公共政策如果不符合大多数人的利益和意志，就得不到大多数人的支持，也就失去了政策必需的政治资源，自然也就失去了政治上的合法性。因此，民众利益诉求是非政府组织政策参与的目标和前提，不管是谁的政策，不论是何种政策，民众利益诉求都是非政府组织政策参与的最初出发点和最终目的。

2. 非政府组织的政策参与是一种过程参与。公共政策的运行表现为一个连续的政治系统的"输入——转换——输出"的过程，它由若干相对独立又以一定方式相互连接的多系统构成，包括：公共政策制定、执行、评估、调整、监控和终结等环节。非政府组织政策参与既可能发生在政策过程的某一个环节，又可能发生在政策过程的所有环节中，也就是说没有固定的阶段，非政府组织既可以参与政府公共政策的制定，也可以参与政府公共政策的执行，还可以参与政府对公共政策的评估监控等环节。

3. 非政府组织政策参与多数情况下是一个主动参与的过程。非政府组织政策参与的目标是追求、实现、维持和保障民众利益诉求，这就要求非政府组织在政策参与时主要是一种主动的积极的参与，运用其灵活高效的运行机制积极主动而又有针对性地参与公共政策的运行过程中。

三、中国非政府组织政策参与的正向效应：基于海曙经验

在本文案例中，宁波市海曙区政府通过货币支付的形式向非政府组织——星光敬老协会购买居家养老的这种政策参与的做法，打破了过去传统意义上的"结构性养老"模式。采取"走进去"和"走出来"的"两走"居家养老模式，即"政府扶持、非营利组织运作、社会参与"的运作机制，满足了老人多方面的养老需求、减轻了政府的财政负担、为社区中的就业困难人员提供了岗位。通过义工招募，扩大了这一政策的社会参与度，把蕴藏在社会中巨大的养老人力资源挖掘出来，更好地满足了老人的个性化需求。从对"海曙经验"的总结和认识，上升到理论的高度，我们可以总结出当前我国非政府组织政策参与的正向效应。

（一）非政府组织政策参与可以弥补"政府失灵"，提高政府服务效率

在许多经济转型国家，经济体制的急剧转化，使政府和市场开始建立一种新的互动关系，这种关系在某些时候表现为权力与商业利益的结合，导致诸多社会问题的出现，如分配不公、贫富悬殊、生态环境恶化等，特别是对社会中的弱势群体造成了更多的困难。因此，人们转而寻求政府的干预，但市场难以解决的社会问题，政府也可能束手无策，这就出现了政府失灵问题。[1] 所谓"政府失灵"（Government Failure），系指由于政府机制存在的本质上的缺失，而无法使资源配置效率达到最佳的情形。[2]

中国作为世界上最大的发展中国家，目前正处于计划经济向市场经济转型时期，因此同样面临着"政府失灵"的问题。特别是在公共产品的提供上，一方面是社会成员需求的不一致性；另一方面是作为单一提供主体的政府不可能全面顾及所有社会成员的需求，只能从众多方案中选择一种最为合适的方法，形成国家政策。这就为非政府组织的政策参与提供良好的契机。非政府组织作为独立于政府与市场之外的第三部门，承担着联结政府与社会，弥补市场与政府功能不足的职能。特别是在"市场失灵"和"政府失灵"并存的情况下，非政府组织一方面要提供市场无法处理的公共物品，弥补市场在这一领域的缺陷；另一方面，"小政府，大社会"的民主政治发展终极目标要求政府从全能政府向有限政府的转变。政府管理职能化另一个主要的途径是非政府组织化，即把原先由政府承担的职能交给非政府组织，由非政府组织来承接具体的管理职能。[3]

海曙区星光敬老协会成立于 2003 年，它不同于一般的老年协会，它独立

---

1. 张霞、张智河、李恒光：《非营利组织管理》，济南：山东人民出版社 2005 年版。
2. 张成福、党秀云：《公共管理学》，北京：中国人民大学出版社 2001 年版。
3. 刘先江：《政府管理社会化改革研究：基于"国家与社会关系"的视角》，长沙：湖南师范大学出版社 2007 年版。

于政府之外，拥有自己的制度和规章，拥有独立的人事、财务等各项权利，是国内少有的开展养老服务工作的非政府组织，它的工作实绩也证明了作为民间自发组织起来的形式，非政府组织没有政府机构等级制导致的僵化死板的痼疾，也不具有官僚主义的弊端，其灵活的组织形式和活动方法使其具有很强的适应能力和应变能力。加上市场经济条件下，竞争压力的加大使得非政府组织不得不谋求创新和自我发展，并以此来提高自身的服务质量和服务效率。与政府相比，他们更愿意采用先进的管理方法和管理技术。非政府组织的科学有序的发展，使其在参与政策过程中能够发挥更大的效用，从而促进政府决策的科学和有效，提高政府的服务能力和服务效率。

（二）非政府组织政策参与能够表达利益诉求，维护公共利益

公共政策过程是政府、非政府组织、公民等多种社会主体参与的复杂过程，也是公共利益、共同利益和个人利益复杂交错的过程。[1]非政府组织代表不同社会群体的利益，通过整合社会上散乱的个人利益诉求，采取一定手段经常性地向政府反映"民意"。当前，我国已经面临着"未富先老"的挑战，随着老年人口的增加，我国传统的靠子女为老人养老送终的家庭养老模式日趋困难，亟须开辟新的养老模式。宁波市海曙区针对"老人对社会养老设施和服务的需求迅速上升，机构养老方式已远不能满足需求"的现实困境，通过开创政府向非政府组织购买居家养老这种模式，让"星光敬老协会"这个非政府组织参与到居家养老公共政策的制定、执行、评估、监督等环节中来，一定程度上解决了那些经济困难、生活自理能力差，无子女或子女不能实施有效照料的老人的"老有所养、老有所依"问题。

从理论上分析，公共政策以增进社会总体利益最大化为价值取向和目标，

---

[1]. 叶大凤：《非政府组织参与公共政策过程：作用、问题与政策》，载《福州党校学报》，2006 年第 5 期。

关系到人民群众的根本利益。判断一项公共政策的好坏，关键在于它是否充分照顾到各方面的利益诉求，获得支持最大化；换言之，也只有充分照顾各方面利益诉求的公共政策才能在执行过程中减少阻力，真正产生良好的政策效果。公共政策的利益分配不均，容易引发公众对政策的不满，如果缺乏合适的机制来缓解公众对政策的不满，将有可能集聚社会矛盾，从而造成社会的不稳定。非政府组织是政府与公众的纽带，公共政策过程也由于非政府组织的参与而明朗化、公开化；由于非政府组织的参与，大大缩短了公众与政府的距离，公民对政府的政策意图有所了解，减少公民与政府之间的误解，促进公共政策的有效执行，维护公共利益。在海曙区居家养老领导小组这个组织机构中，有一个副组长的职位就是"星光敬老协会"会长担任，这说明非政府组织的领导者可以参与公共政策过程。由于非政府组织参与公共政策的制定，所以熟悉政策出台的情况。从某种意义上说，非政府组织承担了解释公共政策的重担。大多数人的偏好是公共选择的标准，这要求公共政策能够把无数分散的个人偏好整合成大多数人的共同偏好，形成大多数人共同认可的政策方案。[1]

诚然，由于体制不健全等因素，当前，我国还存在着一部分自利性的非政府组织。他们为维护本组织的利益而损害了公共利益，他们的政策参与活动降低了政策效率，破坏了公平竞争机制，但这些丝毫不能抹杀非政府组织在维护公共利益，促进社会稳定方面的巨大作用。它作为一种制度性的利益表达渠道，对于维护社会安定，缓解社会利益冲突，促进社会的和谐发展具有十分重要的意义。

（三）非政府组织政策参与能够分解政府压力，监督政府行为

西方发达国家整体经济水平较高，一般所采用的养老方式是老人完全

---

1. 刘明、唐春媛：《略论我国非政府组织政策参与问题》，载《福建农业大学学报（哲学社会科学版）》，2007年第10期。

脱离家庭、住进社会化养老院。但是由于我国国情以及中华民族传统的家庭伦理观念影响，政府完全埋单所有社会化养老需求还面临着财力不足、老人抵触心理比较严重等困难。海曙区政府购买居家养老模式正好迎合了这两种需求。我国已经面临着"未富先老"的局面，经济和社会的发展使居家养老面临着前所未有的压力和挑战。发展居家养老，当然也离不开政府的投入，但要解决问题，还要多方面协力，单靠民政部门一家，恐怕力有不及。在传统的行政管理体制下，政府对社会的一切事务大包大揽，但是即使这样行政效率并不见得有多高，早在20世纪80年代，邓小平同志就已经指出，我们的各级领导机关，都管了很多不该管、管不好、管不了的事。[1] 在这种"万能政府"的管理体制中，公民的意见表达渠道单一，公民的政策参与乏力。

随着改革开放和政治体制改革的深入，政府要想真正实现"小政府、大社会"的管理模式就必须将部分职能让渡给社会。面对行政职能分化的压力，政府也难以利用有限的资源来维护社会的公共利益，特别是在政策过程中的信息不对称，往往会导致政府的决策失败。政府迫切需要转变政府职能，改善管理手段，以期减轻行政压力。在这种情况下，非政府组织成为了政府职能的承载者和政府压力的分担者。宁波市海曙区专门成立的为老年人服务的社会性非政府机构——海曙区星光敬老协会，参加的有区政府部门和工青妇等群团组织，在社会化居家养老体系中，政府负责规划、政策制定、资金投入等，具体任务委托敬老协会来完成，星光敬老协会分担了海曙区政府社会养老的压力。

在公共政策过程中，政府没有能力拥有应对所有议题所需的信息，并且公民由于力量微弱，也难以独自参与到政策过程中。非政府组织在这方面具有得天独厚的优势，它具有健全的组织结构，强大的利益诉求功能，能够整

---

1. 邓小平：《邓小平文选》(1975—1982)，北京：人民出版社1983年版。

合社会上分散的个人意志，为政府收集和提供议题的相关信息。非政府组织拥有雄厚的人力资源（专家力量），政府在制定和实施政策时，有必要向相关非政府组织进行政策咨询，以提升政策的可实施性，实现公共政策的科学化。

其次，非政府组织的政策参与还能监督政府行为，防止政府"寻租"行为的发生。在经济迅猛发展的时代，政府往往会过分注重经济发展，而忽视对公共卫生、教育等方面的投资力度，影响社会的和谐发展。在这种情况下，非政府组织可以承担部分政府管不了也难以管好的社会事务。特别是在对政策的受害者进行弥补和救济，对社会上弱势群体的救助，兴办公益事业，解决社会问题，促使相关政策的执行和修正等方面，都需要非政府组织的参与。非政府组织政策参与监督作用的实现关键是要依赖严格的监督体系和监督机制，如理事会监督、相关行政和司法部门的依法监管、独立监察人或监事制度、民间评估和公益认证、公众监督和公益举报以及新闻媒介监督等。

（四）非政府组织政策参与能够满足利益多元，促进可持续发展

伴随着改革开放的深入，各阶层利益的分化与重组，更多的公民意识到只有靠自己组织起来参与社会事务才能维护自身的利益，展现自身利益诉求，因此，竞争参与的观念深入人心。海曙区星光敬老协会就是为了解决辖区内老龄人群对养老服务的需求而自愿成立的非政府组织，其主要目的是实现老年人对养老服务的利益诉求。海曙区星光敬老协会通过参与政府公共政策的制定，将老年人的利益诉求直接表达出来，并且在公共政策中得到体现；在公共政策执行的过程中，它也是一个直接参与者，这样就大大激发了其参与公共政策的热情。这种政策参与的结果就是能够有效地弥补政府失灵和市场失灵的缺陷，使老年人的利益诉求有顺畅的渠道得以表达，能够进一步改善政府形象，缓和公民与政府在政策过程中的矛盾，促进公共政策的有效执行，保证社会的稳定与发展。

此外，非政府组织的存在与发展较政府与企业更加重视可持续性。这从海曙区政府购买居家养老服务中所建立的"义工银行"可以显见。"义工银行"秉承"服务今天，享受明天"的理念，让那些有爱心又有能力的低龄老人既能为高龄、残疾等老人提供服务，又能"储蓄"这种养老服务，到他（她）们今后自己有需要他人照料的时候，政府可以通过购买服务为他（她）们提供服务，这样大大增强了居家养老的可持续性。

四、结　论

以政府出资购买为形式的社会化居家养老是传统居家养老方式的发展和延续，它的发展离不开社会的广泛参与，这也是养老社会化这一思路的基本要义。正如海曙区副区长许义平所说："这项工作政府干不了，企业不愿干，我们就成立了全国第一家为老年人服务的社会性非营利机构——宁波市海曙区星光敬老协会，并把居家养老公益项目的运作任务委托给星光敬老协会。"这也是非政府组织参与公共政策过程的有益尝试，彰显了非政府组织政策参与作为一种由公民的个体参与转变为组织性的活动的特质。作为多元社会力量一种载体的非政府组织，以合理的渠道、合法的方式对政府决策和政策执行过程施加影响，进行积极主动的政策参与，以此来维护其所代表的公众利益，这是非政府组织一项重要的工作任务，也是非政府组织存在价值的重要体现。

随着各国非政府组织的迅速发展，不同国家的非政府组织对政策过程的参与方式越来越多样化。当前我国非政府组织正处于一个飞速发展的时期，非政府组织在社会发展中也扮演着越来越重要的角色，特别是在政策参与中更是发挥着独特的作用，我国非政府组织广泛参与社会各领域的活动，并试图通过政治参与影响公共政策过程，日益成为一支重要的公众参与力量。

（原载《北京邮电大学学报（社会科学版）》，2009 年第 6 期）

危机管理和后选举治理的成功范例
——对重庆市开县麻柳乡"八步工作法"制度创新的分析[*]

高新军
(中央编译局比较政治与经济研究中心)

    我国目前正处在转轨时期,巨大的转轨阵痛使得这一时期成为社会矛盾的突发期。我们不仅面临着经济上从计划经济向市场经济的转轨,更面临着政治上转变执政观念和转变政府职能,重塑责任型政府和服务型政府的艰巨任务。新旧体制的冲突、新旧观念的冲突时时酝酿着危机,如何在化解危机的过程中实现制度创新,是摆在各级地方政府面前的一项重要任务。自从1987年我国实行村民自治以来,20年的实践提出了一个重要的问题,即民主选举之后如何实现民主决策、民主管理和民主监督,也就是所谓"后选举治理"问题。这个问题目前在我国农村实行的村民自治中并没有真正解决,由此也就产生了所谓的"选举疲劳"和"村级民主无用论"。究竟用什么方法

---

[*] 致谢:感谢重庆市开县麻柳乡党委和政府对调查的支持和配合。特别感谢时任麻柳乡党委书记的李红彬同志、乡长肖仁海同志抽出时间与笔者深入交谈,陈进副书记全程陪同笔者进行调查并交谈,麻柳乡的其他干部和部分村干部为笔者的调查提供了翔实的第一手材料。没有他们的大力配合,笔者是无法完成这一任务的,同时也从他们身上感受到了一种宝贵的精神。笔者对本文所有观点负责。

来化解这个难题，也是我国深化基层民主政治建设的重大课题。典型和样板的作用是重要的。重庆市开县麻柳乡为我们解决以上问题提供了有益的探索。他们的做法有着强大的示范和引导作用。

制度创新的动力和彻底性与危机的深度和广度是成正比的

正如我国在经历了"文革"中极"左"错误路线造成的严重政治和经济危机之后，才成就了改革开放的伟大事业一样，麻柳乡的制度创新始发于一次深刻的社会危机。

麻柳乡位于开县西北部与四川省宣汉县的交界之处，辖区面积94平方公里，有11个村、1个居委会、28000多人、22600亩耕地。境内山高坡陡，断崖横生，海拔420—1470米，素有"千猪同槽"之说，自然条件十分恶劣，民谣称之为"九沟十梁四面坡，沟深坡陡悬崖多，往上望望得草帽落，往下看吓得打哆嗦"，加之交通不便，信息闭塞，群众生活水平极低，是全县位置最偏远、条件最艰苦、经济最贫穷的乡之一。

麻柳乡也曾是开县闻名的"闹事乡"。1999年前后，由于多种原因，一度时间，该乡党群干群关系十分紧张，群众多次越级上访，甚至出现了1999年6月14日聚众围攻政府的事情。当时的麻柳，秩序不稳、环境不顺、民心不齐、干部精神不振，工作推进困难，形势异常严峻。

2003年6月2日，开县全体县级领导干部在麻柳乡召开了"执政为民"的恳谈会，时任开县县委书记的佘明哲在谈到麻柳乡过去之所以发生社会危机时说到，"过去，麻柳乡干群关系不协调的症结在于损害了群众的利益，一方面加重了群众负担，人均负担130—140元，不种白肋烟每人还收发展基金10元，开展拉网式的计生、林业、国土、建房、殡改清理，搞户户过关，每户收取罚款1000元左右（个别村几乎没有没给罚款的户）；另一方面群众盼望多年的修路等事情又不去兴办，群众有了困难和问题又不去解决，群众说：

民主决策
Democratic Decision-making

政府只收钱不办事。这些引起了大多数群众的不满，极大地伤害了群众的感情。"[1]

　　细节是真实的。为了说明麻柳乡制度创新的动力和彻底性，笔者认为有必要在本文中较为详细地分析一下发生在 1998 年前后的社会危机的原因，尽管这样的回顾有时会给某些当事人带来一些尴尬。据笔者调查，1997 年下半年，麻柳乡进行了为期 1 个多月的"四清理"执法活动，即对 1988 年以来在"计生、林业、建房、殡葬"方面有违规行为的农户进行处理，主要的处理办法就是罚款。为了调动乡村两级干部的工作积极性，乡里还私下规定收取的农户罚款，乡村干部有 3%—5% 的物质奖励（该款后来在县里工作组的督促下进行了退还）。对于下乡去从事这项工作，乡里的干部们并非都是理直气壮。他们中有不少人当时就感觉到理由不是十分充分，与中央的政策有抵触，尤其是他们将面对的是农民的直接抵抗。这次清理，乡政府收上来的资金有 100 多万元。笔者调查的麻柳乡兴坪村有 1838 人，当年就被罚了 6 万多元。可以想象在麻柳乡这样一个贫困的乡镇，这么多的钱从农民手里被乡政府罚没，意味着什么。所以，执法的结果就如上面引述的佘书记 2003 年的发言那样，"引起了大多数群众的不满，极大地伤害了群众的感情。"

　　其实，1999 年 6 月 14 日麻柳乡的群体性突发事件的发生原因远不止"四清理"活动。1994 年我国实行"分税制"改革之后，由于财力上收，事权下放，乡镇的财力日渐枯竭。笔者了解到，开县对麻柳乡实行的是"划分收支范围、确定收支基数、定额上解或者补助、超收分成或者全留"的"财政包干"体制。对于像麻柳乡这样的贫困乡镇，从年初到年底，乡里工作的重点就是如何筹集政府工作人员的工资和教师的工资。例如，在农业税没有取消的 2001 年，县里给麻柳乡核定的收入是 60 多万元，但是支出就有 300 多万元。2003 年核定收入是 67 万元，支出却要 351 万元。2005 年农税取消后，麻

---

[1] 开县县委书记佘明哲 2003 年 6 月 2 日在"执政为民"恳谈会上的讲话。

柳乡的财政收入只有少量的契税，每年约为 2000 元。而支出（包括教师工资）需要 559 万元。其余部分要靠县转移支付方可解决。开县直到 2006 年才开始乡里的教师工资由县里发。[1] 人是要吃饭的，人也是要生活的。乡镇干部们并不是可以不吃不喝的圣人。窘迫的财政状况和迫切的吃饭需求，使得乡里自然把注意力集中在可以产生"效益"的工作上，至于其他没有效益的工作，则要向后靠一靠。

在那些年，乡村两级干部在政策的执行上和工作的方法上也存在着严重问题。例如，强令农民购买"磁化肥"，不买就扣钱；向农民强迫收取发展基金，全乡达 20 多万元；强收"以资代劳"费，人均 15 元；在推广规范化种植水稻的技术中，对于没有按照规定做好的农民要每亩或每丈（只凭干部随意规定）收取 10 元的"科技认识费"；当共青团员团费收不上来和村里的招待费不够时，也要搭向农民收取统筹款的便车，一并收取，以至于农村统筹款的收取情况十分混乱。甚至农民卖猪还要替政府向买方征收 15 元的"毛猪购销税"，这项税款后来竟演变为所有的养猪户，不论卖没卖猪都要向乡政府交税的做法。

这种以罚代管和强迫命令的工作方法和工作态度，使麻柳乡的农民认为乡政府是只收钱不办事，从而丧失了对乡政府的基本信任。1997 至 1998 年，中央开始采取了一系列惠农政策，麻柳乡的老百姓一时间仿佛获得了一把维权的"尚方宝剑"，开始公开与乡政府对抗，最后酿成了 1999 年围攻政府的后果。

1998 年底开县乡镇换届调整了麻柳乡的党委、政府班子，原主要领导被调走了，以李红彬书记为首的新领导面临着非常困难的工作环境。新领导要想打开工作局面，首先必须统一干部的思想。但是据了解，当时不少乡干部受"官本位"思想的影响，首先想到的并不是要转变政府的工作作风和加强基层民主政治建设，而是要压服群众，建议县里抓几个人。但是，这个建议

---

1. 参见笔者对麻柳乡财政所余其合所长的访谈记录。

民主决策
Democratic Decision-making

遭到了县里的拒绝。面对上级的压力和群众的不信任，这些乡干部感到很绝望。

置之死地而后生。很明显，在这样的形势下别无他路，只有走彻底的民主执政之路。麻柳乡的制度创新就是在这样严峻的背景下起步的。面对矛盾，他们没有退避躲让，而是积极化解。在当时十分被动的局面下，麻柳乡党委政府提出"头要昂起来，胸要挺起来，劲要鼓起来，旗帜要扛起来，工作要干起来"的口号，他们开始在李红彬书记的带领下自带干粮下村调查，发放问卷，了解矛盾问题的原因。乡党委和政府的主要领导则去矛盾最集中的地方和自发的群众代表进行交流，了解他们的愿望和意见。在这个过程中，干部们遭遇到群众的白眼、讽刺、挖苦、辱骂和不理睬自然是少不了的。在上下两级的挤压下，干部们开始反思自己过去的所作所为，并逐步为走向一条新的民主化道路作了思想上的铺垫。

造成严重紧张的党群、干群关系的原因很清楚，那就是政府"只会乱收钱、不会办实事"。要想让麻柳乡的老百姓重新相信政府，就必须真正为老百姓办实事、办好事，取信于民。乡党委政府首先想到的是修建双河口大桥，这成了麻柳乡制度创新的切入点和突破口。双河口大桥涉及解决该乡双泉、大同、大碧、九坪四个村共3691人过河难问题，桥未通时，群众生产生活极其不便，几乎每年都有行人被洪水吞噬生命，人民群众对修建双河口大桥渴望已久。乡党委政府经多方协调，筹集了3万元，又面向社会捐资7500元。1998年12月，乡党委政府牵头，由4个村推荐组成了"双河口大桥建设领导小组"。领导小组找技术人员规划、测设、预算，该桥需投资24.05万元，3700人承担，人平均需集资65.00元。报经乡党委政府审定时，党委政府觉得总投资偏大，便另找人员规划、测设、预算，总投资只需12.95万元，人平均需资35元。方案确定后，新的问题又产生了：一些群众不理解不支持，反而说干部牵头修桥是假，想从中捞"油水"是真。负责此工程组织发动的乡干部和先前积极性很高的村干部面对重重困难都不愿干了。这时，乡党委政府果断做出两项决定，一是充实领导小组，每村推荐 1 名群众加入，并由 3 名群众分别做会计、出纳、保管，由群众来管钱，干部只管事；二是将方案交由群众讨论全民公决，同意的签字盖章，结果 95% 以上的群众同意此方案，由此，坚定了乡党委政府的信心。4 个多月后，大桥建成了。工程验收后结算，还余 34695.4 元。有村干部建议，余款抵作农税交乡财政所。乡党委政府又作出决定，按人平均 9.4 元如数退给群众，绝不抵作农税上收。双河口大桥的建成、让人民当家做主的管理方法和最后退款，在全乡干群中引起了强烈反响，群众说："从来政府收钱收进去了就别指望退出来，这次真的不同了，这 9 块 4 角钱，买回了我们的心啊！"

麻柳乡党委书记李红彬在回顾这一段历史时是这样描述的，"农民负担、村务公开、行政违法行为的处理和兴办公益事业曾是群众普遍关注的四大热点问题。一是对农民负担问题，我们严格执行中央、市县有关减轻农民负担政策。二是对村务公开的问题，每村都建有村务公开栏，每半年公布一次财务收支情况和其他应公开的情况，消除群众的疑心和戒心。三是对行政违法的处理问题：第一，对过去极个别的错误处理本着实事求是，依理依法的原则予以纠正，给群众一个明白，几年来共纠正了 6 件；第二，对新的违法行为的处理转变工作方式和方法，变集中突击为经常性开展工作，变过去所有的工作人员'有权'处理各种违法行为由职能部门专司其职，做到执法依据，执法主体和执法程序上合法，杜绝了'通不通，三分钟'等一些不良现象发生。四是对兴办公益事业问题，做到既遵循法律准则，又尊重民意，充分按照民主和量力兴办实事的原则。主要体现在三个方面：第一，群众想办的事业积极性高，有能力承担，各级组织和干部坚决支持，反之如果积极性不高，时机不成熟就决不强按牛头喝水；第二，必须层层召开会议，进行全民公决，按《村民委员会组织法》的规定，形成公决意见书，户户签字，共同遵守；第三，凡涉及财物的相关问题都由群众推举人选进行主管，乡村两级只履行监督职能，工程完工后及时向群众公布账目。例如，双河口大桥的修建完工，

民主决策
Democratic Decision-making

通过严格准确的核算，下余34695.4元，人平均退9.40元。群众感到十分意外，又十分满意。由此，群众看到党委政府说话是算数的，基本树立起了诚信政府的形象。"[1]

这种双赢的局面，使干部和群众都看到了民主执政的巨大能量。麻柳乡党委政府认为，要把群众需要办的事情办好，不仅要有良好的愿望，更要有符合群众实际的科学民主的工作方法，只有这样才能聚合民力，上下同心，把好事办实，把实事办好。有了这个良好的开头，在接下来的修路铺路、饮水工程、建校办学、农网改造、电信建设等一系列公共服务项目上，他们逐步形成了一套完整的，民主科学的"八步工作法"：

第一步：深入调查收集民意，征求群众意见的面要达到60%以上（弄清大多数群众需要办什么）；

第二步：召开会议初定方案（召开党员干部和村民代表会议，初步讨论具体怎么办）；

第三步：宣传发动统一思想和认识；

第四步：民主讨论确定方案（多次召开党员干部和村民代表会议，在初步方案的基础上，根据群众的意见修正完善，形成最终方案；并在会上推选工程建设领导小组人选，普通群众必须达到50%以上；这避免干部财务上拎不清，成立群众财务管理委员会，所有钱物均有群众代表管理，村组干部管事不管钱）；

第五步：户户签字进行公决（赞同的达到85%，才予以实施，否则暂缓）；

第六步：分解工程落实到户；

第七步：各村民小组组织实施；

第八步：竣工张榜公布（由群众财务管理委员会清算财务）。

---

1. 参见2003年6月2日中共开县麻柳乡委员会、开县麻柳乡人民政府在县级领导"执政为民"恳谈会上的汇报。

一方面，他们在决策、实施、管理中，严格民主程序，充分尊重民意；另一方面，他们绝不放任自流，而是站在大多数群众的根本利益的角度，加强组织引导，努力形成科学决策。有时为了一个方案的形成，几上几下，反反复复，需要经历数十次，才能敲定。

民主执政的效果是惊人的。一是密切了党群干群关系，实现了农村和谐。过去群众恨干部，现在盼干部，干部下村，群众争着往家里请。群众不但自愿出钱出力兴办公益事业，还自发地给乡党委送了21面锦旗、立了2块德政碑。过去麻柳乡是全县不稳定的典型，现在治安良好，已连续6年零上访，干群齐心协力，重现了党群干群的鱼水深情。

二是改善了生产生活条件，改变了农村面貌。1999年以来，他们发扬自力更生精神，依靠群众投资投劳，新修公路326.8公里，建设大小桥梁8座，实现了村村、组组通公路。2002年到2004年，投资500多万新建人饮池216口，铺设钢管490公里，解决了6250户，24460人的饮水困难，实现了全乡100%的村、85%的人吃上了清洁卫生的钢管自来水。场镇水厂的技改也已经完成。筹资130多万元，硬化场镇街道、居民新村街道19200 m^2，场镇危岩治理工程已经启动，集镇建设"三桥两路连四区"的规划实施顺利。新建程控电话机房2处，电话由1999年的5门发展到现在1926门，已实现区域内通讯全覆盖；积极配合电力部门，投入近1000万元，完成了8个村的农网改造工程。山区人民行路难、饮水难、赶集难、通话难、照明难等实际问题已基本解决。

三是社会事业蓬勃发展。2001年以来，投资150多万元，改扩建了乡卫生院，增加使用面积1500 m^2，医疗设施逐步完善。目前，全乡有卫生院1所，卫生所1个，卫生室10个。2006年，运用"八步工作法"，推进新型农村合作医疗制度，在短短的10天时间组织全乡72%的农民自愿人平均筹资10元参加合作医疗（参合人数为19606人）。投资823万元，排除危房2890 m^2，新建了1所占地面积15亩、建筑面积近10000 m^2 的麻柳初级中学，迁建了面积 3564 m² 的麻柳小学，改善了 11 所村校的办学条件。目前，全乡有一类初中 1 所，中心小学 2 所，村校 21 所。新发展了有线电视近 2000 户，基本实现有线电视网络全覆盖，加密电视进农村。投入 20 多万元，新建 1 个面积达 456 m² 的综合文化站。投入 70 多万元，新建了 1 个敬老院和 2 个五保家园，面积达 1486 m²。基本解决了本乡群众的就医难、上学难、看电视难、受保障难等实际困难。

四是推动了农村经济发展，提高了群众生活水平。目前，全乡建立年出栏 500 头生猪养殖场 5 个，生猪养殖小区 12 个，实现规模养猪 3.8 万头；建立长毛兔良种繁殖场 4 个，长毛兔养殖小区 10 个，发展 100 只以上养殖大户 150 户，全乡农户养兔率达 50%，实现规模养殖长毛兔 10 万只；建立"波杂羊"良种场 1 个，人工授精站 4 个，山羊养殖小区 5 个，实现规模养羊 1.5 万只。2005 年国内生产总值 6903 万元，增长 11.3%；农村经济总收入 3022 万元，增长 11%；人均纯收入 1478 元，增长 19.3%；全乡年末储蓄存款达 4280 万元，比上年增 1037 万，增长 32%。

"八步工作法"是党委政府与群众的共同创造，它既是民众参政议政的有效渠道，又是对政府行为的规范和约束，它使政府找到了自己在市场经济中的位子

在调查中，笔者深深感到，"八步工作法"的制度创新既是党中央和中央政府对农村政策调整后产生的积极结果，更是基层干部和群众应对变化了的形势的创新之举。"八步工作法"建立起了"该办什么、怎么来办，由群众说了算"的民主管理机制，群众参与兴办公益事业和发展经济等重大事项的民间调查、项目决策、资金管理、清算公示的全过程。"问计于民，还权于民，造福于民"的八步工作法聚合了民力和民智，把"群众想办的"和"政府要办的"拧成了一股劲。当时的开县县委书记佘明哲认为："麻柳乡政府在实践

中总结出的农村八步工作法,是基层民主政治的生动体现;而民主政治作为一种手段,能够有效地配置各种资源特别是政治资源,调动广大群众和干部的积极性、创造性。真正做到了让人民当家做主。"这真是真知灼见!

长期以来,我们虽然在口头上和文件上强调了多年要相信群众和依靠群众,要让人民当家做主,但并没有真正落在实处。相反,长期的官本位思想使得地方政府在实践中往往喜欢"干部指挥命令,群众被动服从"的做法,喜欢"为民做主",工作方法简单粗暴,官僚主义严重。麻柳乡的"八步工作法"真正在实际操作的层面上解决了群众参与的重大问题,使人民当家做主真正落到了实处。麻柳乡党委书记李红彬这样总结这种方法:"八步工作法"实质在于:民主决策,让群众自己决定自己的事情;民主管理,让群众自己管理自己的事情;民主监督,让群众自己监督自己的事情。其间处处细节体现了基层民主政治精神。

例如,麻柳乡修 326.8 公里公路,总投资 1200 万元(其中现金 240 万元,群众投劳折合 960 万元),政府的补助不到 50 万元,就是说用 50 万元换取了群众的 1150 万元投入。在麻柳,老百姓掏钱办事,没有怨言,没有上访告状,还送锦旗感谢党委政府,这是什么原因?根源在于他们还权于民,充分发扬民主,真正建立了一套民主决策、民主管理、民主监督的机制。为了动员群众办好自己的事情,公路建设采取了统一的流程:入户调查确定方案(线路走向、负担方案、集资额度)——宣传发动统一思想——户户签字进行公决(赞同的达到 85%,才予以实施)——分解工程落实到户——竣工结算张榜公布。为了取信于民,由群众推荐建设领导小组成员,保证有 50% 以上的群众代表参加,并且由群众代表管钱管物,干部只管组织、引导、协调、监督和服务。为了把思想不通的群众转化过来,乡村干部白天忙在工地上,晚上打起电筒挨家逐户做工作,一次不行做两次,对有的群众做思想工作长达半年之久;对个别不通情理的群众,乡村干部以身示范,垫资出劳,真心帮扶;对确有实际困难的群众,组织干部、党员帮助修建。精诚所至,金石

民主决策
Democratic Decision-making

为开,干部的真情终于感动了群众。

又如,麻柳乡的丰元村地势险峻,修路24.8公里,是全乡人平均工程量最大(人均达1400多元)的村路。公路路线的走向如何,各小组争执不下。乡里组织召开了7次群众大会,拿出初步方案。第一方案由于受益面不平均,近70%的群众不同意;大家重新讨论,可第二方案由于走向分散,仍有50%多的群众不同意;直至第三方案"两头赶中间,26个转盘转上山",所有村民在公决书签字同意后,才开始施工。公路通车后,村民们自发地立了一块德政碑:排忧解难公仆显身手,劈山斩碍人民立头功。

乡人大主席王中福说:"修桥、修路,这些事政府想了多少年都由于矛盾重重,没有搞成,原因在于没有走群众路线。而'八步工作法'从组织方式、管理方式上进行了民主创新,得到了老百姓的信任。"

同时,"八步工作法"也是对政府行为的规范和约束,它使政府找到了自己在市场经济中的位子。在"八步工作法"中,核心是"让群众管钱、干部管事"和"全民公决"。它在让群众参与的过程中,也加强了对政府的监督和约束。决策,政府要首先听取群众的意见,以大多数群众的公决意见为准;执行,群众代表参与其中,起着举足轻重的作用;资金,由群众组成的理财小组进行管理,干部管事不管钱;清算,全部账目公开,接受群众的查账和监督。这种做法,从制度上彻底切断了干部与资金管理上的联系,从根本上防止了权钱交易的腐败现象的发生,也还了干部一个清白,给群众一个明白。

共产党作为执政党,其执政之基是取信于民。而要做到这一点,就要做到公正、公开、公平,接受群众的监督。公生明,明生廉,廉生威,"民无德不立,官不廉不威"。例如,群众最关心的是村级财务,麻柳乡党委政府就指导村里组建了民主理财小组,规范了开支审批程序(村里支出由会计开票,3个村民代表签字,支书审签,主任付钱),确定了财务公开办法(村里的账务定期公布,允许群众随时可以查每一张发票)。群众最怀疑的是干部在工程上捞取好处,麻柳乡党委政府规定乡村干部不承包工程、不管钱只做事,群众集资实行多退少补，工程管理人员的一点误工补助也由群众公决确定；大到几百万元的建筑工程，小到几百元的门市出租，都一律坚持在公平、公正、公开的原则下，实行招标，不搞"暗箱操作"；场镇老街硬化实行"动态标的"招标法：将甲方领导小组成员所填标的的平均数作为甲方标的，将竞标单位报价的平均数与甲方标的的平均值作为中标标的，最接近者中标。这样就避免了因事先泄漏甲方标的所带来的不公，防止了招投标中的腐败。群众最反感的是干部吃吃喝喝，乡领导到双泉村指导公路测设，村里炖了一只鸡来招待，乡领导当场进行了批评教育："群众集的钱不能拿来乱吃"，从此杜绝了该村吃吃喝喝的现象。群众最痛恨的是干部处事不公，尹家村在确定公路线路时，村支书不优亲厚友，拒绝了亲家要公路从屋前经过的不合理要求，赢得了群众的称赞。政府的这些做法，应该说都是群众监督和约束的结果，由此，麻柳乡党委和政府逐步赢得了人心。

当前，社会正在转型，体制正在转轨，活动规则正在转变。在新的历史条件下，做好群众工作，就要改变过去那种"干部指挥命令，群众被动服从"的做法，善于运用说服教育、典型引导、提供服务、依法办事的方法，发动群众、组织群众、宣传群众、教育群众，保护和调动好群众的积极性、主动性和创造性，把人民的事办好、办实，办得人民群众满意，为推动发展提供动力源泉。

笔者在麻柳乡调查，看到了一种很有意思的现象，即在我国乡镇范围内，在还没有实现乡镇干部直接民选产生的情况下，如何解决干部们对下负责的问题。应该说，在现有的自上而下的干部管理体制中，干部们很自然地会产生对上负责为主的倾向，因为权力的授予方来自上级，下级干部也是由上级任命的。但是，麻柳乡的"八步工作法"体现的却是对下负责为主。这形成了鲜明的对照。为什么在同样的干部管理体制下，麻柳乡会出现与别人不同的"八步工作法"，而没有和别人一样呢？

一种可能的解释是，麻柳乡遇到了别人没有遇到的政府信任危机，那里

民主决策
Democratic Decision-making

的社会矛盾空前尖锐，在民众的强大压力下，他们终于找到了一种符合人民愿望的新路子。实际上，正如笔者在 2005 年的一本书中分析指出的，真正的原因是目前乡镇党政面临着村民自治后新旧领导体制的冲突和挑战，而他们正处于这种冲突的矛盾焦点上。在这一点上，乡镇党政实际上承受着来自两方面的压力：一是来自村民自治的要求建立新型民主合作体制的压力；另一个是来自原有的自上而下的干部任命体制的压力型指标的压力。在这两种新旧体制的冲突中，乡镇党政要想充当和事佬是不可能的，而不论其主要站在哪一边，都将使自己陷入困境。[1] 乡镇党政干部尽管还是上级任命的，但是由于在实施村民自治后，他们要直接面对人民群众，所以感受到的来自群众的监督和压力，都不是县以上党政机关所能比拟的。在麻柳乡，乡村干部需要执行由县里统一布置的各种活动，完成县里下达的收入任务和其他各项任务指标，同时，他们也要亲身感受农民们的抱怨，特别是由于长期的乱收费和干部的官僚主义工作作风，使得那里的民众积聚了对乡镇党政的极大怨气，并且通过不断的上访和聚众闹事反映了出来，这本身就是对乡镇党政的监督和压力。这样，在乡镇党政与上级、和与群众这样两对矛盾中，1999 年前后，后一种矛盾，即乡镇党政与群众的矛盾处于了主要方面，从而迫使麻柳乡的党委政府采取全新的民主执政的创新举措，并一举化解了这对矛盾。应该说，从 2000 年中央在安徽省进行农村税费改革试点开始，到 2005 年在全国取消农业税，大幅度增加对农村的转移支付，改善农村基础教育、交通通讯、医疗卫生、清洁饮水、广播电视等基础设施建设水平，强调民主执政、科学执政、依法执政，对各级地方党政是有巨大影响的。在这样的背景下，麻柳乡党委政府通过化解矛盾冲突，实现制度创新就是顺理成章的了。

制度创新是具有很大风险的。在没有尝试过民主执政各项举措之前，谁

---

[1]. 参见高新军：《实现从权利政府向责任政府的转变：我国乡镇级地方政府治理的比较研究》，西安：西北大学出版社 2005 年版。

也没有把握这样的举措到底会产生什么样的结果。笔者曾长期在美国从事地方政府治理的案例调查和研究，并在自己出版的著作中较为详细地介绍了美国地方政府治理的各项做法。[1] 当笔者第一次从报纸上了解到麻柳乡"八步工作法"的故事后，就被麻柳乡"八步工作法"中的"群众管钱、干部管事"和"全民公决"的内容所吸引。这也正是美国地方政府治理中的关键所在。在美国地方政府治理中，不仅资金的管理远离官员之手，而且但凡重大问题的决策，都要实行全民公决，这是民众参与管理过程的重要渠道之一。回国后，笔者也曾在不同的场合与学者和地方干部交流过这方面的心得体会，但是得到的答案大都是中美两国国情不同，这些举措可能不适合中国的国情。不知是这种做法真的不适合国情，还是真的这样做了就要约束和规范政府和官员的权力，从根本上切断了权钱交易的途径，触犯了既得利益，反正我终于在麻柳乡的"八步工作法"中看到了它实实在在的功效，并得到了民众的衷心拥护。它真实地说明，民主执政的规律是相通的，不论是在美国还是在中国。

麻柳乡"八步工作法"的创新是在对危机的管理中创造出来的，也是被逼出来的。面对上级对压服民众的否定和群众的愤怒，那时的乡党委政府只有民主执政一条路可走。在这样的情况下，创新的风险反而降低了。同时，"八步工作法"实施后的效果是惊人的，被真正发动起来和调动起来的民众的积极性充分显示出了民主执政的巨大潜能。这此消彼长，就催生出了一种新的制度化的民主执政的实际操作程序。其实，"八步工作法"的产生完全符合我国制度创新的规律。我们可以回顾一下，在改革开放的过程中，我们的哪一项重大举措不是在化解危机的过程中诞生的呢？这就是"置之死地而后生"的道理。

---

1. 参见高新军：《美国地方政府治理：案例调查与制度研究》，西安：西北大学出版社2005年版。

民主决策
Democratic Decision-making

"八步工作法"是解决村民自治中"后选举治理"难题的成功范例,它所采用的"项目管理法"把民主决策、民主管理和民主监督有机地结合了起来

2007年是我国实行《村民委员会组织法》20周年。20年来我国的基层民主政治有了很大的发展。就村民自治而言,民主选举的发展情况最好。但"后选举治理"的难题仍旧困扰着我们。笔者长期从事"三农"问题研究,也在安徽、河南、四川、陕西等中西部省份的广大农村进行了大量的实际调研。就我掌握的情况来看,在民主选举后,我国村民自治中的"民主决策、民主管理、民主监督"基本处于空白。当选的村干部不兑现竞选承诺的情况司空见惯,不少村干部当选后以权谋私,村民也没有渠道去实施监督。村务公开、民主理财、村民代表大会等制度形同虚设,整个"后选举治理"依然需要制度创新。

麻柳乡的"八步工作法"的可贵之处恰恰就在于填补了这个空白,进行了成功的尝试。笔者在调查中了解到,"八步工作法"主要是用在村一级或者几个村之间的项目上的。它主要采取的是项目管理法,是"决策前的论证制、决策中的票决制、决策后的监督制",用麻柳乡党委书记李红彬的说法就是,"八步工作法实质在于:民主决策,让群众自己决定自己的事情;民主管理,让群众自己管理自己的事情;民主监督,让群众自己监督自己的事情。其间处处细节体现了基层民主政治精神。"

在我国广大农村地区,每年都有一系列的公益项目需要实施。比如,每年"一事一议"的钱怎么花,路怎么修,桥怎么架,水井怎么打,学校怎么建,低保户怎么确定,等等。这些公益事业有些是要群众集资兴办的,有些是从上级政府那里争取来的专项资金进行建设的。这些公益事业项目,先做哪个,后做哪个;钱从哪里来,如何管理;账目如何公开,群众怎样监督;

等等，确实需要有一个得到群众认可的规范化的管理程序，使"民主管理、民主决策、民主监督"具有可操作性。"项目管理法"可以使参与管理、监督的群众目标明确、职责清楚、时间确定、有始也有终，从而避免农村那种虽然职责在身，但又无所事事的弊端。在麻柳乡作过蹲点调研的开县县委宣传部副部长赵远坤就认为，"其实农村工作实行民主管理、民主决策、民主监督的精神早就有了，重要的是要在具体工作中间学会如何运用、细化、形成农村工作的一种长效机制，实践基层民主政治。"

采用"八步工作法"化解"后选举治理"的难题，也是有成本的。相比较以前的领导说了算，"八步工作法"更强调尊重民意，彻底的公开、透明。这必然会增加乡村干部的工作难度和工作时间，要求乡村干部们更要放下架子，真正做人民的公仆，从而彻底颠覆了中国官本位的传统观念。这个观念的转变过程，麻柳乡的干部经过了大约1年多的时间。对此，乡党委书记李红彬回忆说，"农民前几年说'土地分到户，不到党支部，推倒村委会，能免税和费'，干群关系恶化。其实以前我们干部也想办事，但往往办事是用行政命令的办法，导致钱也出了，活也干了，最后反而挨骂。八步工作法实施后，乡政府找准了为民办事的切入点，干部的工作积极性空间高涨。"李书记的这段话其实是浓缩了麻柳乡村干部思想转变的漫长过程。实际上，当初不少乡村干部在群众意见鼎沸时主张压服村民的意见被县里否决后，也曾十分绝望，意志十分消沉，工作非常被动。他们似乎失去了制约群众的撒手锏。这才有当年李红彬书记"头要昂起来，胸要挺起来，劲要鼓起来，旗帜要扛起来，工作要干起来"的口号。但是，"八步工作法"所代表的民主执政理念一旦在实践中显示出较之从前的传统做法的无比优越性，对乡村干部的教育作用就比任何说教都更加有效。他们从此知道了民主执政是服务群众和实现政府目标，并将两者有机地结合起来的最有效的方法。

实践是检验真理的标准。麻柳乡兴坪村5组村民廖华山说："前几年的乡我们有意见，原因是干部只想着领导的利益，不考虑百姓利益。1995年，村

民主决策
Democratic Decision-making

民要求修路，乡领导也答应了，可要求每人投200元。我们村1600人拿30多万，才修4.8公里的路。我对乡干部说：'你们不是在修路，是在做生意，要把村里修垮。'而实施八步工作法后，人均40元就把路修好了。"

从1999年到2001年，麻柳乡修路，总投资上千万元，政府的补助不到50万元，就是说用50万元换取了群众的1000多万元的投入。麻柳的老百姓掏钱办事，没有怨言，没有上访告状，还送锦旗感谢党委政府，这是什么原因？根源在于政府还权于民，充分发扬民主，真正建立了一套民主决策、民主管理、民主监督的机制——农村八步工作法。

开县党委和政府认为，麻柳乡通过推出"群众公决"、"群众管钱，干部管事"等一系列举措，建立了一套民主决策、民主管理、民主监督的机制，激发了人民群众广泛参与建设的热情。麻柳乡的实践告诉我们，坚持执政为民，必须坚持走群众路线，充分发扬民主，还权于民，主动尊重群众，善于组织群众，真心服务群众，在努力实现人民群众经济利益的同时，不断发展人民群众的政治利益。

"八步工作法"的可持续性和可推广性

犹如自然科学的新发现要具有试验的可重复性一样，社会科学的创新要具备可持续性和可推广性，创新才能真正成立。麻柳乡作为一个开县有名的落后乡镇，从2000年开始到2006年，连续6年多没有群众上访，经济社会发展很快，干部群众关系融洽，公益事业旧貌换新颜。该乡推行的"八步工作法"引起了当时开县县委书记佘明哲重视，并首先在开县总结推广。为了慎重起见，2003年开县县委办、组织部、宣传部、电视台专门派出了精干的调研组，进驻麻柳乡，用10天时间，深入到15个村，46个村民小组，9个乡属单位进行了调研采访。走访党员干部群众496人，其中乡村社三级干部167人，无职党员21人，群众308人。查阅了乡党委政府1999年以来的所有文件、制度、总结和个人学习心得等资料。调研结束后写出了详细的调查报告。在这样的基础上,"八步工作法"这个新生事物开始走出麻柳,走向开县,走向重庆市。

从那以后,凡是到麻柳乡来考察的人,都会问同一个问题,这种做法是可持续的吗?实践在几年里已经做了回答。2005年7月,现任县委书记蒋又一带领县四大班子领导再次去了麻柳,感受麻柳的新变化,在座谈会上讲到:"不单单是在麻柳,而且在全县和全市,'八步工作法'同样受到了干部群众的真心欢迎,被广泛运用于经济社会的各个领域,显示了它在推动农村各项工作和攻坚克难方面的强大生命力和巨大作用。"[1]

当笔者2006年11月初到麻柳乡的时候,正赶上乡党委政府布置县乡人大代表的换届选举工作,召开乡村两级干部会议。会后,笔者在与一些村干部的交谈中,了解到了"八步工作法"在一些村的实施情况。麻柳乡兴坪村1998年修村级公路5公里,人均集资287元,为此进行了三次公决:第一次是要不要修路的公决;第二次是要多少钱修路的公决;第三次是公开决算的公决。2000年,该村又建设了饮水工程,户均集资200元,建设了9个总容积达1400多立方米的蓄水池,同样是数次公决。2006年村里要将4.44公里的村道硬化,改建成水泥路。这条4.5米宽的路,由于纳入了国家的"村村通工程",每公里国家可以补助15万元,但仍需村里人均集资220元,才能完成。对于这项工程,村里专门成立了由3个村干部、1名群众代表和1名党员代表组成的"公路建设委员会",群众代表管钱,党员代表管账,村会计也管账,要两账合一。对于路最后修多长、人均集资多少钱等都要进行全民公决。兴坪村在此之前修建村办公楼花的3.8万元;开县高桥镇天然气井喷事故中国家给的重建基金的分配;2006年农村电网改造中的入户费用和小工的

---

[1]. 参见现任开县县委书记蒋又一在2005年7月1日麻柳乡纪念"七一"党的生日时,在开县四大班子领导和部分县直机关领导参加的座谈会上的发言。

民主决策
Democratic Decision-making

工资支出等费用的收集；鲤鱼塘水库移民搬迁安置中"农转非"指标的分配；等等，一切的一切，都要在群众中进行全民公决。

2006年11月8日，笔者在麻柳乡还看到了一份2006年7月19日由有关村民签署的公决书，题目是《麻柳乡原协和村五组里鱼塘水库移民安置"农转非"人员决定协议书》。共有21名村民在该协议上签名或者按了手印，其中水上农户12人，水下农户9人，协议对水下农户全部"农转非"和对水上农户进行多少钱的补偿进行了具体的规定。最后签字的除了全部水上农户、水下农户之外，村民小组、村委会和乡政府也都签了字。

事实上，在麻柳乡群众与政府矛盾最尖锐的时候，现任乡党委书记李红彬、乡人大主席团主席王中福都担任着主要领导职务，为什么同一批干部产生了与群众的两种感情？当时的乡长郑小红一番话让人深受启发："麻柳乡的经验并不仅仅在于出了一个勤政为民的好班子，更在于建立了'八步工作法'这样一套实践基层民主、提高执政能力的制度。只要遵守了这个制度，即使是这届班子换了，麻柳乡干部与百姓的鱼水深情也会世世代代持续下去！"

在麻柳乡调查期间，当年"麻柳经验"调研组成员之一，接任李红彬书记的下一任麻柳乡党委书记肖仁海告诉我一个故事。2005年他们偶然在一份报纸上看到一篇报道，说河南省的一个县实行了"八步工作法"，并说这是他们自己的创造。为此，麻柳乡专门为"八步工作法"进行了专利注册。这虽然是一个八卦新闻，但是至少从一个侧面反映了"八步工作法"已经不胫而走，在更大的范围内得到了推广。其实，早在2004年，重庆市就在全市推广"八步工作法"，不少单位在更大的领域内运用了这种方法，并取得了不错的效果。笔者在2006年11月初的麻柳之行中没有对这个问题进行深入的调查，但是，笔者相信，"八步工作法"为在市场经济条件下，解决如何相信人民、依靠人民的重大理论和实践问题提供了一条成功的路子。

目前，中国共产党正在实现从革命党到执政党的转变。革命时期必须依靠人民才能获得革命的胜利，这个道理不言而喻。在和平建设时期，一个地方要想获得经济上的大发展，往往更需要开发商和企业家，而不是普通的老百姓。这样，党的执政理念往往演变成从依靠人民到依靠开发商和企业家的转变，从而潜藏着产生巨大的社会矛盾和社会冲突的危险性。"八步工作法"的可贵之处就是提供了在和平建设时期、在市场经济条件下，党和政府如何依靠人民，让人民当家做主的一条可操作的路子。我不能说这种办法在县以上的党政部门就一定适用，但是，我可以负责任地说，在乡镇和村一级，这种办法是切实可行的，是效果巨大的，它代表了民主执政的方向，是有巨大发展和推广潜力的。

在与麻柳乡党委书记李红彬的交谈中，我曾经提出这样一个问题："八步工作法"对下负责的价值取向，与我国目前自上而下的干部管理体制是有矛盾的。麻柳乡在危机中创立和推行了"八步工作法"，并取得了良好的效果。但是，这是在对政府和干部本身的权力进行限制和约束的基础上才实现的。如果其他地方没有遇到危机，他们还会有积极性去推行这种办法吗？特别是推行这种办法就要约束政府和干部的权力，在存在巨大利益的情况下，或者存在腐败问题的情况下，"八步工作法"的推广会遇到什么样的局面呢？李书记认为这是一个比较复杂的问题。但可以肯定的是，"八步工作法"不论在麻柳乡，还是在其他地方，坚持下去和推广开来，都不会是一帆风顺的。这本身也是一场改革和革命。但是，人民需要它，人民相信它，这是社会的最基本面，这才是"八步工作法"强大生命力的来源。

（原载《东南学术》，2007 年第 4 期）

地方治理中的参与式预算

——关于浙江省温岭市新河镇改革的案例研究*

陈家刚（中央编译局比较政治与经济研究中心）
陈奕敏（浙江省温岭市委宣传部）

      参与式预算是一种创新的政策制定过程，公民能够直接参与涉及其自身利益的政策制定。参与式预算最早是在巴西的几个城市开始试验的，随后扩展到加拿大、印度尼西亚、德国、英国和阿根廷等国。本文着重探讨浙江省新河镇预算改革的过程、成效，及其面临的挑战。本文认为，中国基层正在试验的预算改革应该进一步地加以完善和制度化，有步骤地加以拓展，从而在村民选举改变授权机制之后，加强对权力的制约和监督，最终为完善和建设民主、责任、服务型政府，以及政治体制改革提供新鲜经验。

---

* 自浙江省温岭市"民主恳谈"项目获得第二届"中国地方政府创新奖"之后，温岭市委、市政府以及各乡镇开始更为切实地推动地方治理改革。"参与式预算"的改革是借助"民主恳谈"这一平台，推动地方治理制度化改革的尝试。笔者一直跟踪研究该案例，多次到温岭市各乡镇调研。笔者感谢调研期间温岭市委、市人大、各乡镇领导和基层干部群众所给予的积极支持。本文观点由笔者负责。

一、参与式预算的概念及背景

参与式预算是一种创新的政策制定过程,公民直接参与影响自身利益的决策过程。公民可以借助各种论坛、会议等平台,确定资源分配、社会政策优先性,以及监督政府的公共支出等行为。[1] 实施参与式预算的目标是:(1)促进公共学习和积极公民权;(2)通过改善政策和资源分配,实现社会公正;(3)改革行政机构。在这种直接的、自愿和普遍参与的民主过程中,人们能够平等讨论和决定公共预算、各项政策,以及政府管理。随着低收入、弱势以及边缘的等传统上受排斥的群体获得参与决策的机会,那么,社会与政治排斥将会被逐渐消除。参与式预算是一种参与民主的形式,它将直接民主和代议民主有效地结合起来。

参与式预算最早于1989年在巴西的几个城市中开始出现的,最为突出的是在工党(Worker's Party)执政的阿里格雷港市(Porto Alegre)。该计划力图将普通民众容纳进城市资源的优先性确定和分配的年度预算过程之中,从而实现城市资源的再分配,使这些资源从强势群体向弱势群体倾斜。到2003年,巴西的140多个城市实施了参与式预算,其中90%是工党执政的城市。[2] 到目前为止,阿里格雷市的改革被看做是公共预算改革过程中最成熟、最成功的模式。

虽然巴西是最早实施参与式预算的国家,但它并不仅仅局限于巴西。参与式预算具有各种不同的形式、实施的程度也不尽一致。其他许多国家也实

---

1. Brian Wampler, *A Guide to Participatory Budget*, working paper, October, 2000; UN - HABITAT, *72 frequently Asked Question about Participatory Budget*. Urban Governance Toolkit Series, July 2004; Leonardo Avritzer, *Public deliberation at the local level: participatory budgeting in Brazil*, 1999, Paper delivered at the Experiments for Deliberative Democracy Conference, Wisconsin January, 2000.
2. Hendrik T. Nieuwland, *A Participatory Budgeting Model for Canadian cities*, July 2003.

施了这样的项目,例如秘鲁、阿根廷、哥伦比亚、智利、墨西哥等这些拉丁美洲国家。欧洲的一些城市也实施了参与式预算,如西班牙、意大利、德国和法国等城市。在非洲和亚洲的某些城市,我们也可以看到各具特色的参与式预算正在兴起。在这些历史、文化和传统具有多样性的城市与国家中,参与机制也存在诸多的差异。在某种程度上,它们都具有参与式预算的共同特征。

参与式预算具有以下几方面的意义:(1)参与式预算最重要的意义在于通过公共权威与公民之间的对话深化民主的实践。对话过程,能够促进参与各方真实地表达自己的观点和偏好,尊重并理解他者的想法和意图。在各种信息充分显示之后,政府与公民之间就会建立起维护健康民主所需要的信任关系。(2)参与式预算还将有助于促进行政改革。通过预算过程的参与、对话和协商,政府将更为透明,对其公民也更为负责。公民参与决策和分配过程,以及信息的公开,使民众有机会控制和监督公共资金的使用,并制约行政官员的行为,从而使政府行为更为公开透明,政府公共支出更有效益,政府工作效率更高。(3)参与式预算还能够创造出健康的民主政治文化。参与式预算是一种创新的"公民学校",通过参与式预算,普通民众学会了表达、尊重和决策的政治技巧;参与者变得更有知识、更民主,参与更积极,也更关心公共利益;参与者的协商和决策能力也有很大提高。参与使民众将会从纯粹的旁观者变成积极的参与者、支持者和倡导者。(4)参与式预算是促进社会公正的工具,它能够同时提高人们的生活质量。民众以及传统上受排斥的群体可以通过参与决策而实现社会公正,实现民众平等享有各项权利。[1](5)最后,在实施参与式预算的过程中,不同国家之间可以相互从对方的经验中学习到有利于自身发展的因素。世界上

---

1. Gianpaolo Baiocchi, *Militants and Citizens: The Politics of Participatory Democracy in Porto Alegre*, Stanford University Press, 2005; Boaventura de Sousa Santos, "Participatory Budgeting in Porto Alegre: Toward a Redistributive Democracy" (1998) 26, *Politics & Society*, 461.

不存在整齐划一的民主模式。参与式预算，以及各种不同的民主实践将会丰富民主理论并促进民主实践。

二、参与式预算的实践：新河试验[1]

改革开放以后，我国经济社会发生了巨大的变化。与此同时，我国的政治体制改革一直在稳步推进之中，例如阳光立法、党内民主、基层民主、社区改革、公共服务等。其中，最重要的就是在农村和城市社区推行了自治和选举，以及部分乡镇政府自觉进行的选举改革。选举改变了获取权力合法性的方向，逐渐形成了符合民主价值的自下而上的授权机制。选举改革的发展，开始使人们关注公共权力的运作与监督。2005年，浙江省温岭市新河镇开始实施参与式预算改革，为我们思考加强公共权力监督和制约提供了新鲜的经验。

（一）温岭以及新河镇

温岭市是浙江省东南沿海的一个城市，具有悠久的历史。1994年以前，温岭还是一个县。1994年3月，国务院授权温岭改县建市。温岭有5个区、11个镇，总人口116万。根据县域社会经济发展和竞争力指标，温岭在全国百强县中分别位于第32和15位。温岭还是改革开放后第一个建立股份合作制企业的地方。温岭还首次建构了"民主恳谈"的制度平台，鼓励民众参与政府决策。新河镇位于温岭市的东北方向，距城区10公里。它有89个村和6个居民委员会，总人口119000人。2006年，全镇工农业总产值突破100亿，

---

[1]. 新河镇预算民主恳谈的事实描述来自本人的实地调研以及其他学者对新河试验的观察。陈奕敏，《预算民主——乡镇参与式公共预算的探索》，载《学习时报》，2006年5月22日，第336期；李凡，《2005中国基层民主发展报告》，北京：知识产权出版社2006年版。

民主决策
Democratic Decision-making

财政收入超过 1 亿元，农民人均纯收入 8020 元，综合发展实力排行全国千强镇第 532 位。

（二）制度背景

1. 宪法和法律

根据我国宪法以及地方政府组织法，乡镇的权力机构是乡镇人民代表大会，执行机构是乡镇政府。[1] 乡镇人民代表大会行使 13 项职权，包括有保证遵守和执行宪法、法律、行政法规以及上级政府的决策；决定其行政管辖区内的经济、文化、社会和公共事业的发展规划；审查和批准预算以及预算执行情况的报告；选举人民代表大会的主席、副主席；选举和撤换乡镇长。[2] 乡镇人代会的任期是 5 年。在乡镇人代会中，人大代表是由选民直接选举产生的，并受选举的监督。[3] 乡镇政府是乡镇权力机关的执行机构。乡镇政府的任期也是 5 年。它应该执行同级人民代表大会的决策，以及上级政府的决策，管理本辖区内的地方事务。[4]

在中国地方政府中，乡镇人大预算方面的权力是审查和批准乡镇预算，监督预算的执行，审查和批准预算调整计划，审查和批准决算，以及年度预算调整。乡镇预算由乡镇人大审查批准，由乡镇政府负责实施。[5] 当我们探讨新河镇的参与式预算时，这些制度背景就是我们分析的基本框架。但是，近年来的财政体制改革，也使我国各地的县乡财政体制发生了不平衡的变化，例如，有些地方实行"乡财县管"，而有些经济比较发达的地区，乡镇依然有

---

1. 《中华人民共和国宪法》第 95 条；《中华人民共和国地方人民代表大会和地方各级人民政府组织法》第 1 条。
2. 《中华人民共和国地方人民代表大会和地方各级人民政府组织法》第 9 条。
3. 《中华人民共和国宪法》第 95—102 条。
4. 《中华人民共和国宪法》第 106—107 条；《中华人民共和国地方人民代表大会和地方各级人民政府组织法》第 54 条。
5. 《中华人民共和国预算法》第 2、13 条。

自己的财政预算。新河镇就是属于后一类情况。

2. 民主恳谈

"民主恳谈"作为一种原创性的基层民主形式,最早是温岭市于1999年6月实施的。它主要集中于乡镇和村级。从2000年8月以后,民主恳谈开始扩展到市级所有政府和非政府组织。民主恳谈意味着政府和公民之间围绕公共事务的平等、自由、公开的对话和讨论。政府决策将在吸收这些讨论结果的基础上做出。民主恳谈为公民参与地方治理提供了渠道。居民的意见和建议深刻影响着地方党委和政府的决策。民主恳谈还增强了决策的透明度,有助于防止违背大多数人意愿的决策。类似"暗箱决策"、"拍脑门决策"、"少数领导决策"的传统决策模式已经逐渐转变为充分吸收民众智慧的"阳光决策"。新河镇的民主恳谈也有多年的经验,并且取得了很好的效果。政府已经接受并认可这种民主程序,村民和公民也受到了良好的民主训练。

(三)参与式预算的兴起与扩展

在某种程度上,"民主恳谈"只是一种公民、政府等政治行为者对话、讨论公共事务的制度性平台,如果没有具体的地方事务作为讨论的内容,那么,这种制度平台就无法发挥其效能,也无法实现温岭市委市政府"重大决策必须经过民主恳谈"的目标诉求;同时,如何通过民主恳谈作出具有约束性的决策也是改革者面临的挑战。所以,寻求怎样的制度机制,使民主恳谈能够围绕公众关心的公共事务做出合法决策,现在变成了温岭市改革者以及关注改革的专家学者思考的问题。

在经过反复思考、多方咨询、系统论证之后,温岭市的改革者确定了以民主恳谈为平台,结合基层人大制度,选择预算改革为突破口,实现公民政

民主决策
Democratic Decision-making

治参与从体制外向体制内转移的基本路径。

2005年7月27日,新河镇召开第十四届人民代表大会第五次会议,并第一次借助"民主恳谈"平台讨论镇财政预算。会议期间,新河镇90名镇人大代表直接参与了政府的财政预算编制,193名群众自发前来参加旁听,旁听代表主要是各个村的村干部、镇行业协会、企业负责人和部分村民。镇人大代表和到会的群众就镇政府的预算方案与镇政府进行了对话和询问,并提出了缩减行政管理费开支、增加教育投入等18个问题。恳谈会结束后,政府与人大主席团、人大财政审查小组召开联席会议讨论人大代表提出的问题,调整了包括缩减行政管理费25万在内的9个项目,增减的资金合计237万元。镇政府据此修改了财政预算,并在第二天的人大代表全体会议上获得通过。参与式预算由此产生。

2005年11月3日,按照每个季度镇政府应该向财经小组汇报预算执行情况的规定,新河镇召开了预算执行情况民主恳谈会,向到会的财经小组成员和代表公开了2005年1—9月的预算执行情况,并接受与会代表的询问。包括镇人大代表、镇人大财经工作小组,以及自愿参加的村民共70多人参加了会议。他们审查了2005年1—9月的预算。这是经常性审查、监督预算的开始,民主恳谈进入到预算的执行监督过程之中,使得预算的指定、执行整个过程都处于民主的决定和监督之下,而不会在人大会议后就失去对政府约束的效力。这次会议还吸引了来自北京和上海的学者、官员。

2006年3月,第二次预算民主恳谈在镇人大全体会议前举行,镇人代会上再次进行了预算民主恳谈,共有110名镇人大代表和100余名列席代表参加了会议。这次会议还表决通过了《新河镇人大关于参与式公共预算民主恳谈的实施办法》。根据这个办法,代表可以联名提出预算修正议案,政府必须根据大会通过的修正议案修改财政预算等,这使得预算过程的参与、讨论和监督有了可依靠的程序性规则。在这次会议上,许多居民自愿参与了讨论。

第三次预算民主恳谈是 2006 年 7 月 27—28 日举行的，90 多名人大代表参加了会议前的视察活动。这次会议主要是针对政府预算执行的情况开展民主恳谈，代表与政府分管领导进行直接对话。会议最后通过了两个报告：一是预算执行情况的报告，二是预算调整的报告。

2007 年 4 月 3—4 日，新河镇第十五届人大第二次会议召开，本次会议的主要议题是审议并通过《新河镇 2007 年预算调整案（草案）》。为准备此次会议，来自北京、上海的学者为新河镇设计了《新河镇 2007 年参与式预算工作方案》，其他来自北京、广州、杭州等地的学者，以及媒体，观摩了此次人大会议。共有 110 名人大代表和包括温岭市委党校的中青班 40 多名学员在内的大约 80 多名旁听者参加了会议。经过讨论、询问、表决、投票等程序，大会最后通过了《新河镇 2007 年财政收支预算调整的议案（修改案）》。

（四）参与式预算的过程

从 2005 年，新河镇开始利用民主恳谈作为平台，进行参与式预算的改革试验，至今已经进行了四次，其中不包括中期的预算执行情况检查。在新河镇，选举产生的人大代表将直接参与镇政府预算过程。镇政府的所有预算都要在人大会议上公开审查和讨论。综合两年来的试验，我们可以勾画出新河镇预算改革的基本图景。

1. 选举镇人大代表

参与式预算是在新河镇第十四届人民代表大会上产生的，第十五届人民代表大会刚刚进行了新一轮的实践。参与者主要是镇人大代表，也有一些群众和行业组织的代表参与了讨论过程。选举镇人大代表是参与式预算的第一步。根据选举法，乡镇人大的代表名额基数是 40 名。每 1500 人可以增加 1 名代表。人口超过 9 万的乡镇代表总名额不得超过 100 名；人口超过 13 万的乡镇代表总名

民主决策
Democratic Decision-making

额不得超过130名。人口不足2000的乡镇代表总名额可以少于40名。[1]

新河镇第十四届人大代表是110人,第十五届人大代表是117人。除了人大代表外,还需要从这些代表中选举产生1名主席、2名副主席。人大代表的任期为5年。镇人大每次举行会议时,还应该召开预备会来选举人大主席团和通过会议议程,人大主席团负责主持会议和召集下一次的人大会议。人大主席团的成员要包括主席、副主席和若干人大代表。

2. 围绕代表权利和预算知识进行培训

增强代表责任感和促进政治过程的参与,其中一个关键的环节就是为他们举办专门的培训。由于缺乏预算知识,对人大代表各项权利的认识不清楚,有时候,预算讨论的会议反而变成了诉苦和抱怨的会议。2005年7月、2006年3月和2007年4月,在预算民主恳谈之前,新河镇邀请了一些专家学者,就预算的编制、调整、审查,以及人大代表履职等方面的知识,为人大代表和村民等举办专门的培训活动。通过培训,参与者了解到财政来源于税收,因此,政府的支出应该向纳税者公开,并接受公民的监督。居民应该知道他们的钱是怎样花的、花在什么地方。专家们还详细解释了预算编制过程的原则、程序和技术性知识。前后共有200多人参加了这样的培训活动。当代表和公民期望参与政治决策过程、表达他们的偏好、批评政府,以及提出建议时,这种培训就能够增强他们的能力。对于参与式预算的实施来说,这是保证成功的重要因素。

3. 设计参与式预算的规则

一般来说,新河镇第十四届人民代表大会第七次会议被视为参与式预算改革的第二次会议。这次会议的主要特征就是制定了《新河镇参与式公共预

1.《中华人民共和国选举法》第9条。

算实施办法》。实施办法的出台,意味着新河镇的预算改革完善了参与、讨论和监督的规则。

根据这种实施办法,人大代表首先会被分成若干小组讨论预算草案,接着,讨论结果将提交到全体人大代表和镇政府之间的对话会议上。然后,镇政府和人大主席团的联席会议将讨论和修改此前讨论的结果。第二轮讨论是人大代表将就修改后的草案再次举行民主恳谈,并形成代表的预算修正议案提交主席团。大会主席团审查决定符合条件的议案列入大会讨论和表决,政府根据表决通过的代表修正议案再修改预算,提交镇人大表决通过。这是参与和讨论的基本规则。另外,关于参与者的选择,实施办法也有相关的规定。选择谁、怎样选择,以及怎样参与等都有详细的规定。居民可以根据这些规则确定做什么和怎样做。

4. 建立财经工作小组

根据宪法和法律,乡镇人大没有常设机构,只是在人大会议期间有一个预算审查委员会,会议闭幕后就解散。这导致人大会议后缺乏预算监督机构。为此,在2005年的镇人大会议上,一项关于建立财经工作小组的决定获得通过。根据这项决定,财经工作小组有权在人大会议闭幕后掌握新河镇的预算执行情况。镇政府应该每季度向财经工作小组报告预算执行情况。财经工作小组应该向镇人大主席团报告预算变化、新增预算和其他重要的预算信息。财经工作小组有权参与政府下年度的预算编制。财经工作小组的成员由本年度的人大主席团决定,可以邀请部分专业人士参加财经工作小组。财经工作小组对预算执行的硬约束是激发和促进镇人大充分发挥作用的重要方面。将财经工作小组作为常设的监督机构,能够保证公共预算反映人大的意愿,并促进镇人大监督预算的执行。

5. 人大会议前的现场考察

人大主席团、财经工作小组,以及人大代表赖以审查和讨论的预算信息,不仅仅基于预算报告，而且还来自于对公共项目的实地考察。2006年7月27日，新河镇人大主席团和财经工作小组的成员对预算项目进行了实地考察。这些项目包括三种不同的内容：老街道的改造、工业区的建设，以及农田设施的标准化建设。考察结束后，新河镇常务副镇长解释了预算执行情况的报告和调整后的预算报告。镇长和其他6个副镇长面对人大代表接受质询。人大主席团和财经工作小组讨论了两个报告，并根据其知识、经验，以及考察结果提出了一些修改建议。根据这些建议，镇政府将修改这两个预算报告并将修改后的报告提交讨论。

6. 讨论与询问

分组讨论。2007年4月3日，人大代表、自愿的参与者、旁听学者和媒体等参加了预算民主恳谈的分组讨论。《新河镇2007年财政收支预算调整议案》提前5天发到了代表手中，会议通知也在5天前发出。笔者也在会议上拿到了《新河镇2007年财政预算细化说明》和《关于调整2007年财政收支预算科目的说明》等资料。人大代表和邀请代表被分为工业组、农业组和社会组，其他自愿参加的代表根据个人的兴趣自主选择讨论小组。分组讨论情况存在很大差异，在工业组和农业组，讨论比较热烈，提出的问题也比较多。

大会审议及当场回答代表询问。4月4日上午，十五届人大第二次会议举行，会议由镇人大主席主持，温岭市人大主任也参加了会议。大会首先由3个讨论小组分别报告讨论结果。然后，人大代表开始就预算调整案进行发言。代表们提出的问题包括：减少工业区建设资金不合理、老城区建设投入、农民技术培训投入、医疗保障、旅游业发展、农田水利事业、教育、社会治安和社会保障体制建设等。镇政府的官员逐一回答这些问题并解释了原因。

7. 修改通过预算草案

参与式预算的最后环节是镇政府根据大会审议的结果，再次修改预算执行报告和预算调整草案，然后将修改后的草案提交人大会议，并由人大代表投票通过。基于公民、人大代表和镇政府之间共识的预算草案将在随后的财政年度中有效执行。而财经工作小组将负责监督预算的执行，以及调整情况。人大代表和居民也可以随时监督预算的执行。

三、参与式预算中的利益相关者

分析具有不同动机和发挥不同作用的利益相关者，能够使我们清晰地看到改革博弈和发展的路向。

（一）镇政府

这里所说的镇政府，实质上包括有基层党委和政府。虽然党委和政府在基层权力结构中的不同地位，会使它们在改革和创新中的出发点存在着某些差异，例如党的基本目标是在方向上保证地方经济社会的发展和稳定，而政府则是经济和社会活动的直接组织者、实施者。但从总体上来讲，二者实施参与式预算的目标是解决财政危机、加强对财政收支的制约、公平地分配稀缺资源以及促进透明行政。而促使新河镇实施参与式预算的直接动因则是解决其财政赤字。2007年，新河镇的累积财政赤字仍然接近5000万元。财政危机促使镇领导人接受了通过民主恳谈实施参与式预算的建议。另外，镇领导人相信群众参与过程能够缩减过度开支、激发行政能力以及促进公共利益。而且，通过增加监督资源分配的公民的人数，提高透明度，可以减少腐败和提高官僚机构的效率。

（二）居民（公民）

公民参与预算改革的动机是多样的、复杂的。参与者首先可以获得参与公共决策的机会和信息，表达自己的偏好，影响公共政策，促进政策朝向有利于自身利益的方向发展。参与能够使公民更全面地理解政府和政府责任、政策和政策制定，从而为政府与公民之间的信任关系重构奠定基础；另外，参与式预算为公民提供了与政府共同工作以解决紧迫的法律或其他技术问题的机会；最后，参与式预算过程中，与公民参与的最直接联系就是能够提高公民的生活质量。公民能够选择和决定公共项目，促进公共服务的改善，从而能够重塑社区。人们普遍相信，参与式预算能够改善服务和生活质量，最终维护和发展自身的利益。

（三）镇人大及人大代表

一般来讲，中国乡镇人大在实际决策中的作用并没有充分地发挥出来。而现在，当透明决策和参与使权威向公民和人大代表转移时，乡镇人大就会更充分地发挥权力，或者说真正开始行使宪法赋予的应有的权力。通过预算改革，乡镇人大代表开始认识到自身的角色，以及监督和审查政府的责任。在地方治理中，他们正在从消极不作为向积极角色转变；从原来指定的代表，到民众选举的代表；从落实上级领导意图，到真正代表民众利益。人大代表双重角色的转变极大地影响着决策过程。

（四）非政府组织

与其他省相比，由于经济的快速发展，浙江省生长出了许多非政府组织和企业组织,如渔业协会、农村技术推广协会等。在参与式预算的过程中,他们是重要的参与者。这些组织和协会的首要动机就是它们能够从中受益。在资源分配过程中参与者越多,他们能够从决策过程获得的资源就越多。至于企业组织,他们参与预算改革过程,是因为它能够促进政府工作透明、提高工作效率和减少腐败。而且,他们还能够使政府税收得到更有效使用。

行业协会参与预算改革的其他原因在于改革过程为其建立更广泛的支持者网络提供了机会。有了更多支持者,他们就能够影响决策过程,从而满足其利益需求。他们还可以有机会与政府官员一起讨论短期投资以及长期规划。这种紧密的工作关系为各种行业协会提供了许多影响政策效果的机会。

(五)专家、学者

在地方治理的实践中,人们常常会忽略专家学者以及专业知识的作用。官员通常更信任他们的上级领导和他们自身的经验。但这种状况正在逐步改变,专家学者开始在地方治理中发挥越来越大的作用。例如,在参与式预算过程中,他们帮助镇人大设计参与过程的实施办法和步骤,现场观摩决策过程,讨论并评价各种改革设计。他们能够发现参与过程的问题所在,提出地方改革的趋势,并组织培训以提高参与者的对话能力。专家学者是推进预算改革的关键角色,但他们同时也必须更多地了解地方政府结构、功能,地方政府的实践过程,以及地方权力的运转。

(六)中央政府

当地方政府启动某些类似参与式预算这样的改革时,中央政府经常是处于一种比较超然的地位。这样的状态既有利于中央政府观察这些改革成效,也有利于中央政府实现自身的目标。在推进政治体制改革方面,中央政府有自己的目标,尤其是随着经济发展而必然进行的政府管理体制改革。因为地方政府的多样性,所以改革不存在整齐划一的路径。中央政府为改革指出了方向和趋势,但不会规划出改革的细节。地方政府可以根据自己的情况,依照自己的方式进行改革。中央政府的超脱能够使其观察地方政府做什么,怎样做,以及做的效果。如果改革是成功的,那么中央政府就会在原则上推广这些改革措施;如果改革不成功,中央政府也可以从中吸取教训,探讨其他可能性。地方改革对于中央政府思考整体的政治发展具有极大的启发意义。

表1 新河镇参与式预算过程中的利益相关者

利益相关者	动机	功能	资源	结果
镇政府	消除财政赤字	启动改革	行政权力预算分配	透明、效率、合法性
民众	维护和发展自身利益	参与、讨论、对话	经济力量偏好	享受服务、对话能力
人大代表	责任、权力意识	代表、质询、监督	地方权力机构	恢复边缘化权力
非政府组织	资源、利益与支持	代表、讨论、监督	社会资本专业技术	组织发展、权力关系
专家学者	责任、推动改革	建议、设计、培训	知识、智力技术	理论指导、知识传播
中央政府	政治体制改革	超然、观察	国家权力	经验和教训

四、参与式预算的绩效与挑战

从新河镇参与式预算的实践过程来看,到目前为止,已经显现出明显的成效,但参与式预算改革同时也面临着巨大的挑战。

1. 促进参与和政治决策的透明。传统上,预算仅仅有少数的镇政府官员了解,而镇人大的作用也就是投票通过它而已。参与式预算转变了人大的作用,作为宪法意义上的决策机构,其现在拥有了相对于过去来说更大的权力,更实际,也更积极。越来越多的参与增强了民意的表达和公民在决策过程中的影响力,决策过程也逐渐变得透明起来。

2. 强化人大代表的监督和制约的权力。参与式预算改革激发了镇人大的作用,人大开始真正变成了人民意愿的代表,它开始反映居民的意愿并监督政府的行为。镇政府开始变得更有效率、更负责任、更民主。政府必须根据民众的意愿为他们提供更多的公共服务。不然,在随后的选举中,他们就会失去选票。这种监督还可以有助于防止政府的腐败。每年的预算确定之后,民众代表可以监督整个预算过程,并根据程序规则变更和修改预算。

3. 预算编制更详细、更科学。几年前,不同层级政府部门的预算草案都还只是个粗略的框架。人大代表没有各部门具体的预算情况,他们在审查和表决预算时,缺乏实质性的审查。现在,参与式预算的基本要求是制定整个镇政府的详细预算,并为人大代表和与会者提供更清晰、明了的预算草案,这样他们才可能理解并提出意见。这就会使政府投入更多的时间、精力和专业知识与技术,将预算变成既专业,又能让人明白的预算。

4. 为民众提供了更好的公共服务。参与式预算启动以后,整个镇的人民生活质量,以及公共服务的提供都有很大改善。通过参与式预算,人大和镇政府将更多的时间投入到公共服务上来,如修建道路、提供清洁的饮用水、学校改善、垃圾清理、增加社会保障、维护社会治安等。他们为居民提供了比较以前更多的公共服务。这些变化尤其使那些最需要的社区获得最大收益,而且使公共服务的提供更公平。

5. 形成了一种健康的民主文化。参与式预算可以说是一所"公民学校",它使参与者能够更好地理解他们作为公民的权利和责任,以及政府的职能和义务。公民会为镇政府面临的各种社会和经济问题提供有益的、具有创造性的解决途径。健康民主所需要的公民品质,如政治共同体成员之间的相互理解、学会将他人作为独立的道德个体予以尊重、培养一种集体责任感等可以在参与式预算的过程中逐渐培养起来。

但是,新河镇的参与式预算也面临着一系列的挑战。首先,在中国的政治结构中,镇政府是最低层级的政府。基层权力结构的实践与宪法和法律的规定存在很大的差异。从理论和法律上讲,在新河镇,人大是立法机构,镇政府则是行政机构,是立法机构的执行机构。但在实践中,行政机构的权威超越了立法机构。因此,这就降低了权力机构的权威性,基层人大的权威总是边缘化的。

其次,在参与式预算改革的过程中,缺乏对基层行政机构的有效监督。虽然在人大会议闭幕以后,将预算审查委员会转变为常设的财经工作小组,作为日常的监督机构。但其面对掌握大量政治和行政资源的镇政府来说,它依然是弱者。直接选举未在乡镇层级实施,很难通过选票来监督政府。

第三,技术性限制导致参与不足。预算改革还存在着一些技术性的限制,例如预算编制的转型、投票程序的设定、预算知识的普及,以及参与能力的提高等。这就阻碍了参与者理解和支持预算改革,因而,预算改革过程的参与是不足的。在政治过程中,个体是未组织的、分散的。

第四,参与式预算的可持续性问题。地方政府改革和创新的最直接动因是面临的危机情境,以及改革者个人力量的推动。一旦危机消除,或者改革者的位置发生变化,这些创新的制度设计就面临着可持续性的问题。这是中国基层各种类型改革创新面临的共同问题。

五、参与式预算的对策性建议

(一) 扩大参与的广泛性与代表性

根据我们的调研,新河镇预算参与过程的广泛性明显不足,大多数的乡村和社区居民没有参与政府与公民之间的讨论、对话和交流。而预算改革的推动者也认为,目前参与者的数量比较适中,"但参与面不够,也就是参与的广泛性的问题。目前的公民参与多以村干部和企业领导者为多,这是个缺陷。"[1] 因此，可以在未来的实践中，引导社会中介组织、行业协会等一些非政府组织参与，还有社会各界中对政府预算感兴趣、懂预算的人。只有当大多数居民了解了镇政府做了什么、想做什么，只有大多数居民能够在政治过程中表达他们的偏好时，在现有体制下的这种参与才可能是民主的。

（二）推进某些技术性改革

首先是改革投票形式和程序。我们发现，当讨论通过修改的预算草案时，没有反对票。这就没有反映出人大代表和参与者的真实意愿。因为在民主恳谈会议上讨论时，他们争论的非常激烈，所以，应该有一定程度的反对意见存在。那么原因是什么呢？原因是他们采取的是举手表决的形式。举手表决使他们有某些担心，因为其边缘化地位，反对意见会使他们处于与基层政府权威的对立面上。因此，可以尝试票决的方式，促进参与者真实意愿的表达。其他方面的技术性改革，如尝试某些听证会的形式，以及预算草案等资料能够更为提前地发到代表和参与者手中，为思考、质疑预留充分的空间。

（三）合理发挥专家学者的作用

就目前而言，邀请学者和专家进行预算知识、代表权利等方面的培训是非常及时和必要的。这将有助于提高人大会议过程中参与式预算改革的效益。而且，培训者作为第三方所处的超然地位能够有效地在参与者和政府官员之间建立信任，并有助于发现问题所在。但是，专家学者在推动基层改革的过

---

1. 2007年4月2—5日，参与式预算改革调研访谈记录。

程中，应该遵守一条原则，即尊重基层政治实践的实际，避免设计出理想化的改革方案而无法满足地方改革实际的需要。

（四）促进地方性民间组织的发展

对于村民来说，通过参与影响政府决策还存在着一定的困难。普通居民与政府官员的交往，受中国传统文化和政治体制的影响，总是存在某些不平等和非对等性。我们可以寻找其他的路径，将参与者组织起来参与政治过程。这样就可以将越来越多的参与者容纳进决策过程。在新河镇，包括农业专业技术协会、商会等在内的各种民间组织已经有了充分的发展基础。可以根据民众的意愿，建立独立的民间组织，并根据宪法和法律规范这些组织。民间组织的充分发展将在促进地方参与和维护公民利益等方面发挥越来越重要的作用。

（五）强化地方人大的权力

按照宪法和法律的制度设计，乡镇人大还有许多的空间可供利用。增强人大权威的关键要素是改革人大代表的选举机制。根据宪法，镇人大代表是由选民直接选举产生的。而实际上，长期以来，候选人总是由地方党委决定的，选举在某种程度上也是组织的。因此，如果我们要完善参与式预算，我们就必须改革这种选举机制。首先，取消地方党委对人大代表候选人的决定权，将人大代表候选人的决定权还于民众；其次，鼓励自由、公开、公正地选举。民众可以推荐自己的代表。这样，我们就可以得到有力的、有知识的、热情的、直接选举产生的人大代表，他们也将代表民众行使权力，从而加强地方人大作为权力机构的权威性。

（六）赢得中央政府的支持

随着经济改革的成功，中央政府也力图促进政治体制改革，尤其是政府管理体制改革。但是，改革需要选择时机、路径和可以利用的资源，慎重考虑人民可接受程度，以及准备应对之策以防出现无法预料的局面。因此，目前的许多改革都集中在基层。这些基层的改革对于中央政府来说具有重要的意义。首先，因为地方政府与民众的密切关系，民众的参与机会等，在地方实施改革比较容易进行；其次，地方层面的改革可以减少风险，因为我们无法引进一种普遍适用的模式或制度安排。当我们进行某些改革时，总是会存在很大的不确定性和风险。将它们限定在某些地域内是有效减少风险的最佳方式。

地方层面进行的改革，有助于国家层面的整体的政治体制改革，因为它会为中央政府提供各种经验。当地方政府进行某些试验时，中央政府则处于一种比较超脱的地位。它可以评估地方改革的结果并决定下一步怎样做。如果地方获得允许，或者说中央政府没有反对地方进行改革，那将是对地方的最大鼓励。

（原载《公共管理学报》，2007年第3期）

乡镇政府是推进我国决策科学化民主化的重要突破口
——对河南省新县沙窝镇10年决策过程的系统观察与思考

张新光
（河南信阳师范学院经济与管理科学学院）

一、问题的提出

  1987年10月，在党的十三大报告中首次提出了，"要实现决策的民主化、科学化和制度化"。2002年10月，在党的十六大报告中明确地提出了，"要完善深入了解民情、充分反映民意、广泛集中民智、切实珍惜民力的决策机制"。2004年9月，在党的十六届四中全会《关于加强党的执政能力建设的决定》中还提出了，"要建立决策责任追究制度，健全纠错改正机制"。2007年10月，在党的十七大报告中进一步提出了，"必须坚持国家一切权力属于人民，从各个层次、各个领域扩大公民有序政治参与，最广泛地动员和组织人民依法管理国家事务和社会事务、管理经济和文化事业；要健全民主制度，丰富民主形式，拓宽民主渠道，推进决策科学化、民主化，完善决策信息和智力支持系统，增强决策透明度和公众参与度，制定与群众利益密切相关的法律法规和公共政策原则上要公开听取意见，保障人民的知情权、参与权、表达权、监督权"。迄今为止，我国在推进决策科学化民主化的道路上已经走过了 20 年的改革与探索路程。总的看，无论是在党和国家的宏观决策层面，还是在地方各级政府的中观决策和综观决策层面，科学决策和民主决策的水平和质量都有了明显的改善与提高。根据国务院法制办最新调查的结果显示，目前，全国大约有 80% 的市县建立了政府决策合法性审查制度，大约有超过 70% 的市县建立了政府决策公开听取群众意见制度和政府决策责任追究制度，大约有超过 50% 的市县建立了政府决策跟踪反馈和绩效评估制度。[1] 这表明了，我国县一级政权中已经初步形成了公众参与、专家论证和政府依法决策相结合的三位一体决策模式，并且逐步向规范化、制度化、法律化的轨道发展。

然而，乡镇基层政府作为我国国家权力结构体系中的一个重要组成部分，是党和政府联系亿万农民群众的重要桥梁和纽带，肩负着组织和带领 9 亿多农民建设社会主义新农村的重大历史使命。长期以来，人们总是习惯把它看做是上级政府的"传声筒"、"收发站"、"减压器"，而忽视其在农村政治、经济、文化和各项社会事业发展中应该具有也必须拥有自主决策和大胆决断的权力地位和重要作用。尤其是目前我国有不少的乡镇领导干部认为："制定重大决策是上边的事情，下面的主要任务是贯彻执行。"于是，"他们一般喜欢'硬的'，看得见、摸得着的东西，认为这才是实在的东西；而轻视'软的'，看不见、摸不着的东西，认为那是虚无缥缈、可有可无的东西。"[2] 久而久之，乡镇一级政府逐渐退化成了一种忙于基层繁杂事务的"应酬政治"。从 2006 年 1 月 1 日起，全国统一取消农业税以后，各地掀起了大规模的"撤并乡镇"和以精简机构、分流人员、乡财县管为主要内容的乡镇机构改革运动，

---

1. 吴兢：《我国行政决策新机制逐步完善》，载《人民日报》，2007 年 8 月 7 日第 1 版。
2. 《决策民主化和科学化是政治体制改革的一个重要课题》，见万里：《万里文选》，北京：人民出版社 1995 年版，523 页。

这样既造成了乡镇基层政府基本处于一种"有政无财"的尴尬处境，又带来了一个新的问题即"我国下一步的乡镇政府将会走向何方"。因此，近年来学术界相继提出了"撤销乡镇"，实行"县政、乡派、村治"，或者直接推行"乡镇自治"等等不同的改革主张，这不仅表明了人们对乡镇一级政府的地位、功能与作用认识不清，而且显示出了人们对乡镇一级政府到底是"弱化"还是"强化"、"行政化"还是"自治化"的基本判断上存在着严重分歧。[1] 为此，本课题组通过对河南省新县沙窝镇自1992年至2002年的10年决策过程的长时段观察和系统分析，试图对目前我国乡镇一级政府的决策现状、问题、经验及其决策机制的基本特征等问题有一个清晰的认识。

二、乡镇政府决策机制的基本特征

我国现代的乡镇基层政权是一个完整而严密的地方行政管理组织系统，它不仅包括作为国家权力机关重要组成部分的乡镇人民代表大会和由它选举产生的权力执行机关乡镇人民政府，而且包括中国共产党在农村的基层组织和共青团、妇女、民兵等群众性团体组织。乡镇基层政府除了具备县市以上的政府组织所具有的共性特征如政治性、权威性、社会性、服务性、法制性等之外，还具有其自身的个性特点如群众性、综合性、直接性、执行性、集散性、务实性和终端性等。乡镇的基本功能主要包括三种：即资源聚集和整合功能、资源加工和转换功能和综合性能量的释放功能。大量的事实经验表明，"乡镇行政对农村经济社会发展正向作用的发挥，依赖于它拥有一种能有效地制定和实施政策，权威地治理乡村社会的行政机制，使乡镇政府成为能够统一组织和管理本行政区域内各项事务、职能健全的一级政权组织。"[2] 而目

---

1. 张新光：《目前学术界关于乡镇政府体制改革的认识误区》，载《山东农业大学学报》，2006年第4期，12—16页。
2. 钱振明：《乡镇行政系统的运行机制及其优化》，载《中国行政管理》，2000年第12期，第36—37页。

前我国"是一个由中央、省、市、县、乡五级政府构成的行政体系,越是到了最低一级的乡镇政府时,其工作任务和考核目标越会呈几何级数增加。如我们调查的一个乡,仅仅是签订目标责任书的上级任务就多达 200 多项。这样就使乡镇基层政府变成了一个主要面对上级、且以完成上级任务为主的附属性机构"。[1] 总的看,目前我国乡镇一级政府基本处于一种责任大、权力小、功能弱、效率低的被动施政状态,它大体上可以概括为"五多":即中心工作多、专项任务多、考核指标多、检查评比多、"面子工程"花样多。事实上,"乡镇政府的行政决策主要是针对农村社会生活中出现的现象所做出的政策选择,其政策作用的范围具有区域性,其政策作用的对象具有特定性,其政策作用的时间具有限时性"[2],因此"如何用人,如何理财,如何做事"是乡镇政府科学决策、执行有力、监督有效的三个必不可少的基本环节。特别是全国各地农村的地理环境、自然条件、民族特色、经济社会发展水平等千差万别,复杂多样,这就要求乡镇基层政府在制定具体的农村公共政策时应当保持一定的灵活性和变通性,而决不能套用固定的单一的决策模式。但由于上级组织对下级组织"包办代替决策"的现象十分普遍,尤其是县市两级政府长年牵着乡镇的鼻子转,这样就严重地影响和制约了乡镇基层政府科学决策水平和质量的提高。可以说,目前我国乡镇一级政府的决策水平总体上处于一种不断下降的趋势。下面,以河南省新县沙窝镇为例进行分析。

(一) 沙窝镇的基本情况

河南省新县沙窝镇位于豫鄂两省 4 个县市(湖北麻城市和河南商城县、光山县、新县)的结合部,地处大别山区的腹心地带,是一个"八山一水一

---

1. 徐勇:《现代国家的建构与农业财政的终结》,载《华南师范大学学报》,2006 年第 2 期,第 20—25 页。
2. 李光明:《乡镇政府决策的主要特点及对策分析》,载《理论前沿》,2003 年第 8 期,第 42 页。

分田"的深山区乡镇。全镇总面积130平方公里,下辖14个行政村,281个村民组,388个自然村,7356户,29879人。1995年,该镇被原中共信阳地委、行署确定为"省际沿边开放开发综合改革试验区";1998年,该镇又被河南省人民政府确定为"全省115个重点建设镇"之一;2000年,该镇还被中共河南省委、河南省人民政府授予"全省7个文明乡镇"之一。截至2006年底,沙窝镇GDP总值达到2.6亿元,地方财政收入510万元,农民人均纯收入3826元。沙窝镇经济社会发展水平,在全国34675个乡镇中居于中等,具有一定的代表性。

沙窝镇最大的特点是地理位置独特、区位优势明显、山区资源丰富、交通设施先进、具有建设中心小城镇,发展商品大流通的基本条件。沙窝镇自古为兵家必争之地,境内的白云山脉东西横亘,东岳山脉南北绵延,虎头关、木岭关、阴山关、土门关犹如四道天然屏障,扼住鄂豫皖三省通道的咽喉地带,具有"一夫当关,万夫莫开"的险峻地势。据史料记载,隋唐时期中央政府曾在这里设置"巡检司",明清时期又设置"太平驿",由此使沙窝成为公差过往、乡绅迎送的古栈道之一。到了清朝中叶,沙窝集市贸易已颇具规模,方圆数百里一直流传着"沙窝三大桩,土布、铁砂和神香"的美誉,素有"小汉口"之称,是鄂豫皖三省边区商贾云集的重要商埠之一。建国初期,沙窝集市贸易仍然十分活跃,一直是豫南大别山区最大的农副产品交易中心。之后,经过了农业合作化、人民公社化和十年"文革"等一系列政治运动的冲击和破坏,沙窝镇昔日人海如潮、车水马龙、生意兴隆的繁华景象突然不见了。直到改革开放初期,精明能干的沙窝人终于迎来了发展山区商品经济的大好机遇,他们以个体商业、运输专业户为主体,逐渐培育起了两个较大的农副产品购销网络:一个是中原地区最大的"兔毛交易市场",一个是鄂豫皖三省边区最大的"淮米交易市场",其辐射范围可以涵盖中部地区和东南沿海地区的10多个省市。为了把沙窝镇这个"活水码头"一直保持和发展下去,1984年3月,原中共信阳地委、行署最先把该镇确定为信阳地区小城镇建设综合改革的试点单位。但由于"沙窝大市场"一直处在"条条"与"块块"分割体制下的夹缝中生存，这里几乎变成了当地众多行政执法部门"利益博弈"的竞技场。1987年3月，新华社记者曾经专程到沙窝镇进行过一次的暗访，调查结果发现：在106国道沙窝集镇段100米的位置上，竟然设置了7个行政执法检查收费站。正是由于当时沙窝镇发展商品经济的外部环境不够宽松，因此由个体工商户苦心经营和培育起来的"兔毛交易市场"和"淮米交易市场"红火一阵子后又销声匿迹了。从1985年到1992年的8年间，虽然上级组织给沙窝镇派下来4位党委书记和5位镇长（其中任职时间最长的不到3年，最短的只有8个月），但是这种"走马灯"式频繁调整乡镇领导班子的做法并未奏效。直到上世纪90年代初期，沙窝镇仍然处在一种"公路没有油，集镇没有楼，电视没有彩，电话没有声，店铺一开张，收费人员来了一大帮"（当地老百姓编造的民谣）的停滞状态。而恰在此时，与沙窝镇相距60公里的安徽省叶集镇小城镇建设搞得如火如荼，尤其是与沙窝镇一岭之隔的湖北省麻城市福田河镇小城镇建设发展势头强劲，基本上形成了一种"南北夹击"之势。因此在1992年春邓小平同志发表了"南方谈话"之后，《人民日报》记者李长虹专程到鄂豫皖三省边界地区进行了实地调查，在《河南日报》上发表了《一桥之隔，两个天地》、《人往何处走》、《欲说发展几多愁》等一系列文章，这对河南政界引起了不小的震动。于是在1992年6月，中共新县县委经过反复研究，并上报原中共信阳地委同意，决定任命年仅28岁、时任县委政策研究室主任的张新光同志，担任沙窝镇党委书记兼人大主席。从此开始直到2001年12月，该同志在沙窝镇连续担任了4届党委书记（每届任期3年，其中第4届任期没有干满）。这样就为我们对中部地区一个乡镇10年的决策过程进行系统观察和研究提供了范例。

（二）乡镇政府决策机制的基本特征

乡镇政府决策机制是指，"乡镇政府决策系统的结构和运行的原理，它具体包括决策主体及其权力配置、决策的制定机制、决策的实施机制和决策监控机制等。"[1] 那么,我国乡镇基层政府决策机制的基本特征主要表现在哪些方面呢?

1. 乡镇政府决策主体具有多元性和主导性

1983 年至 1985 年,我国实行政社分开、建立乡政府后的农村基层权力架构,是由乡镇党委、政府、经济联合社共同组成的"三驾马车"。而在乡镇以下,建立村民委员会和村民组,实行"村民自治",由此形成了"乡政"与"村治"二元分治的新体制。但由于我国在人民公社时期长期形成的"政党政治"与"政府政治"互相交叉,"国家行政权"与"群众自治权"互相渗透,"条条"垂直管理与"块块"统一领导互相分割,乡镇"事权"与"财权"互相脱节等一系列的历史遗留问题并没有得到根本解决,因而在"社改乡"工作结束以后,"有些地方党政不分、政企不分的现象依然存在,少数地方乡政府还没有完全起到一级政权的作用。"[2] 1986 年 9 月 26 日,中共中央、国务院在《关于加强农村基层政权建设工作的通知(草案)》中提出:"要真正把乡镇一级建设成为密切联系群众、全心全意为人民服务,能够有效地领导和管理本行政区域的政治、经济、文化和各项社会事务的有活力、有权威、高效能的一级政府,县级许多部门设在乡镇的分支机构要简政放权,健全和完善乡政府的职能。"[3] 然而,"深化农村政治体制改革,需要自上而下的总体规划,也需要自下而上的创造。但解决农村中存在的问题,涉及一些部门和个人的既得利益,没有权威的决定,不抓紧检查,就难以奏效。"[4] 因此自上世

---

1. 钱玉英:《苏南乡镇政府决策机制:特点与经验》,载《苏州大学学报》,2001 年第 4 期,第 25—27 页。
2. 中华人民共和国民政部:《农村工作文件选编》,武汉:武汉大学出版社 1987 年版,第 83 页。
3. 同上,第 84 页。
4. 《决策民主化和科学化是政治体制改革的一个重要课题》,见万里:《万里文选》,北京:人民出版社 1995 年版,第 636 页。

纪 80 年代中后期开始，全国乡镇政府机构和人员迅速膨胀，一下子超编了 214 万人[1]。如在 1987 年至 1997 年的 10 年间，沙窝镇政府机关工作人员由原来的 25 人增加到 87 人，乡镇党、政、经三套班子逐步演化成了党委、人大、政府、纪律检查委员会、人民武装部、经济联合社（乡镇企业办公室）等六套班子。此外，还有乡镇共青团、妇女联合会、"七所八站"和村民自治组织等。这样就形成了众多的群体性利益组织和多元性的决策主体。当然，这些决策主体在乡镇实际决策过程中的权力地位和作用大小各不相同，而在以乡镇党委为核心的党政一体化运作的权力结构中，乡镇党委尤其是乡镇党委书记自然就成了主导性的力量。从表面上看，凡是涉及广大农民群众根本利益的重大决策事项，将通过乡镇党代表大会和乡镇人民代表大会讨论、决定，然后由乡镇党委和乡镇人民政府负责具体落实；凡是涉及农村青年和农村妇女等群体性利益的重大决策事项，将通过乡镇青年代表大会和乡镇妇女代表大会讨论、决定，然后由乡镇共青团委员会和乡镇妇女联合会负责具体落实；凡是涉及村庄内部的重大决策事项，必须通过全体村民会议讨论、决定，然后由村民委员会负责具体落实；凡是涉及乡镇部门利益的重大决策事项，则由上级主管部门和乡镇政府共同协商讨论、决定，然后由乡镇各个部门分头抓落实。但在事实上，乡镇所有的重大决策事项都是由乡镇党政班子联席会议讨论和决定的，这种"一揽子决策"往往使乡镇党委书记只凭个人的主观意志和工作热情盲目拍板，一味地蛮干、乱干、冒干、盲干。它大体可以概括为："决策一言堂，用人一句话，花钱一支笔"和"拍脑袋决策，拍胸脯保证，拍屁股走人"。正如邓小平同志指出的，"权力过分集中的现象，就是在加强党的一元化领导的口号下，不适当地、不加分析地把一切权力集中于党委，党委的权力又往往集中于几个书记，特别是集中于第一书记，什么事都要第一书记挂帅、拍板。党的一元化领导，往往因此而变成了个人领导。全

---

1. 中央机构编制委员会办公室：《党政机关和事业单位机构改革指导》，北京：人民日报出版社 1993 年版，第 5 页。

民主决策
Democratic Decision-making

国各级都不同程度地存在这个问题。"[1] 为此，他早在1980年就明确提出了，"对于重大问题的决策，一定要由集体讨论和决定。决定时，要严格实行少数服从多数，一人一票，每个书记只有一票的权利，不能由第一书记说了算"[2]；同时，"要有群众监督制度，让群众和党员监督干部，特别是领导干部。凡是搞特权、特殊化，经过批评教育而又不改的，人民就有权依法进行检举、控告、弹劾、撤换、罢免，要求他们在经济上退赔，并使他们受到法律、纪律处分。"[3] 但时至今日，这种带有根本性、全局性、稳定性和长期性的领导制度和组织制度并没有建立起来，因而乡镇政府决策主体的"多元性"和"主导性"长期处于一种矛盾对立状态。

2. 乡镇政府决策内容具有综合性和无序性

目前，我国乡镇工作的具体内容涉及农村政治、经济、文化、社会各个领域，既有党务工作、人大工作、政府工作、共青团工作、妇女工作、民兵工作等基层行政事务，又有农业、工业、商业、交通运输、服务业等农村经济管理事务，还有科技、教育、文化、卫生、体育、社会治安、计划生育、土地管理、村镇建设等基层社会事务，以及农村精神文明建设和基层民主与法制建设等等诸多方面。从横向的方面看，乡镇一般拥有六大组织系统：即中国共产党在农村的基层组织系统（即乡镇党委、乡镇站所党支部和村党支部）、国家政权在农村的基层组织系统（即乡镇人民代表大会及其常务主席团和乡镇人民政府）、纪检监察组织系统（即乡镇纪律检查委员会和乡镇站所、行政村政务财务监督小组）、人民武装组织系统（即乡镇武装部和村民兵连）、群众团体组织系统（即乡镇青年代表大会及其共青团委员会、乡镇站所团支

---

1. 邓小平：《邓小平文选》第2卷，北京：人民出版社1993年版，第328页。
2. 同上，第341页。
3. 同上，第332页。

部和村团支部,乡镇妇女代表大会及其妇女联合会、乡镇站所妇女会和村妇女会)、经济实体组织系统(即乡镇经济联合社和乡镇企业、个体商会、农村集体经济合作社、农民专业技术协会等)、村民自治组织系统(即全体村民代表大会及其村民委员会、村民组、村民议事会、红白喜事理事会、民事纠纷调解委员会、乡村治安联防队等)。从纵向的方面看,乡镇一般拥有二三十个职能站所,如农业生产服务机构有农机站、农技站、水利站、林业站、畜牧兽医站、电管所、种子站、农资供应站、经营管理站;流通服务机构有供销社、粮管所、食品站、药品站、外贸站;经济管理机构有财政所、国税所、地税所、工商所、营业所、信用社、保险所;社会事务服务机构有公安派出所、法庭、司法所、民政所、文化站、广播电视站、卫生院、运管所等。这样就使乡镇政府的决策内容具有综合性、多中心性、繁杂性、随机性和无序性等等特征。特别是每当上级政府的"中心任务"突然发生了变化,乡镇政府的工作重心和决策重点也会跟着发生变化。比如在1993年的河南省计划生育工作专项检查评比中,新县的考核成绩位居全省145个县级政府单位的后3名,被省里"一票否决"。按照规定,如果第二年仍甩不掉"黄牌",县委书记、县长和分管此项工作的县委副书记、副县长将被免职。为此,新县县委、县政府决定把1994年确定为"打好计划生育翻身仗年"。在这一整年的时间里,全县共从97个县直机关中抽调了3000余名干部,组成计划生育工作突击队,每个乡镇由1名县级领导带队,分别派往17个乡镇"督战"。当年坐镇沙窝镇指挥的县级领导是一位县委副书记,工作队队长由县公安局局长担任,副队长由城建局、物价局、质量技术监督局的3名局长担任,并从这3个局级机关抽调干部196名,分别派驻到14行政村"安营扎寨"。这样做的结果是把乡镇工作的正常秩序全部打乱了。此外,从1992年到2002年的10年间,新县县委、县政府还提出了集中开展"消灭白茬公路"(即把县境内的国道、省道、县道沙土公路全部变成柏油路)的群众性运动,全县每年统一抽调17个乡镇的十几万名农村劳动力,采取"义务投工"或"以资代劳"的

民主决策
Democratic Decision-making

方式,搞所谓的"大兵团作战"。与此同时,新县每年还统一组织 17 个乡镇的农村劳动力,搞所谓的"万千百十工程"(即县里每年抓 1 个万亩工程造林基地,乡镇抓 1 个千亩工程造林基地,村里抓 1 个百亩工程造林基地,组里抓 1 个十亩工程造林点)。这种接连不断的"中心任务"和"富民工程",不仅消耗掉了乡镇领导的主要精力和有效工作时间,而且耗尽了新县 28 万农民家庭所有的人力和财力。[1] 在这种工作环境下,乡镇基层政府根本做不到科学决策和民主决策。

3. 乡镇政府决策制定和实施具有不确定性和政治风险性

从道理上说,乡镇基层政府的主要服务对象是本辖区的农民群众。因此,乡镇工作的全部内涵就在于组织和带领当地农民群众办好自己的事情。这就要求乡镇领导必须牢固树立群众观念,一切相信群众、一切依靠群众、一切为了群众,"必须在经济上充分关心农民的物质利益,在政治上切实保障农民的民主权利"[2],实现好、维护好、发展好广大农民群众的根本利益。但在实际工作中,乡镇领导要想真正做到"为官一任、造福一方",并不是一件容易的事情。一方面,目前我国是一种自上而下的高度集权式的"压力型"体制,上级对下级的政绩评价机制仍带有极强的主观随意性和人为性,这样就使乡镇领导在处理"对上负责"与"对下负责"的关系问题上,往往会迎合上级某些领导的个人偏好,而不顾及当地农民群众的利益得失;另一方面,乡镇基层政府的"事权"与"财权"极为不相匹配,缺乏为当地农民群众提供公共产品服务的经济实力。因此,乡镇基层政府的决策制定和具体实施具有不确定性和政治风险性。比如在 1992 年至 2002 年的 10 年间,沙窝镇立足自身的区位优势,组织和实施"移民下山,兴商建镇"工程,共筹集到小城镇建

---

1. 张新光:《论中国农民的劳动价值及贫困根源》,载《中国经济评论(美)》,2004 年第 8 期,第 25—29 页。
2. 多吉才让、徐颂陶:《21 世纪乡镇工作全书》,北京:中国农业出版社 1999 年版,第 831 页。

设资金 1.2 亿元（其中包括：国家投资 2800 万元，国内外企业投资 1200 万元，小城镇土地开发资金 1000 万元，当地居民个人投资 7000 万元），建成了"豫鄂皖商贸大世界"。这样不仅使小城镇建设面积扩大了一倍多，而且使城镇居民人口由原来的 3000 余人增加到 10853 人，同时还实现了村村通油路、通程控电话、通有线电视、通电、通自来水等。但在沙窝镇 10 年改革和发展的过程中，仍然受到了来自上上下下、左左右右、方方面面的强大阻力。首先，沙窝镇党政领导班子内部不少同志最初对组织农民群众"移民下山"持有疑义。他们认为，当时的镇级财政收入只有 50 多万元，满打满算仅够"吃饭"，根本无力抽出多余的资金搞小城镇建设。更何况，山区农民素来就有"足不出户"的传统思想观念，让他们从深山沟里迁移出来到小城镇定居，恐怕一时半会也转不过弯子。沙窝镇党委针对这种带有"活思想"的疑虑，一方面组织全镇党员和干部开展"牵住视线，转变观念，解放思想"的大讨论活动，一方面分期分批组织他们到安徽叶集镇和东部沿海经济发达地区实地考察学习，开阔视野。为了充分调动农村基层党员和干部的积极性和创造性，沙窝镇党委在核定机构和人员编制的基础上率先对镇党政机关干部实行全员聘任制，并对在职村干部实行结构效益工资制，对离退职村干部实行按不同比例享受生活补贴制度，对无职农民党员实行编组管理，制订村民议事会章程，完善村民自治制度等等。同时，沙窝镇对集体林权制度和乡镇企业进行股份制改造，对小城镇建设土地实行"有偿使用"，逐步建立起了多元化的融资机制。通过上述改革措施，不仅保证乡镇常规性工作的顺利开展，而且创造出了"政府一毛不拔，事业兴旺发达"的奇迹。[1] 其次，每当涉及上级政府"部门利益"的棘手问题往往得不到解决。比如在 1996 年和 1999 年，新县县委、县政府为解决小城镇建设中的实际问题，组织 20 多个县直部门到沙窝镇召开过两次现场办公会，并且形成了《会议纪要》，责成县委办和县政府办负

---

[1]. 新县沙窝镇党政综合办公室：《千年古镇竞风流（中册：沙窝经验）》，1997 年内部出版，第 285 页。

责督察落实,但由于"部门利益"的顽固性和对抗性,几乎没有一个县直单位"兑现承诺"。最后,县里三四十位领导分管的单项工作都是"中心任务",让乡镇基层政府难以应付。比如在1995年的上半年,沙窝镇小城镇建设处于一种"进退两难"的状态,镇党委书记张新光同志为了统筹协调和解决其中的难题,一直坚持吃住在建设工地上。每当上级领导到沙窝镇检查指导工作时,总是见不到"一把手"出面接待和汇报,这样该同志就成了全县17个乡镇党委书记中"最不听话、且在政治上不够成熟的人物",而他早在1993年就被上级组织确定为"县级后备干部"的资格也被无故取消。直到2001年12月,张新光同志终于得以"提拔重用"(先是被任命为信阳市广播电视大学党委委员、副校长,随即又被交流到信阳师范学院担任学报编辑部副主任),由此彻底改变了他1986年大学毕业后主动辞掉河南省计委的工作,自愿选择到大别山革命老区新县扶贫的初衷。[1]

4. 乡镇政府决策监督机制具有封闭性和滞后性

目前我国农村政治结构是"乡政"与"村治"二元分治体制,村庄内部发生的事情,乡镇政府可以不管,乡里发生的事情,村级组织也无权过问,二者之间好像隔着一道"防火墙",各自搞好自己的事情。而上级组织对乡镇政府的监督,一般情况下也不会过多干预,这样就使乡镇政府基本处于一种"悬空"的状态。但在事实上,时至今日乡镇一级政府并未彻底摆脱过去人民公社体制的影响,"它具体表现在处理乡村的关系问题上,仍习惯于采取行政措施直接指挥和控制,而不善于运用各种杠杆和利益导向实行间接的弹性控制。"[2]因此,乡镇基层政府的决策过程具有封闭性,而对其决策实施效果的监

---

1. 马葆青:《扑向大别山的怀抱——记郑州大学经济系应届毕业生张新光》,载《河南日报》,1986年6月26日,第1版。
2. 陈吉元:《中国农村社会变迁(1949—1989)》,太原:山西经济出版社1993年版,第637页。

督则具有滞后性。比如在全国取消农业税以前，乡镇政府一项重要决策内容是把上级下达的农业税、农林特产税、屠宰税和"三提五统"指标分解到村一级，然后再由村级组织分解到各个农户。党中央和国务院虽然三令五申要求对农业税和农林特产税"据实征收"，并要求把"三提五统"控制在农民上年人均纯收入5%以内。然而，乡镇基层政府通常的做法是根据以往的"指标基数"，加上当年按比例分摊的"追加任务"分解，这样就造成了村与村之间、农户与农户之间承担税费标准的"哭乐不均"，甚至是"一错再错"。特别是到了20世纪90年代以后，全国上上下下、四面八方总有无数双"看得见的手"（政府）、"看不见的手"（市场）、"第三支手"（乡村干部）齐刷刷地伸向农民，致使"有些地区的农村人口境况，就像一个人长久地站在齐脖深的河水中，只要涌来一阵细浪，就会陷入灭顶之灾"[1]。此外，乡镇政府对于计划生育罚款、财政预算收支管理和上级支农专项资金使用等等问题，决策随意性更是五花八门。可以说，我国农民负担问题越来越严重，乡镇负债数额越来越大，涉农收费的恶性案件越来越多，中央财政支农转移支付资金"跑、冒、滴、漏"的现象越来越普遍，都与乡镇政府决策的封闭运行和监督滞后有着直接的关联。

三、乡镇政府是推进我国决策科学化民主化的重要突破口

改革和完善政府科学决策机制，需要解决的最核心、最根本的问题是实现"两个转变"：即从过去的"经验决策"转变到"科学决策"的轨道上来，从过去的"少数人替大多数人决策"转变到"大多数人直接参与决策"的轨道上来，切实做到科学执政、民主执政、依法执政。这既是我们

---

1. ［美］詹姆斯·C. 斯科特：《农民的道义经济学：东南亚的反叛与生存》，程立显等译，南京：译林出版社2001年版，第1页。

民主决策
Democratic Decision-making

党提出加快推进政府决策科学化民主化最深刻的政治背景与现实根源，也是推进中国特色社会主义民主政治建设一项长期而重大的历史任务。近年来，虽然理论界对于如何扩大所谓的"大民主"（即人民民主和党内民主）和所谓的"小民主"（即村民自治和城市社区自治）的问题探讨较多，但是对于如何从实际操作层面去推进我国政府决策科学化、民主化、程序化、规范化、制度化、法律化的问题似乎研究的还不够深入。究其根源在于，人们只是偏重于对党和国家宏观决策体制机制的总体性设计，但对于地方和基层政府决策运行机制的基本特征和一般规律认识比较模糊，尤其是对中央、地方（省、市、县）、基层（乡镇）这三个不同层次的政府职能划分和科学界定还没有完全搞清楚，这样就形成了政府不知道自己"应该做什么，不应该做什么"。特别是改革开放以来，中国政府的纵向权力调整从一开始就蕴涵着"行政性分权"与"经济性分权"的矛盾和对立，结果造成了中央与地方以及地方各级政府之间的"事权"和"财权"划分不合理、不对称。因此，党的十三大报告提出："中央、地方、基层的情况不同，对全国性的、地方性的、基层单位内部的重大问题决策，应分别在国家、地方和基层三个不同的层次上展开。党中央应就内政、外交、经济、国防等各个方面的重大问题提出决策；省、市、县地方党委应在执行中央路线和保证全国政令统一的前提下，对地方性的重大问题提出决策；凡是适宜于下面办的事情，都应由下面决定和执行，这是一个总的原则"。但是，"我们至今仍然没有建立起一整套严格的决策制度和决策程序，没有完善的决策支持系统、咨询系统、评价系统、监督系统和反馈系统。直到今天，一些领导人凭经验拍板决策的做法仍然司空见惯，习以为常。决策的科学性无从检验，决策的失误难以受到及时有效的制止，决策出了问题难以及时纠正，只有等到出现了大问题，才着手堵塞漏洞，或者拨乱反正，而这时已经悔之晚矣。这种盲目拍板、轻率决策的情况，现在到了非改不可的时候了。这个问题不解决，我们的社会主义制度就是不完善的，不健全的，我们的经济也难以得到持续稳定的发展。我们进行政治体制改革，一个极为重要的方面，就是要解决这个问题。"[1]

那么，我国下一步推进政府决策科学化民主化的突破口究竟在哪里呢？我们认为，在改革开放以前，我国出现的重大决策失误主要表现在党和国家宏观决策层面，比如："'大跃进'决策的失误造成数以亿计的重大损失，这还只是物质财富方面可以计算出来的损失，还有许多无形的损失，特别是在人们的精神状态方面造成的损失，比这影响更为严重。'文化大革命'十年的决策失误，更是误国殃民，祸及子孙，使我们至今仍不得不努力消除这些重大决策错误所造成的深远后果"[2]，但这种情况在党的十一届三中全会以后已经得到了根本性的扭转和改善；而自改革开放以来尤其是当前我国面临的最大问题是一些地方和部门搞"上有政策，下有对策"，这种为了单纯追求局部利益而严重损害全局利益和长远利益的现象越来越普遍、越来越严重，它不仅给国家和人民造成了巨大的经济损失和难以弥补的"自生态灾难"，而且使党和国家制定的路线、方针、政策在一些地方和部门得不到贯彻和落实。尤其是"我们的个别地区、个别部门的组织已经变质了，中央的什么口号来了，他们应付一下，平平淡淡，也不反党，可是几个书记勾结起来，停滞、腐化、堕落。这不是变质？"[3] 这种局部性的地方政治退化现象，被有的学者称为中国式的"地方政权苏丹化"，即"权力范围的私产化，权力运作的无规则化，统治方式的非意识形态化，以庇荫网络为基础的朋党组织结构"[4]。它实质是一种整体性和结构性的地方官场内生拓展型权力腐败，并且逐步向群体化、集团化、规模化、半公开化大面

---

1. 《决策民主化和科学化是政治体制改革的一个重要课题》，见万里：《万里文选》，北京：人民出版社1995年版，第520—521页。
2. 同上，523—524页。
3. 刘少奇：《论党的建设》，北京：中央文献出版社1991年版，第726页。
4. 萧功秦：《中国现代化转型中的地方庇荫网政治》，载《社会科学》，2004年第12期，第24—29页。

积扩散的趋势发展,最终将形成一个能左右当地官场政治生态、与中央政府相抗衡的"地方性权力实体",其结果有可能酿成"全方位的政治生态灾难"和"局部性的和平演变"[1]。正像邓小平同志告诫全党说:"这股风来得很猛。如果我们党不严重注意,不坚决刹住这股风,那么,我们的党和国家确实要发生会不会'改变面貌'的问题。这不是危言耸听"[2],"中国要出问题,还是出在共产党内部"[3]。因此,胡锦涛同志强调指出:"坚持立党为公、执政为民,决不能停留在口号和一般要求上,必须围绕人民群众最现实、最关心、最直接的利益来落实,努力把经济社会发展的长远战略目标和提高人民生活水平的阶段性任务统一起来,把实现人民的长远利益和当前利益结合起来。群众利益无小事。凡是涉及群众的切身利益和实际困难的事情,再小也要竭尽全力去办。各级党委和政府要坚持从群众中来、到群众中去的工作路线,倾听群众呼声,反映群众意愿,集中群众智慧,推进决策科学化民主化。"[4] 根据这一基本指导思想,我国现阶段推进社会主义民主政治建设和决策科学化民主化,必须着眼于实效,必须着眼于调动广大基层干部和人民群众的积极性和创造性,要从办得到的事情做起,逐步建立和完善各级政府决策机关在重大问题决策上的规则和程序,建立社情民意反映制度,建立与群众利益密切相关的重大事项社会公示制度和社会听证制度,完善专家咨询制度,实行决策的论证制和责任制,以防止决策的随意性和盲目性。有鉴于此,我们认为,在中央、地方、基层这三个不同的决策层次上,乡镇基层政府是推进我国政府决策科学化民主化的一个重要突破口。

---

1. 张新光:《中国地方政权政治退化现象的成因及其危害》,载《江西行政学院学报》,2007年第4期,第1—6页。
2. 邓小平:《邓小平文选》第2卷,北京:人民出版社1993年版,第403页。
3. 邓小平:《邓小平文选》第3卷,北京:人民出版社1993年版,第380页。
4. 胡锦涛:《在"三个代表"重要思想理论研讨会上的讲话》,载《求是》,2003年第13期,第3—11页。

（一）乡镇政府处在农村改革的最前哨，具有"春江水暖鸭先知"的信息优势

众所周知，中国实行改革开放政策最先是从农村改革取得突破口的。试想，在上个世纪70年代末80年代初那样一个继续坚持"两个凡是"极"左"路线的特殊政治背景下，如果没有安徽小岗村18户农民手摁血书私底下搞土地大包干试验，如果没有广西宜山、罗城一带的农民自发搞"村民自治"实践，如果没有四川省广汉县向阳乡最先把"人民公社"的牌子摘下来的大胆举动，如果没有浙江温州农民"靠着一把剪刀闯天下"和建立"龙港农民城"的伟大创举，如果没有河南林县农民"十万建筑大军出太行"促动数以亿计"民工潮"的一股子闯劲……那么，我们就很难想象过去"以阶级斗争为纲"的思想坚冰会一下子解冻，全党和全国的工作重点也不会及时转向以经济建设为中心的发展轨道上来。[1] 正如邓小平同志后来总结说："我们改革开放的成功，不是靠本本，而是靠实践，靠实事求是。农村搞联产承包，这个发明权是农民的。农村改革中的好多东西，都是基层创造出来的，我们把它拿来加工提高作为全国的指导"[2]；"农村改革中，我们完全没有预料到的最大收获，就是乡镇企业发展起来了，突然冒出搞多种行业，搞商品经济，搞各种小型企业，异军突起。这不是我们中央的功绩。……这是我个人没有预料到的，许多同志也没有预料到，是突然冒出这样一个效果。"[3] 当然，这种偶然现象的背后也带有必然性，这就是"我们党长期倡导的'从群众中来，到群众中去'的群众路线的方法，'集

---

1. 张新光：《论新时期发挥农民首创精神的科学依据与实践基础》，载《新疆大学学报》，2004年第2期，第14—20页。
2. 邓小平：《邓小平文选》第3卷，北京：人民出版社1993年版，第382页。
3. 同上，第238页

民主决策
Democratic Decision-making

中起来,坚持下去'的领导方法,抓典型、搞试验、调查研究、解剖麻雀的工作方法等等,都是行之有效的决策方法,至今仍然是我们应该继承的宝贵财富"[1]。特别是我国新时期的农村发展形势日新月异、千变万化,新情况、新问题、新矛盾、新趋势层出不穷,而乡镇基层政府恰好处在农村改革的最前哨,是党和国家在农村各项工作的"前沿指挥部",它不仅可以根据农村政策具体实施的特定情形,准确把握和及时调整政策的实施时间、实施对象、实施范围、实施效果,而且能够及时把广大基层干部和农民群众在农村工作实践中创造出来的新经验进行整理和总结,反馈到上级以便于不断地改进、丰富和完善党和国家在农村的路线、方针、政策,共同引领亿万农民群众又好又快地建设社会主义新农村。可以说,"在中国这样一个拥有9亿多农民人口的农业大国,研究和解决'三农'问题的智慧资源是极其广泛而丰厚的。且不说我们从亿万农民群众那里汲取营养了,就单凭全国2000多万农村基层干部的集体智慧也能找到一条治本之策。其主要依据是什么呢?因为,我国现在的农村基层干部已经不同于过去的'三八式'农民干部,他们都是在20世纪80年代以后回乡工作的清一色大中专毕业生,既拥有丰富的农村基层工作经验,又拥有扎实的理论功底和专业技能。问题的关键是,在现行的干部管理体制和政绩评价机制下,他们长期习惯于听从上边发出的'同一个声音',按部就班地'一切行动听指挥',久而久之自然会养成一种僵化、呆板、驯服的'传令工具',而失去了他们应有的工做主动性和创造活力。所以,如果说眼下的'三农'问题最复杂、最棘手也最难解决的话,那么我们不妨主动走到乡下去找100名县委书记或县(市)长、1000名乡镇党委书记或乡镇长、10000名村党支部书记或村民委员会主任、100000名农村党员或农民群众代表寻策问计,这样做肯定会茅塞顿开而受益匪浅。"[2] 总之,决策科

---

1. 《决策民主化和科学化是政治体制改革的一个重要课题》,见万里:《万里文选》,北京:人民出版社1995年版,第515页。
2. 张新光:《"三位一体"的农村改革观》,北京:中国农业出版社2006年版,第180页。

学化和民主化并不是一个深奥的学术概念和理论命题，它主要是也永远是存在于具体实践和基层群众之中的一个重大现实政治课题。

（二）乡镇政府处在农村工作的第一线，是推进社会主义新农村建设的主力军

乡镇基层政府是党和国家在农村各项工作的落脚点，也是社会主义新农村建设的具体组织者、实施者和主力军。目前我国13多亿人中仍然有63%的农业人口、60%的劳动年龄人口、66%的老年人口和70%的少儿人口分散居住在广大农村地区。而全国乡镇数量却比农村改革初期减少了接近三分之二，也比人民公社时期减少了接近三分之一，据民政部专家预计到2010年全国乡镇总数将控制在3万个左右。[1] 因此，在我国现实的政治生活中，乡镇是一个十分重要的相对独立的基层政治单元、经济单元、社会单元和文化单元。也就是说，无论是按照"生产发展、生活宽裕、乡风文明、村容整洁、管理民主"的总体要求建设社会主义新农村，还是按照构建社会主义和谐社会的长远目标协调推进农村经济建设、政治建设、文化建设、社会建设和党的建设，乡镇基层政府始终具有不可替代的重要地位和独特作用。事实上，我国著名社会活动家费孝通先生早在1940年代就提出了，"乡土中国要重建，必须有一个前提，那就是必须要有一个为人民服务的地方基层政府。"[2] 而一些西方发达国家的经验事实也已证明，地方基层政府的"善治"是实现现代乡村社会有效治理和满足农民对公共品需求的一项重要制度基础，所以"一国政府在政策的决定和实施上，如果不事先听取地方基层政府以及非政府组织和非营

---

1. 戴均良：《乡镇体制改革不能"一刀切"，应着力推进"三个集中"》，载《国际金融报》，2004年10月22日，第3版。
2. 《乡土重建》，见费孝通：《费孝通选集》，天津：天津人民出版社1988年版，第168页。

利组织的意见的话,将很难使政策奏效,因而建立在协商基础之上的共同决策机制终将成为事实"[1]。可见,"尽管乡级政权建立的得失至今仍然是一个颇有争议的论题,但它毕竟在乡村政治生活中扮演着特殊的角色。"[2] 总之,"党管农村工作是我们党的一个传统,也是一个重大原则。党的农村基层组织是党在农村全部工作和战斗力的基础,是农村各种组织和各项工作的领导核心。建设有中国特色社会主义新农村,关键在于加强和改进党的领导,充分发挥乡(镇)党委和村党支部的领导核心作用,建设一支高素质的农村基层干部队伍。扩大农村基层民主,也要在党的统一领导下有步骤、有秩序地进行,充分发挥乡镇党委和村党支部的领导核心作用。"[3]

具体地说,乡镇基层政府在推进社会主义新农村建设中应当发挥怎样的作用呢?温家宝总理日前发表署名文章指出:"考虑乡镇政府职能问题,要从农村工作的现实状况出发,从农民群众的愿望出发,从社会主义市场经济条件下建立公共行政管理体制的要求出发。重点强化三个方面的职能:一是为农村经济发展创造环境,包括稳定农村基本经营制度,维护农民的市场主体地位和权益,加强对农村市场的监管,组织农村基础设施建设,完善农业社会化服务体系。二是为农民提供更多的公共服务,加快农村教育、卫生、文化、体育、环境保护等社会事业发展。三是为农村构建和谐社会创造条件,加强社会管理中的薄弱环节,开展农村扶贫和社会救助,化解农村社会矛盾,保持农村社会稳定。推动农村民主政治建设和村民自治,提高基层自治能力。在履行好政府职能的同时,要把不应该由政府承担的经济和社会事务交给市场、中介组织和村民自治组织。"[4] 就当前我国乡

---

1. 钟乃仪:《全球化时代政府的作用》,载《国际金融报》,2000年10月19日,第7版。
2. 徐勇:《乡村治理与中国政治》,北京:中国社会科学出版社2003年版,第220页。
3. 中共中央组织部:《农村基层干部读本》,北京:党建读物出版社1999年版,第23页。
4. 温家宝:《不失时机推进农村综合改革为社会主义新农村建设提供体制保障》,载《求是》,2006年第18期,第1—9页。

镇一级政府的现状而言，当务之急是要抓好三件大事：（1）必须在广大农民群众中重新塑造党和政府的良好形象，再造基层民主权威。我国农村改革近30年来，由于体制上的原因和乡镇基层干部在领导方式方法上存在的诸多问题，尤其是在农村税费征收、计划生育罚款和农村集体土地管理等具体问题上，不仅严重损害了乡镇基层政府在广大农民群众心目中的形象，而且造成了党群干群关系的紧张和矛盾对立，致使部分农民农村出现了对坚持党和政府领导的观念淡化，甚至在某种程度上偏离了社会主义的方向，农村集体经济的基础已经大大削弱，一些地方的农村基层党组织长期处于一种瘫痪、半瘫痪的状态，社会不良风气如封建迷信、赌博、铺张浪费、非法宗教和宗族势力活动滋长蔓延，社会治安恶性刑事案件如抢劫、杀人、放火、偷盗等逐年增多，甚至早已绝迹的社会丑恶现象如嫖娼卖淫、拐卖儿童、吸食鸦片等也死灰复燃。因此，乡镇基层政府下一步应当从广大农民群众最关心的、要求最强烈的热点难点问题入手，重点抓好农村社会治安秩序的整顿和治理，切实做好乡村债务的"旧账清理"并遏制新的不良债务发生，按照"两公开一监督"的要求把中央和地方各级政府财政支农专项资金管理好、使用好，要通过实际行动重新换回基层农民群众对乡镇政府的信任和权威。（2）必须创造性地开展各项农村工作，找准农村改革和发展的突破点，再造农村市场经济的微观主体。我们必须清醒地认识到，目前制约农业和农村发展的深层次矛盾尚未消除，促进农民持续稳定增收的长效机制尚未形成，农村经济社会发展滞后的局面还没有得到根本改变，党的十六大提出"统筹城乡经济社会发展"的体制机制还没有完全建立起来。因此，扎实稳步地推进社会主义新农村建设，必须通过进一步深化改革提供体制保障和动力机制。比如，"农村改革一开始，一个优先的目标就是解决农村微观经营机制的问题，即将人民公社体制改变为家庭承包制。可是仅仅这一步，并没有解决经济发展的宏观机制即市场经济机制的问题。忽视这一条，农民家庭承包土地经营就被限制在自给经济水平，必将影响国民经济的整体发展和农民生活的改善。"[1] 再如,"农村集体耕地之外,还有广阔的国土资源(包括60亿亩草原,42.7亿亩林地,42亿亩大陆架渔场等)在相当程度上仍处于一种权责不清、主体不明、利用不够、经营粗放的状态。这已严重制约着农业结构的调整、农业效益的提高和农民增收的步伐。"[2] 此外,像改革和完善农村金融体制民间融资机制、农业科技推广体制、农村市场流通体制等都需要破题。也就是说,"尽管农村改革取得了令人瞩目的成就,可是不论哪一项改革只是开了个头,都是未完成的工程,尚留有一大堆问题亟待解决。"[3] 总的看,"目前我国尚未建立起民主化、法治化的现代农村政治制度;开放、公平的现代农村市场经济制度;科学、文明的现代农村文化制度;赋予农民各种权利的现代农村社会保障制度。"[4] 因此,中国下一步进行农村综合改革的"两大主题":就是通过继续深化农村经济体制改革,再造市场经济的微观基础,使亿万农户成为独立的市场主体;通过继续深化农村政治体制改革,再造基层社会的民主权威,使亿万农民群众当家做主。[5] (3)必须按照"科学、民主、实用、可行"的基本原则,切实做好各个乡镇辖区内的新农村建设长远发展规划和年度实施计划。扎实推进社会主义新农村建设,是我国现代化进程中一项长期而繁重的历史任务,由于各地农村的自然地理环境、经济社会发展水平、民族和历史文化传统等都不尽相同,所以在有的地方可能需要经过几十年、甚至上百年的艰苦努力才能实现这一宏伟目标。这就要求,乡镇基层政府必须根据广大农民群众的迫切愿望和要求,必须从维护他们的根本利益和长远利益出发,应当紧密结合当地的实际情况,因地制宜,与上级政府、专家、农民群众一起共同研究制订新农

---

1. 杜润生:《中国农村制度变迁》,成都:四川人民出版社2003年版,第146页。
2. 回良玉:《在全国农村综合改革会议上的讲话》,http://www.agri.gov.cn(访问时间2006年9月21日)。
3. 杜润生:《中国农村制度变迁》,成都:四川人民出版社2003年版,第150页。
4. 曾业松:《"三农"理论探讨与实践经验》(上册),北京:新华出版社2003年版,第8页。
5. 张新光:《论再造农村市场经济的微观基础和基层民主权威》,载《社会科学》,2007年第4期,第78—85页。

村建设规划和具体实施措施，不图形式，不图虚名，不搞"形象工程"和"花架子"，一件一件的抓好落实。

（三）乡镇政府直接面向广大农民群众，是推进我国决策科学化民主化的基础环节

乡镇政府的决策对象直接面向广大农民群众，决策内容和复杂程度相对简单一些，决策作用范围相对小一些，决策监督相对直接一些，决策实施效果相对容易检验一些，决策成本和风险性相对低一些等等。它不仅可以做到直接与广大农民群众面对面沟通和协商对话，而且能够在最大程度上弥补决策者的信息不足、知识不足和能力不足等等缺陷，从而使决策的制定者、决策方案的选择者、决策实施效果的评价者、决策的最终受益者在这里达到高度的统一。因此，在中央、地方、基层这三个不同的决策层面上，乡镇一级政府可以更加直接地把决策的民主性和科学性有机地统一起来。此外，从乡镇基层政府入手，推进我国决策的科学化、民主化，更加体现了党的十六大提出"完善深入了解民情、充分反映民意、广泛集中民智、切实珍惜民力的决策机制"的要求和"主权在民"的社会主义民主政治建设原则。更何况，我国经过最近20多年的基层民主建设实践和探索，9亿多农民依法直接行使民主权利，实行自我管理、自我教育、自我服务和实行村级民主选举、民主决策、民主管理、民主监督已成为了一项基本的社会政治制度，这为进一步改革和完善乡镇基层政府的科学决策机制打下了坚实的群众基础。所以，目前我们应当紧紧抓住这个最基础性、也是最薄弱的决策环节，积极推进以乡镇机构改革、农村义务教育体制改革、县乡财政体制改革为主要内容的农村综合改革。一方面要加快建立行为规范、运转协调、公正透明、廉洁高效的乡镇基层行政管理体制和运行机制，另一方面要把乡镇基层政府过去的"对上负责"的执行式决策模式转换成主要"对下负责"的自主决策模式。总之，

"所谓决策科学化，首先就要民主化。没有民主化，不能广开思路、广开言路，就谈不上尊重知识、尊重人才、尊重人民的创造智慧、尊重实践经验，就没有科学化。反过来说，所谓决策的民主化，必须有科学的含义，有科学的程序和方法。否则只是形式的民主，而不是真正的民主。所有这些不仅是一个理论问题，而且首先是一个紧迫的实践问题。"[1]

（原载《吉首大学学报（社会科学版）》，2007年第5期）

---

1. 《决策民主化和科学化是政治体制改革的一个重要课题》，见万里：《万里文选》，北京：人民出版社1995年版，第521页。

协商民主与农村公共产品供给的决策机制
——浙江省泽国镇协商民主实践的案例启示

陈　朋（华东师范大学政治学系）
陈荣荣（浙江工业职业技术学院人文社科部）

在农村公共产品供给的完整体制安排中，其决策机制是处于基础性地位，但又是最为重要的一个组建。它从根本上决定着农村公共产品供给的数量、规模、方式和效率。然而，无论是从已有的理论研究还是从客观的实践探索来看，农村公共产品供给的决策机制都没有受到应有的重视。

农村公共产品存在于农村，最终也是用于农村。因此，从这个意义上讲，在确定农村公共产品到底供不供给（指某一具体类型的农村公共产品）、如何供给等重大问题时都不能让农村公共产品的消费者——农民缺席，必须让农民在农村公共产品供给的决策形成之前，凭借公开透明的信息，通过相应的程序和方法来真实显示自己的偏好，并且在理性沟通的过程中实现偏好转换，从而实现个人利益与公共利益的有机融合。

浙江省温岭市泽国镇的协商民主实践如一枝独秀，在这一方面作出了积极的、比较规范的探索，为构建农村公共产品供给的决策机制贡献了聪明才智，也为当前的有关研究提供了有价值的分析素材。本文即利用笔者于今年暑假在泽国镇的实证调研所得，向人们展示这一颇具特色的规范的实践，并试图解读它所蕴含的协商民主与农村公共产品供给的决策机制之间的有机关联。值得说明的是,泽国镇的协商民主实践一直在向前推进,而且内容日益丰富,但是,在其丰硕的实践中,最能说明本文主题的是泽国镇于2005年进行的城镇建设规划项目的协商民主恳谈。因此,本文以之为分析蓝本。

一、协商民主与农村公共产品供给的决策:基本涵义及理论假设

20世纪90年代,对民主的追求牵引着人们把目光投向了协商民主。出于对代议制民主的缺陷的忧虑和对民主政治的期待,1980年,美国政治学者约瑟夫·毕塞特在《协商民主:共和政府的多数原则》中首次使用了协商民主的概念,随后伯纳德·曼宁和乔舒亚·科恩不断赋予了协商民主研究的动力。随后,协商民主理论引起了更多学者的共鸣,詹姆斯·博曼,乔·埃尔斯特,罗尔斯和哈贝马斯都将自己看成是协商民主论者。学术交流的推动和解决实际问题的需求,也不断的鼓励着中国学者关注协商民主,诸如陈家刚、林尚立、陈剩勇、景跃进、金安平等知名政治学者,以及不少青年研究者都从不同的视角作出了积极探索。尽管与西方学者的大量研究相比,中国的有关研究刚刚起步,但是其热情和力度并不亚于西方学者的投入和关注。

从已有的研究来看,在协商民主的概念上目前还没有一个统一的界定。有的学者把它理解成一种决策形式。如亨德里克斯认为,"在协商民主中,公民能运用公共协商来作出具有集体约束力的决策","协商民主的吸引力源于其能够形成具有高度民主公共性决策的承诺"。[1]有的学者则从多元文化民主的

---

1. Carolyn Hendricks, "The Ambiguous Role of Civil Society in Deliberative Democracy", (Refereed Paper Presented to the Jubilee Conference of the Australasian Political Studies Association) Canberra: Australian National University, October, 2002.

现实情况出发，把协商民主理解为一种治理形式，"它强调对于公共利益的责任，促进政治话语的相互理解，辨别所有政治意愿，以及支持那些重视所有人需求与利益的具有集体约束力的政策。"[1] 库克和科恩则把协商民主理解成一种组团或政府形式。如库克开宗明义地指出"协商民主指的是为政治生活中的理性讨论提供基本空间的民主政府"。[2] 除此之外，协商民主的概念还有很多的。综合这些界定，可以发现，有关协商民主的关键词主要是：协商参与者，偏好及其转换，讨论与协商，公共利益，共识。[3] 在协商民主论者看来，协商不同于一般的对话和讨论，它强调的是理性的表达和说服，参与者倾听、反思、回应、接纳他人的观点，进而作出理性的决策。因此，我们认为，协商民主追求一种善治的民主模式，主张作为民主政治之主体的公民，自由、平等、理性的参与到影响自己的公共决策的讨论中去，通过讨论逐渐实现偏好转换，最终达成共识，解决问题。[4]

农村公共产品供给是乡村治理的重要议题，事关乡村社会发展和农民福祉。我们认为，农村公共产品是指由不同层级和性质的主体提供的为农村社区公共享有的产品。它一方面概括了公共产品服务的非排他性和连带性，另一方面也借鉴了科斯的灯塔理论，剔除了一般概念所强调公共产品供给的非竞争性，同时强调它与农民生产、生活直接密切相关。[5] 这些产品或服务会使农村受益，农民受惠，但其中有些公共产品或服务的受益范围又不仅仅局限于农村地区。所以说，"它既包括中央政府提供的覆盖到农村的全国性公共产品，又包括地方政府和农村组织提供的受益范围局限于本地区或部分外溢到

---

1. Jorge M. Valadez, *Deliberative Democracy, Political Legitimacy, and Self - Democracy in Multicultural Societies*, USA West view Press, 2001.
2. Maeve Cooke, "Five Arguments for Deliberative Democracy", *Political Studies*, 2000, Vol. 48, pp. 947 - 969.
3. 这里借用了陈家刚的某些论述，但是他并没有认为这些要素是协商民主的关键词。详见陈家刚：《协商民主：概念、要素与价值》，载《中共天津市委党校学报》，2005 年第 3 期。
4. 齐卫平、陈朋：《协商民主研究在中国：现实景观与理论提升》，载《学术月刊》，2008 年第 5 期。
5. 刘义强：《构建需求导向的农村公共服务体系——基于全国农村公共产品需求问卷的分析》，载《华中师范大学学报（哲学社会科学版）》，2006 年第 6 期。

周边地域的地方性公共产品"。[1]

根据农村公共产品在消费过程中的性质不同，可将其分为农村纯公共产品与农村准公共产品。从特征上看，农村公共产品是公共产品的一个组成部分，具有一般公共产品的特征，如效用的不可分割性、取得方式的非竞争性和消费的非排他性。但由于农村社区的特殊性及我国农村经济社会发展和改革的特点，农村公共产品也有其特殊性，如多层次性、较强的外溢性、低效性、高依赖性等等。

决策是任何行为过程的必经步骤，它是一个动态的行为过程。农村公共产品供给的决策即是农村公共产品的供给主体（包含政府、市场、社区和第三种力量等等）与受众（即农民）围绕公共产品的数量、规模、方式等问题，在信息公开、透明的情况下，进行的理性沟通，达成一致同意后作出有关决定的过程。因此而形成的规则和体系就是农村公共产品供给的决策机制。一般而言，农村公共产品供给的决策机制包含三个基本要素：一是偏好显示机制，即激发有关利益主体在决策前反映或显示各自对公共产品需求的机制。它是整个决策机制的基础。有效的偏好显示机制能积极、有效的让农民反映对农村公共产品的需求，继而使最终的决策符合供给主体与受众的公共利益。二是信息沟通机制，即充当供给主体与受众信息桥梁的机制安排。它包括信息搜索、信息处理、信息披露、信息交流等环节。健全的信息沟通机制是事关农村公共产品供给的决策是否合理的核心要素。三是程序和方法体系。不同的决策程序和方法会产生不同的决策成本和结果。一般而言，农村公共产品大多数是受益范围比较明确、确定的俱乐部产品，采取供给主体与受众共同协商的方式来作出决策的方法比较合适，这样既民主又科学。从泽国镇的实践来看，偏好显示机制是前提或者说是基础，信息沟通机制是关键，程序和方法体系是保障。三大基本要素的有

---

[1] 熊巍：《我国农村公共产品供给分析与模式选择》，载《中国农村经济》，2002年第7期。

机结合和正确运用即意味着农村公共产品供给的决策机制得以建立和发挥作用。

基于以上分析，本文提出以下三点理论假设：

1. 建立以农民需求为导向的农村公共产品供给的决策机制是农村公共服务的必然要求。

长期实行的让外生变量即来自社区外部的各种因素来决定公共产品的供给方式，由于没有反映农民的真实需求，一方面造成了有限的公共资源的浪费，投资效益低下，另一方面导致了农村公共产品的无序供给，加重了农民的负担。为此，要解决这些问题，构建以农民需求为导向的农村公共产品供给的决策机制是一个可以尝试的选择。

建立以农民需求为导向的农村公共产品供给的决策机制至少有两个优点：其一，农村公共产品的消费者——农民将有更强的动力来显示自己的需求偏好。因为，他知道如果不显示自己的需求偏好，他将面临损失。而这又是因为在以农民需求为导向的农村公共产品供给体制的框架下，他的偏好显示不再是"闹着玩"的，而是要实实在在发挥作用的，其需求偏好的显示直接决定着他所享受的公共服务的数量、质量和效用。其二，农村公共产品供给的结构性问题将得到根本性的解决。以农民需求为导向的农村公共产品供给的决策机制将使在自上而下的决策机制下符合官员偏好的公共产品供给过剩而农民迫切需要的公共产品供给不足的状况得到根本性改变，从而彻底解决当前农村公共产品供给中存在的结构性问题。

毫无疑问，以农民需求为导向的决策机制离不开促使农民对农村公共产品需求的有效表达。农民对农村公共产品需求的有效表达包括两个层面的内容：一是关于公共产品、公共资源以及特定公共产品供给需要的条件等相关信息可以被农民了解，从而形成需求表达的有效性基础；二是建立公共产品供给主体对农民需求的敏感反应机制，使农民的需求表达成为公共产品供给中的关键环节。

2. 积极促进农民对公共产品的多元需求走向"一致同意"是建立农村公共产品供给的决策机制的关键。

一般而言，以农民需求为导向的农村公共产品供给体制有充足的动力激发农民表达自己的需求偏好。但是，由于我国区域发展的不平衡，不同地区的农民（有时甚至是同一个社区的农民）对公共产品的需求是千差万别的。如果不对多元的需求进行整合，而直接根据分散的需求供给公共产品，那么不仅会造成巨大的资源浪费，而且还会造成供给秩序的混乱。也就是说，虽然通过建立农民需求导向的需求决策机制可以反映农民的需求偏好，但是由于农民需求的分散性和农民自身的非理性，如果完全按照农民的需求偏好供给公共产品，许多公共产品的供给就会面临困境。比如，在同一个农村社区，有的居民偏好生产型的公共产品，而有的居民则比较倾向于生活型的公共产品。在这种情况下，如果不能够促进多元的需求走向一致，就很可能陷入有偏好表达而无偏好整合的尴尬境地，这种情况的结果就是，公共产品供给的决策难免会陷入僵局：一部分人会以其自身的需求得不到满足而对别人"怀恨在心"，进而千方百计的阻挠决策。因此，在设计以农民需求为导向的决策机制的过程中，不能忽视对农民在农村公共产品供给上的多元需求予以整合，尽可能的促使不同的需求走向"一致同意"。

阿罗定理已经证明了通过某种规则来集结个体偏好为社会偏好的不可能性。因此，从根本意义上讲，促进农民的多元需求走向"一致同意"应该在尊重大多数农民的意愿的基础上，鼓励农民相互之间进行理性的沟通，努力克服狭隘的"个人主义"，继而实现个人利益诉求与公共利益的均衡。

3. 协商民主的机制安排能促成农民对公共产品的多元需求走向"一致同意"。

一般而言，实现居民偏好的"一致同意"有两种可能的路径：一种方式是逻辑上的一致同意。布坎南曾指出，当个体之间存在不同利益诉求时，如果能首先确认一个规则，这个规则规定了采取集体行动必须满足的条件和程序，而且这个规则获得了一致同意，那么执行这个规则而形成的决议在逻辑上就是一致同意的结果。另一种方式是在协商的过程中实现一致同意。这种方式把居民的偏好实现一致同意看做是在动态的过程中所取得的结果。

在农村公共产品供给的决策上，阿罗再次证明了第一种方式在现实情况下不可能消解投票的困境。相反，第二种方式确实是一种值得探讨的路径。道理还是在于前文所述的协商民主的核心理念和机制安排上：它鼓励在决策形成之前，参与者对各种建议或方案展开理性的探讨和审视，在理性反思的基础上比较、权衡自己和他人的观点，进而积极参与最终的决策制定和执行。比如，在一个村庄，村民甲认为，修一条通往自己家里的道路是最大的公共利益。而事实上，他住在村庄的最偏远处。而更多的村民认为，修一条水渠是最紧迫的任务。基于每一个人的偏好都应当得到尊重的前提，这两类偏好都不存在谁轻谁重的问题。任何以简单多数决的方式来决策都是不合适的。此时该怎么办？借用协商民主的机制安排是可以达成共识的。比如，村民甲经过与其他的居民开展交流、沟通以后觉得自己的想法过于狭隘，于是放弃了最初的考虑，转而支持修缮水渠；另一种可能就是，其他的村民听说村民甲的困难以后，对其持以同情，转而支持修复通往甲家的道路。不管是哪一种情形，在协商民主的运行过程中都能有可能发生，民众的偏好发生了改变，最终实现了"一致同意"，为农村公共产品供给的决策最终形成奠定了基础，作出了关键性的支持。

二、协商民主与农村公共产品供给的决策机制：实践的展示

（一）泽国概况

泽国镇位于中国大陆千年新曙光首照地、甬台温经济区的浙江省温岭市。

素有"台州商埠"、"工贸重镇"之称,也是"全国小城镇建设"试点镇、小城镇建设科技示范镇、中国小型空压机之乡、省文明镇、省综合经济实力百强乡镇、省教育强镇等多种荣誉落户之地。全国第一家股份合作制企业也是诞生在这里。泽国镇区域面积63平方公里,下设2个管理区,23个村委会,74个行政村,总人口逾12万,外来人口逾12万。2007年,全镇工农业总产值近190亿元,财政总收入近6亿元,农民人均收入近万元。泽国镇一直是温岭的工商业重镇。浙江省和国家统计局的测评都表明,泽国镇的资源环境、基础设施、经济规模、产业结构、生产效益、文教卫生科技、社会福利等方面都走在全国、全省的前列,经济社会发展的综合实力分别位列浙江省和全国的33和182。总而言之,经济发达,民主意识强,乡风淳朴是对泽国镇最好的概括。

(二) 实践过程

2005年初,泽国镇政府提出了涉及道路、桥梁、旧城改造、环卫设施、绿化园林等需要建设的30个项目。为了使这些公共产品供给的效用发挥到最大程度,泽国镇政府决定改变以前的传统做法,把在乡村曾实行多年的"协商民主恳谈"的办法引入到这些项目的决策中来:召开协商民主恳谈会,认真听取全镇居民的意见,坦诚交流,积极磋商,进而作出讨论、决定。于是,泽国镇政府采用随机抽样的办法从全镇12万人口中抽选了275名代表。会前10天,民意代表分别获得了有关30个项目的说明材料和由专家组提供的中立的、公正的项目介绍,并进行了第一次问卷调查。

2005年4月9日,正式的协商民主恳谈在镇政府大楼召开。实际到会的259名代表随机抽样分别在16个小组开展讨论。在仔细阅读相关材料的基础上,民意代表围绕着各大小项目发表了自己的看法。小组讨论由经过培训的主持人主持。小组讨论结束以后,民意代表再参加所有与会者共同参加的大会讨论,并自由发言。当天下午,民意代表再次分小组讨论,第二次小组讨论结束以后，与会者紧接着又带着新的建议、想法和问题参加第二次大会讨论。两次大会中，12 位参与制定项目计划的专家回答民意代表的提问，政府成员列席会议旁听。在第二次大会结束以后，民意代表又填写了与第一次问卷内容相同的调查问卷。会后，两次问卷的数据分别得以处理，计算机系统显示了每个项目的得分情况和 30 个项目从最重要到不重要的排列顺序。数据显示，民意代表会后的偏好较之会前有了明显的改变。偏好显著改变的项目数占总项目数的 46.7%。在得分比较高的几个项目中，"污水处理前期工程"和"环卫中转站"的支持率大幅度增加，"城乡规划设计"、"主要道路"和"市民公园"的得分也明显增多。而如"道路"、"桥梁"和"旧城改造"等项目则大幅度下降。这大大出乎镇政府决策层的意料，与他们的估计以及事先掌握的实际情况有很大的出入。决策层原本认为，农民关心的可能是近期见效、与自己利益密切相关的项目，而结果恰恰相反，农民在项目选择上表现出了对区域发展"长远利益"的高度关注。

数据分析好以后，政府组成人员召开了专题会议，讨论恳谈会上的交流意见和第二次调查问卷的结果，将排序前 12 位的总投资约 3640 万元的项目拟定为 2005 年城镇建设项目，将其后总投资为 2000 万元的另外 10 个项目作为备选项目，根据财力情况，按顺序选择建设。2005 年 4 月 30 日在泽国镇第四十届人大五次会议上，政府将上述方案提交大会审查讨论，最后以 82 票赞成、7 票反对、1 票弃权获得通过，形成大会决议。

（三）运行机制

从泽国协商民主恳谈实践的运作过程来看，它是在一系列运行机制的框架下不断得以创新和发展的。

1. 明确的议题

在这次确定农村公共产品供给的决策上，项目都是很明确的，都是事关

民主决策
Democratic Decision-making

乡村居民生产生活的重大问题。从道路、桥梁，到城区改造、环境卫生等具体的细目也是非常确切的。

2. 多元的主体

在这次活动的参与主体中，除了民意代表以外，还有其他的个体利益要求和代表组织的利益表达者。前者如村居民、学者（获得研究素材、启发问题意识）、民营企业员工、老板，后者如党政机关负责人、村居委会负责人。

3. 规范的组织

在召开民主恳谈会之前，政府先对问题作出了调查研究，拟出几种让群众讨论、选择的初步方案，然后让群众在正式恳谈之前及过程中仔细交流、讨论，再作出决策。而且从每次协商民主恳谈的实际运行看，其运作规程都异常细腻、规范：从参与者的选择、问卷的设计到分组讨论、大会审议的过程都有周密的部署，连布置会场、传递话筒、午餐准备等细节都有详细的安排。

4. 公开的信息

活动之前，泽国镇公告了恳谈会的时间、地点和主题，并发放一些相关资料，从而使所有人有平等的机会了解相关信息。恳谈过程中，则有就相关议题的报告、讲解，分组讨论，大会集中讨论。这样，有效地避免了因信息不对称而来的失误。

5. 中立的主持人

泽国镇外聘了具有一定专业知识和组织协调能力的主持人，并且对主持人进行了培训。这项工作虽然微小，但是事关整个恳谈成效。因为，支持人的稍微有失公允，都有可能引起参与者的强烈反对，进而影响讨论的秩序和最终决策的公正。

6. 重要建议论证后的决策

对于协商民主恳谈过程中产生的有价值建议,组织者都会组织专家和部门负责人作专题研讨、论证,然后再通过决策机构(如人大)形成决策。这是体现"民主集中制"原则的一个过程。

三、协商民主与农村公共产品供给的决策机制:实践的启示

协商民主的核心内涵表现在四个方面:倡导平等对话;鼓励公共参与;促进理性沟通;实现偏好转换。如果在一个决策行为过程中,这四个方面都能得以运用,那么这个决策过程就是值得肯定的。泽国镇的实践正是如此向人们揭示了协商民主与农村公共产品供给的决策机制之间的内在关联。

(一)倡导平等对话为农民真实显示对公共产品的偏好奠定了基础

如前文所述,偏好显示是农村公共产品供给的决策机制之基础。那么,如何激发农民显示自己的偏好、确保农民的偏好显示是真实的呢?泽国镇的实践作了有益的探索,这就是它积极倡导供给主体与受众之间展开平等对话。平等对话意味着双方的谈判地位、发言的机会、获取信息的空间、作出选择的权利等都是平等的。在泽国镇的实践中,随机产生民意代表,随机确定发言机会(包含发言顺序),独立的主持人主持讨论,专家提供的中立、公正的项目介绍,镇政府负责人与民意代表正面、平等的沟通等等都是鲜明的体现。

通过平等对话,民意代表真实地感觉到自己的意愿、需求表达不会被漠视,不会被随意篡改,而是会受到重视,会直接为公共产品供给的最终决策

提供关键性的信息支持。所以，他们愿意显示自己的需求偏好，而且是真实的显示偏好。所以，镇政府负责人在协商民主恳谈会结束以后，不由自主的发出了"远远没有想到"的感慨：远远没有想到平时经常听说的"民声"并非是真实、广泛的"民声"。决策层平时经常听到的是进行城区改造、公园建设等项目，然而，经过协商民主恳谈的实践，这些项目并没有受到广泛的支持。其间最大的可能就是，镇政府负责人平时听到的声音是来自离自己较近的阶层（比如，乡村干部、私企负责人、个体工商户等"乡村精英"），而不是多种声音的综合。这样一来，自然就会出现农民的偏好显示不一定是真实的。这充分说明，要获得农民对公共产品的真实偏好显示，就必须有"平等对话"为之奠定基础。否则，当前绝大多数地方普遍存在的自上而下的农村公共产品供给的决策机制将继续"发酵"，顽疾重生，严重阻滞农村公共产品供给的决策效率。

（二）鼓励公共参与为农村公共产品供给的决策所需的信息沟通提供了动力

信息沟通是农村公共产品供给的决策机制中的关键组建之一。信息沟通可以为确定农村公共产品到底是供给还是不供给，以及供给的数量、规模和方式等问题作出铺垫。那么，怎么进行信息沟通呢？毫无疑问，这是离不开参与的。因为，信息沟通总是在一定的时空条件下进行的，而为特定时空条件下的沟通提供动力的即是参与。只有在参与中，参与者才有机会和平台表达自己的意愿和诉求，否则，信息沟通就会被"虚化"，就会成为"镜中月，水中花"。

但是，对于公共决策而言，仅有参与还是不够的。公共决策必须确保参与是"公共参与"。也就是说，参与者的出发点不是狭隘的追求个人利益，而是在公共精神的理念下，在努力寻找个人利益与公共利益平衡点的过程中，参与公共决策所需的信息沟通。泽国实践则正是在鼓励公共参与中获得了公共产品供给的决策所需的信息沟通,并且证明了公共参与在信息沟通方面至少有三个好处:其一,为政府决策提供了充足的信息源,从而也就尽可能地降低了决策的风险。其二,有效地促进了信息传播,从而使更多的人了解了有关公共产品供给的信息。如民意代表在正式召开大会的前10天,获得有关材料以后,与其他村民展开交流,就可以吸引或带动更多的人来关注这些项目。其三,促进了政府与农民的良性互动。在公共参与过程中,农民有更多的渠道来获取有关政府供给公共产品的信息,也可以理解政府的难处,政府则可以准确掌握农民的真实需求,从而使二者有了进一步开展信息沟通的情感基础和现实动力。

(三) 实现理性沟通为农村公共产品供给的民主决策破除了技术上的障碍

民主是当前乡村治理的核心议题。因此,让农民参与基层政治社会生活,有充分的发言权成了理论界和实践工作者的共同呼声。农村公共产品供给的决策机制安排同样如此,要有合适的机制让农民能表达自己的看法,发出声音。

但是,民主的运转离不开操作技术的支持。在农村公共产品供给的决策中,发出声音与如何合理、理性的发出声音是两个不同的问题。坦诚而言,经过改革开放30年的洗礼,中国的农民不再是曾经害怕出声的农民,而是有着自己独立思想且愿意积极发出声音的农民。这是可喜可嘉的。但是,我们也必须看到,在沟通、交流中,不是每一位农民所有的意见表达都是合理、客观、理性的。这就要求,在决策前,必须有一个办法让农民的意见表达和交流不至于偏题,不至于过于狭窄。泽国镇实践对此的探索就是实现农民的理性沟通。比如在小组讨论时,主持人会鼓励发言者、参与者要全面的考虑问题，回应别人的不同看法要冷静，不要冲突，提问同样既简洁明了、观点集中，也要温和表达，尽可能把自己的个人利益与他人的合法权益、团体的公共利益结合起来，综合权衡。

事实证明，这种理性沟通实际上是为城镇建设项目等农村公共产品供给的最终决策提供了技术上的支持。它可以避免非理性沟通致使的决策成本过高，甚至是决策浪费，防止在没有理性沟通的情况下，草率决策而造成的决策无效。同时，也使决策是在维护多数人与少数人的共同利益中产生的，不会在公共产品供给的决策中出现"多数人的暴政"而使少数人的合法权益遭受损害，或者让少数人"胡搅蛮缠"而损害多数人利益的情况。

在泽国实践中，这种理性沟通不仅体现在农民与农民之间，而且还存在于农民与镇政府官员之间。农民与农民之间的理性沟通让农民学会了如何相互包容、相互照顾、相互理解；农民与镇政府官员之间的理性沟通既让农民看到、感觉到了政府官员的真诚态度，也让政府官员体验到了农民的支持。

（四）促进偏好转换为农村公共产品供给的合法决策提供了关键性的支持条件

"如果决策不是强加给公民的话，他们之间的协商肯定是必不可少的。"大多数协商民主的支持者认为，只有当公共政策是通过协商和讨论的方式制定出来，并且参与协商的公民和公民代表超越了单纯的自身利益和局限，反映公共利益时，决策才是合法的。[1] 在协商的过程中，所有当事人的意见和利益都能平等地表达出来，并尽可能地使决策的结果让大多数人所接受。因为，决策意味着对资源的重新分配，在资源缺乏的情况下，每个人又同等地享有

---

1. [美] 詹姆斯·博曼：《公共协商：多元主义、复杂性与民主》，黄相怀译，北京：中央编译出版社 2006 年版，第 4 页。

对资源使用的权利，所以，如何寻求一个对大家都可以接受的结果以强化其合法性就显得相当重要。在面对资源的有限性和存在着许多合理的但又对资源该如何分配具有不同主张的情况下，通过协商的程序，促进参与者偏好的转换可以帮助那些对政策后果无法接受的人接受集体决策的合法性。也就是说，公共决策合法性的获得不仅依赖公民平等地参与协商，更依赖公民参与过程中彼此进行的理性沟通、协商和讨论，以最终实现偏好的转换。

在农村公共产品供给的决策主体作出决定之前，也需要这种偏好转换的过程。即它不仅要有决策参与者的偏好表达，而且要积极促进农民实现偏好转换。因为，偏好表达只不过是行为者对其行为选择的倾向性，而实际上，不同的行为者有不同的价值取向。所以，必须在决策前要通过对话、讨论，实现差异性偏好的转换。

在泽国实践的第一次调查问卷中，就项目先建、后建这一优先次序的选择上，公众与当地决策层显示了不同的意见；在第二次调查问卷对第一次调查问卷的选择和修正上，公众的偏好则实现了转换。原先估计"环境保护"、"绿化园林"、"规划设计"等项目与"道路"、"桥梁"、"旧城改造"等项目比较，群众会将"道路"等后三类项目排在前面，将"环境保护"等前三类排在后面。决策者一般也喜欢优先安排近期内能见效的后三类项目。但结果恰恰相反，在"道路"等后三类共17个项目中只有1个进入前十位，而"环境保护"等前三类10个项目中有8个进入前十位，其中"污水处理前期工程项目"名列榜首，从最后一位跃居第一位。当时估计"城乡规划设计项目"可能最多排在20位左右，因为"城乡规划设计"是与群众没有直接利益关系且在近期内不能见效的项目，但投票结果显示，该项目名列第二位。这说明，在农村公共产品供给的决策中，促进农民等利益主体的偏好转换，不仅可以为决策的科学性奠定基础，而且还可以促进农民关注区域发展的长远利益。因为，只有利益相关者在理解自身和别人偏好的基础上，实现转换之后形成的共识才真正体现民意。只有在实现偏好转换的基础上形成的决策才会符合

民主决策
Democratic Decision-making

实际,符合农民的公共诉求。

四、小结及余思

协商民主实践与农村公共产品供给的决策机制之间的关联,确实为我们提供了解读农村公共产品供给制度的新视角。这个新视角最大的特色就是如何有效捕捉、合理筛选农民的公共服务需求,进而作出有效决策。因为,在一个日益多元化的农村社会里,农民群体也在发生着不可忽视的分化,分化的农民群体带来了不同的诉求,因而,在农村公共产品供给的过程中,如何捕捉和回应这种诉求就是一个无法回避的基本问题。脱离了对农民公共服务需求的甄选和回应,农村公共服务体系将难以建立起来。从这个意义上将,泽国实践的价值是显见的。

但是,一个非常重要的问题不容忽视,即有了协商并不就一定有协商民主。农村公共产品供给的决策机制所需要的是协商民主而不仅仅是协商的手段和方法。在协商民主实践的过程中,协商应该是一种基本的制度安排,而不是一种单纯的手段或工具。这种协商能在民主理念的指导下赋予民主过程以规范性,让平等的参与者自由、公开的讨论,批判性的审议,或者改变自己的偏好,或者说服他人,进而做出合理的抉择。这是我们在调研过程中经常思考的问题。要想使协商民主真正成为农村公共产品供给的决策机制的一种有效模式,就必须使协商民主成为一种理念,成为一种民主模式,成为政府与公民合作时不能忽视的一种机制。

当然,泽国实践也不是完美无缺的,它也存在一些问题,其中,如何在技术层面更加完善尤其值得思考。如随机抽样办法的应用,这是泽国试验的亮点,这种方法大大避免了由组织者指定参与人继而出现参与机会不均等的不良局面。也正因此,它深受人们的称赞:有益于确保参与者参与机会的公平、公正。但是,深入思考会发现这种办法或许也存在一些不足,比如它会使某些利益不相关的人进入而某些利益相关者反而不能进入，或者抽取的人根本不具备参与恳谈的身体素质和民主技能，或者被抽取的人根本没有意愿去参与恳谈。虽然从理论上讲，这些无奈情形同确保其参与机会均等是不相矛盾的，但是从民主实践的具体操作过程来讲，它会带来一些负面影响。比如，在恳谈过程中，那些本不打算参与的人被抽中后，在恳谈时不发表任何意见，而且还显出对恳谈不屑一顾的态度，从而影响其他人积极发表意见。

还有，随机抽样能否与分层抽样结合起来，比如按性别、年龄、职业、区域，甚至考虑其社会地位（精英或大众）来分层随机抽样？这样做的话，可以使抽样产生的民意代表更加具有代表性。当然，这种操作方法可能会更加麻烦，但是这种繁琐程序同民主价值的追求相比，不应该成为人们回避其民主技术改良的理由或借口。

另一个技术性的问题，就是如何能够通过采用票决的方式让代表表达自己的真实意愿？因为，没有通过相应的机制安排，代表的意愿表达如果不真实的话，最终通过的决策也是会失去民意基础的。还有，如何通过程序设计，使参与者的发言机会更加宽泛、发言时间更加充足等等，也是需要思考的问题。除此之外，政府编制预算草案时的基本技巧也是不容忽视的，如何能让代表在预算知识比较匮乏的情况下，读懂、看懂预算恐怕需要从预算编制这一程序就着手考虑了。

当我们欣喜于在发现了推动建立农村公共产品供给的决策机制的壮观实践时，不免会问：实践的发展前景如何？在此，笔者认为，讨论其发展前景应该包含两层含义：首先，当然是指它自身的发展预期。对此，笔者并不悲观。因为，它已经在泽国开花结果了，尽管结出的果实还不是非常甘甜。任何想在协商民主实践上开倒车的企图必将为人们所不接受，必将受到人们的反对和阻止。温岭市委和泽国镇党政负责人、广大民众等实践者都看到了这一点，所以，他们推动实践发展的信心和动力十足。其次，就是对它的推广。推广，有三层思考点：一是在温岭市其他乡镇推广；二是在温岭市以外的其他地方推广；三是向上纵向推广。就前者而言，在温岭市人大常委会的推动下，目前已有五个乡镇、一个政府部门在复制、改进泽国试验。参与式预算即是对其深化和进展的显示。就后者而言，笔者认为，从技术操作层面看，其他地方复制泽国实践并没有多大的障碍，但关键是复制者是否具备了相应的社会基础（如公共财政、农民参与的意识和技能等等）。从现实看，中西部地区具备这些社会基础的准复制者并不多见，而在东南沿海发达地区的乡镇，具备推广泽国实践的社会基础或条件者并不少，但推进者的胆识、勇气则是关键。就第三个方面而言，这不仅涉及技术操作问题，而且还关联于政治体制框架问题，因此，从目前来看，难度不小，但这并不意味着不可以去探索。总而言之，一句话：改革的征途仍须继续，唯有向前，才会进步。

（原载《南京农业大学学报（社会科学版）》，2009 年第 1 期）

村民代表会议制度的实际效能及其完善
——基于对苏村的观察

陈晓莉（西安财经学院公共管理学院）
郑梦熊（陕西省委政策研究室）

乡村民主治理的发展过程，就是不断扩大村民参与的过程，特别是参与村级选举、村务管理、村庄重大事务决策和对村干部监督的过程。在现阶段我国村民自治四大民主中，只有民主选举落到了实处，而民主决策、民主管理和民主监督等方面，与乡村善治的理想目标仍有相当大的差距。没有民主决策、民主管理、民主监督的村民自治是残缺的，很容易导致"村民自治"蜕变为"村委会干部自治"的村委会干部独断专行。鉴于此，体制赋予了村民代表治理乡村的权力。根据《村民委员会组织法》的设计，村民自治是通过村民会议进行决策。但在当前农村人口流动频繁的大背景下，村民会议只有在村委会换届选举时方能召集起来，平时难以成行，制度设计遭遇严重挑战。由此，村民代表会议则从村民会议的必要补充而一跃成为民主决策、民主管理、民主监督的主要形式。

民主决策
Democratic Decision-making

一、村民代表会议制度及其基本效能

村民代表会议实际上是一种代议制性质的决策机构。制度规定由村民选举出代表组成村民代表会议，讨论决定村中的重大事务，并对村民委员会工作实行监督。根据1998年《村民委员会组织法》第21条规定，人数较多或者居住分散的村，可推选产生村民代表，由村民委员会召集村民代表会议，讨论村民会议授权的事项；村民代表由村民按每5户到15户推选1人，或由各村民小组推选若干人。根据这一规定，村民代表主要参与村级事务的协商和决策。之后，各地根据实际情况开始了丰富多彩的村民代表会议制度实践。截至2008年底，全国共有村委会60.1万个，85%的村建立了村民会议或者村民代表会议制度，92%以上的村建立了村民理财小组、村务公开监督小组等组织。各地普遍建立了以村民会议和村民代表会议为主要载体的民主决策的组织形式，全国35%的村每年都召开村民会议，75%的村每年都召开1次以上村民代表会议，98%以上的村制定了村民自治章程和村规民约。[1]陕西省咸阳市秦都区2008年第七届村委会换届选举，全区602个村，只有6个村未选举出新一届村民代表，其余99%的村建立了村民代表会议制度。各村在村民代表会议下，还设立了民主理财小组和村务监督小组，分别代表村民代表会议参与村上的财务、村务管理和监督，村民代表会议制度已初见成效。我们通过对秦都区村民代表会议制度实施情况的一般考察和苏村等几个村的重点调查，较为全面地掌握了村民代表会议制度在村庄运行的具体状况和实际效能。

我们调研的村庄中，苏村是村治先进典型，其村治运作的制度化程度最

---

1. 潘跃：《亿万农民依法管理自己的事情——农村基层民主政治建设成果显著》，载《人民日报》，2009年3月13日，第14版。

高。苏村隶属咸阳市西郊秦都区古台街道办事处，辖三个村民小组，201户，878人，外来人口有近7000人，村里主要有二大姓，苏姓和吴姓，约占全村人口的70%，其余为杂姓。有村干部8名，党员32名。村民代表近20人，其中有一个小组自2005年以来不再选举村民小组长，也没有村民代表，采取户代表制。村庄原有土地2000余亩，但由于国家征收、集体占用，现在只有耕地500多亩，非耕地30多亩。苏村领导班子从城郊村实际出发，提出"集体搞物业、能人办企业、群众搞三产"的村级经济发展模式，让失地农民找到了适合自己的发展路子。全村有50%的村民从事房屋出租、餐饮业、运输业、加工业等第三产业，50%的村民利用土地发展多彩农业，既富民又壮大了集体经济。截至2007年该村共有集体积累3500万元，农民人均收入4800元。农民失地不失业，减地心不慌，成为远近有名的富裕村。"苏村模式"引起国内外关注。他们的成功经验先后被省和地方多家媒体报道，村支书也因此当上了市人大代表，成为该市农村支部书记的先进典型，在全市13个县区巡回演讲。村上先后荣获省级小康示范村，市级先进党支部等各种荣誉60多项。

（一）制度建设引领实践

村民代表能否在村级治理的民主决策、民主管理、民主监督中发挥作用，与村庄制度化程度密切相关。2006年，随着村集体经济的发展，公共建设项目的增多，规范管理日益成为村民群众关注的问题，苏村村支书带领两委会一班人，多次出外考察学习，在广泛征求村民意见的基础上，按照《村民委员会组织法》和陕西省《实施〈中华人民共和国村民委员会组织法〉办法》的规定，结合村情村况，制定出台了《苏村村村民自治章程》《村民代表推选管理制度》《村委会工作制度》《苏村规范化管理制度》等10项制度，作为干部执政和村民监督的依据。这种做法被称为"秦都第一家"而载入秦都

民主决策
Democratic Decision-making

县志。

苏村制订的《村民代表推选管理制度》由一系列的制度规范所组成，包括（1）代表产生制度；规定村民代表"采取自愿、联名的推选办法，每8户推选一名代表"同时又对村民代表实行动态管理，规定"村民认为所推选代表不能履行自己权力时，在征求两委会意见后，由原推选户另行推选代表，以签名形式报村委会备案"；（2）会议组织制度；（3）会议召集制度；（4）提案制度；（5）议事范围和程序；凡涉及本村民利益的事项和问题，都应列入民主决策的范围，主要涉及村级重大公共事务、村务、财务，如"一事一议"筹款、"两委"工作测评、本村享受误工补贴的标准和人数，村集体经济所得收益的使用，村办公益事业款的筹集，集体经济项目承包方案、土地承包经营，宅基地使用，本村经济和社会发展规划，以及修路、征地、物业管理、年终分配、集体企业产权、环境卫生、村民事务、推广新农作物、换届选举等一切涉及村民利益的村务都采取直接民主的方式决策。村民代表会议实行少数服从多数原则，决议经全体代表1/2以上通过才能有效。决定、决议一经作出，不得擅自更改，如确有必要更改，须经与会代表2/3以上通过。会议所作出的决议、决定及时向村民公布、公开，由村民委员会负责实施。制度明确了村民代表与村党支部、村民委员会之间的关系，建立了在村庄重大公共事务的行为中与民众协商沟通的有效渠道和由群众参与决策的规范程序。从制度上保障了村民的知情权、决策权、参与权、监督权，界定了村干部的办事权限，强化了对村干部权力的约束。因为有了这些制度，村民代表在村务决策、管理和监督中对村干部有着强大的约束力。2007年9月，苏村二组修路，干部认为工程小、投资小，没有召开村民代表会，群众认为干部违反了《村民自治章程》，反映到支部，支部立即召开两委会，纠正错误，并向群众说明情况，得到了大家的理解，工程才得以顺利进行。正如张静所言："村民自治要走上正确的发展方向，重要的在于通过制度安排对权力进行再分配，赋予村民代表会议足够的权利并将这种权利制度化。"[1]

（二）制度运行程序严谨规范

村级民主决策制度化的一个重要内容就是决策必须要有规范化的程序，这是保证决策科学化，从而根除违规决策的重要方法。从公共决策的原理看，决策分为提议、讨论、表决、执行几个阶段。据此，村级民主决策过程应是：议题提出→商讨论证→表决通过→执行实施的四个阶段。苏村的村民代表会议制度之所以能够较好的执行，在于有严格的程序保障，其表现为：

一是村委会对需要进行决策的事项一般是先提出方案，再交与村民代表进行讨论。多数村民代表会对决策方案提出修改意见。决策方案基本按照村民代表意见进行修改。

二是对村民代表会议进行较详细的记录，并对重要决定实行"征求意见单"和代表签字画押的办法。我们调研过的大部分村庄的村民代表会议并没有规范的议事程序，多数实行口头议事，口头决议，很少把会议内容形成文字记录。这种方式往往导致那些有争议一时难以解决的问题在以后的协商过程中出现重复议事、议事不清、议而难决的情况出现。苏村制度规定，每次会议要作会议记录，而且工作报告、会议主题讨论情况、表决结果和通过的决议或决定都必须整理立卷存档，以备后用。我们查阅了苏村二组和三组的村民代表会议记录，从中可以看出村民代表会议在村民自治中的重要地位，这种"征求意见单"和代表签字画押的办法是民主决策管理的重要环节。一方面使各个代表能够谨慎的行使代表的权利，因为要记录和签字画押；另一方面也减少了村民对代表的不信任感。因为决策过程有案可稽，代表是否为自己谋利，是否反映民意一目了然。这样一来既增进了代表和群众之间的透

---

[1]. 张静：《基层政权：乡村制度诸问题》，上海：世纪出版集团2007年版，第199页。

明度，也增进了彼此的信任和支持，村民和代表形成良好的互动关系。

三是决议表决方式规范。决议的表决形式可以反映出村级公共事务决策是否是一个民主的过程，以及村民代表权利的实现程度。现实中多数村民代表会议的表决形式基本上是口头形式，秦都区7个村中有5个主要采取口头表决形式；只有苏村和曹寨两个村比较正规，以举手表决和投票表决为基本形式。调研得知，村民代表普遍认为，举手表决和投票表决是一种比较正式的表决形式，而口头表决往往意味着走过场或决策者主观武断，一些代表抱怨，会议上村主任随便说说议题，然后就是"不同意的举手，同意就掌声通过"，村民代表连会议主题还都没有搞清楚呢，就莫名其妙地举手，即使有反对者也会在受到强大的外部压力下可能采取沉默的方式使决策方案通过。

（三）重大村务事项决策前都要进行民主协商

村民代表能否在村级治理的民主决策、民主监督中发挥效能，不仅与制度建设有关，而且与利益相关方的民主协商分不开。苏村村民自治中的民主决策制度规定凡涉及村民切身利益的事项，必须由村民民主讨论，按多数人的意见作出决定，其基本形式是村民会议及村民代表会议。重大村务村民讨论决定，就是公民在公共利益的导向下，通过对话、商谈、讨论等过程和方式达成共识。从理论上讲，村民代表是由村民选举产生的，村民代表一般都是村庄中声誉较高、素质较好的村民，在村民中具有影响力和动员能力以及参与村务的能力。村民代表能够有效动员普通村民，在村级事务决策中，他们可以站在村庄和村民立场上，与村党支部和村委会形成利益互动和权力博弈的均衡态势，为普通村民利益和村庄公共利益争取实现的机会。在参与村级治理的过程中，他们可利用其对村民的动员能力和广泛的村外联系，形成对村级权力运行的各种监督，可以防止村干部损害农民利益。对此，我们通过调查获取的典型案例加以说明。

苏村二组与热力公司管道通过赔偿谈判

事由：咸阳市热力公司建设一条热力管道要经过苏村二组，管道需埋设在二组道路下。

2007年8月5日，村委会与热力公司经过谈判达成协议：1. 道路开挖下管后，完整的修复道路；2. 热力公司补偿8万元用于对村民的安抚和因为建设管线对村民行走和房屋招客损失的补偿；3. 对二组补助8000平方米的供热面积，免除碰口费，热力价格按市场价下浮20%。

协议被村民知道后，二组一些村民怀疑村、组干部在与热力公司的谈判中得到了好处，出卖了村民的利益，有人说二组组长拿了热力公司40万元等等。二组村民集体到街办反映意见，强烈要求村民代表出面重新与热力公司谈判，否则会阻碍管道施工。

第一次谈判：管道铺设无异议

2007年8月8日在苏村村委会召开了会议。参加会议的有古台办袁主任、张科长，热力公司的刘经理、王部长，苏村村委会、党支部的全体委员和二组的村民代表吴运天、吴大斌、吴旭、吴根川、苏联合、苏三阳。热力公司介绍了项目的立项、环保及地震评估情况；街道办张科长说明这个项目是市重点工程、经过二组道路的详细情况和环保评估的文件；古台办袁主任讲了热力公司管道线路经过的问题。铺设管道既是市上的重要工程，亦可给村民带来实惠，所以对此无异议。会议同意管道从新村道路通过。

第二次谈判：赔偿问题起争议

8月9日，在古台办二楼会议室热力公司与苏村二组村民代表的谈判。热力公司杨经理说明热力公司管道通过苏村二组的详细情况和对二组的赔偿问题。苏村二组村民代表提出条件：1. 把热力管道通到每一户门前；2. 修建热力管道对二组道路的损坏要求赔偿100万元。双方没有达成协议。

第三次谈判：代表要求遭拒绝

8月10日，在热力公司王经理办公室又召开了协商会议，参加的有：苏村二组推选的5名村民代表，代表组长吴运天；古台办张科长；热力公司杨经理、王部长。苏村二组村民代表表示同意支持热力公司两个管网从苏村新村道路通过。王经理在答复对苏村二组村民的补偿问题时说，热力公司上级不会同意给二组全部安装供暖的条件；如果二组今后建设商品楼，可以优先办理手续。双方没有达成一致的意见。

第四次谈判：谈判分歧在扩大

8月12日，苏村二组召开全体村民会议，村民代表向全组村民通报与热力公司谈判进展情况，讨论对管道埋设区31户村民的赔偿问题。1. 村民王利家提出搬迁；2. 部分人提出每户每月2000元赔偿（按半年计算），先给赔偿款，方可施工；3. 要求热力公司支付31户人的终身保险费；4. 代表苏刚选提出，每月赔偿1000元，供热用气要优惠。8月13日，二组代表和热力公司谈判，反映了村民要求，王经理表示，热力公司无力为二组老村安装热力，对新村安装后的热力供应按市场价的80%收费；对每一户赔偿500元，对组赔偿3万元；建设污水处理设施要求二组配合；新村的供热管道，热力公司只负责主管道，每户的支管道由二组自己承担。村民代表提出，赔偿30万元，方可进行施工。

第五次谈判：代表降低补偿要求

8月16日，在苏村村委会继续进行谈判。参加者为街办干部、热力公司代表；村委会主任苏开来、村党支部书记张全利；二组组长吴运天，村民代表吴全斌等五人；吴满运代表提出，新村村民安装暖气管道免费，采暖费优惠50%作为对村民的补偿；给组上一次性补偿15万元；补偿10000平方米的采暖碰口费。未达成一致意见。

第六次谈判：谈判出现转机

8月17日，各方在苏村村委会进行谈判。组长吴运天向热力公司提出二组的要求：1. 给组上一次性补偿15万元；2. 补偿10000平方米碰口费；3. 给新村免费安装暖气管道；4. 供暖费优惠50%；古台办张科长要求热力公司内部商议。热力公司王经理讲企业的困难，待公司商定后再答复。

第七次谈判：政府强势介入

8月24日，在古台办二楼会议室召开会议，古台办杨主任亲自出面对热力公司管道通过苏村村的项目进行协调。杨主任说，热力工程项目是改善我市环境及为周边居民取暖的重点工程，市、区领导非常重视。选址也经过了科学论证。如果苏村村及二组继续提出各种不切实际的要求，影响工程的施工，市、区就要采取措施。

1. 市区领导要求苏村执行8月5日村委会与热力公司达成的协议；

2. 古台办为了避免市、区采取措施，决定由办事处给二组补偿5000元；

3. 要求热力公司用生产产生的炉渣把二组在北安的道路硬化。

如果不同意这个决定，那么原来的协议失效，热力公司的管道还必须通过。要求参加会议的村民代表负责给其他没有参加会议村民代表做工作。当天下午，二组的全体村民代表会议在村委会会议室召开，由村民推选的与热力公司谈判的代表和二组监事会向全体村民代表介绍了与热力公司谈判的经过和以上结果，最后，大家一致同意执行村委会与热力公司达成的协议，热力管道从新村通过。

以上案例中村民代表直接参与对外谈判，尽管由于政府的强势介入而未能实现预期目标，但它至少在以下几个方面的意义和价值不容忽视：

1. 村民代表在特大村务决策过程中处于谈判主体地位

按照卢福营所说，村庄公共事务大致分为三种类型，即日常村务的决策管理、重要村务的决策管理、特大村务的决策管理，分别具有不同的决策主体。[1] 从案例看出，关切村庄自身发展，与广大村民利益息息相关的热力公司管道通过的问题的谈判是特大村务决策过程，谈判虽有村干部参加，但村民代表始终处于主体地位。村民代表会议实际发挥着类似企业的股东代表会议的作用，担负着维护涉及农民生存大计的土地利益的重要职责。村民代表不仅向公司提出村民的意见要求，而且在谈判后向村民及时通报谈判进展，再次征求村民意见。一切涉及村民利益的村务都采取直接民主的方式决策，即由村民代表在广泛征求自己所代表的村民的意见的基础上作出决策，保证了村民代表会议的决策能够体现民意，说明村民自治产生的村民代表的代表性和公正性毋庸置疑。

2. 村民代表对村干部有着强大的约束能力

在城市化进程中，苏村有许多涉及村民利益的事，需要村干部协调处理。包括巨额土地补偿款的分配，公共设施建设项目，村集体投资的重大经济开发项目等，因此，村干部手中拥有巨大的权力。如果村委会权力得不到制约，很容易导致一些"村官"目无政策法律、独断专行。谈判中村委会、村干部往往急于替农民做主，造成村集体经济、村民利益受损。如热力公司管道通过的问题本应通过村民会议或者村民代表会议决议，村委会在充分征集村民意见后再去谈判，然而苏村村村委会却直接与热力公司谈判制定了赔偿方案，告知村民谈判结果，导致村民怀疑村组干部在与热力公司的谈判中得到了好处，出卖了村民的利益。《村组法》明文规定凡是涉及村民共同利益的村庄重大问题必须由村民会议或村民代表会议决定，

---

[1]. 卢福营：《当代浙江乡村治理研究》，北京：科学出版社2009年版，第139页。

而不是个别人说了算。于是村民要求由村民代表出面重新谈判，否则会阻碍管道施工。可见，村民代表在村务管理、决策和监督中对村干部有着强大的约束能力。

3. 村民代表在争取自己的利益最大化时表现出经济人特征

理性经济人应该具有如下特征：一是他们进行任何重要选择之前都要进行成本—收益计算，追求自身利益最大化；二是他们不仅追求短期利益最大化，而且追求长期利益最大化；三是他们能意识到合作带来的更大利益，并且当他们或者见到别的村民从合作中获得更大经济、社会利益时，他们便会产生强烈的继续合作或参加合作动机和行为。如在谈判过程中村民代表首先对热力公司管道通过本村的成本—收益进行计算，得出管道通过收益（道路补偿、暖气费用降低等）大于成本（路面的破坏、居住环境影响、人身安全问题），因此苏村二组村民代表在第一次谈判时就表示同意管道从新村道路通过，第三次表示支持热力公司两个管网从苏村新村道路通过。而且也表现出他们不仅追求短期利益最大化，而且追求长期利益最大化，即提出了短期利益要求——向村组一次性补偿 15 万元；补偿 10000 平方米碰口费；给新村免费安装暖气管道，也提出了长期利益要求——供暖费优惠 50%；要求热力公司支付 31 户人的终身保险费。

4. 村民的利益诉求由高到低逐步趋向理性

从案例中我们可以看出村民的利益诉求由高到低，逐步趋向双方都能接受的条件。在最初谈判中有的村民代表表现出一定的非理性，他们提出的条件：1. 把热力管道通到每一户门前；2. 修建热力管道对二组道路的损坏要求赔偿 100 万元。这样高的要求显然是热力公司无法承受的，因此双方没有达成协议。在随后反复的谈判沟通中村民的利益要求考虑到了对方的实际情况，逐步回归理性，热力公司也不断调整自己的赔偿政策，双方在分歧中求

民 主 决 策
Democratic Decision-making

均衡，在差异中求共性，在对立中求妥协，在冲突中求共存。直到利益切合点接近，最终达成协议。所以，协商不是权利的无限扩张或无原则的妥协退让，而是理性对话之中的利益博弈。

5. 制度化的参与渠道有利于乡村和谐稳定

案例可见，村民及村民代表对与自身利益息息相关的事情非常的关注，这种现象目前普遍存在于一些城中村、城郊村等在城市周边或内部的村庄中，这种关注一旦没有途径释放，往往在愤愤不平的情绪支配下形成混乱的群体事件。比如选择集体抗议、阻止施工单位施工、越级上访等比较极端的方式，认为这样做自己的利益诉求才能得到对方的重视。正是由于村民代表会议制度的实施，这种关注得到了正当途径的释放。村民代表会议在维护农民权益方面具有组织优势：一是具有广泛群众基础，村民代表是民主推选产生的，较之一般村民具有更高的议事决策能力；二是人数不是很多，便于召集和实际议事；三是具有现实的组织力量和权威性，依法形成的决议，村干部无权否定，乡镇政府难以撼动。村民代表是广大村民利益和意志的代言人，"从一般图景上看，村民代表会议制度是当前村级治理中最容易获得收益的制度安排，这种收益可以让村民、村民代表和村干部三方受益，即让村庄利益和秩序得到好处。"[1] 正是有了这一制度安排，村民在与外界沟通时表现出了一定的政治人理性，既不沉默任由权利受到侵害，也不以极端的抗争进行发泄，而是形成有组织的理性谈判的一方，恰当的运用村民代表会议制度赋予的权利保护和增进自己的利益，就可以避免一个偶发事件迅速转化为突发性社会事件的现象。

---

[1]. 贺雪峰：《村级治理中的村民代表——关于村民代表会议制度效能的讨论》，载《学习与探索》，2002 年第 3 期。

二、村民代表会议制度效能之不足

从以上分析可以看出，村民代表会议制度已经从无到有，从法律文本到村庄的墙头地头，总体上是健康发展的。从调研情况看，这一制度尽管已产生重要的效能，但真要从制度设计变成人们的日常行为尚需时日，还存在着一些亟待解决的问题，制度效能仍存不足。

(一) 村民代表会议决策监督质量不高

秦都区农村大部分地区都能定期召开村民代表会议，讨论决定村里的重大事项。尤其是苏村村民代表会议议事规则和操作程序比较完善。但秦都区大部分村庄村民议事会的质量并不是很高，一些应该村民代表会议讨论、研究、决策的事项，如村里的一些重要工作计划、经济社会发展指标等没有纳入会议议程，没有征求代表意见。我们调查秦都区67位村民代表，有90%的代表认为没有进行修改，也很少将修改后的决策方案提交村民代表表决。2009年我们对西安市新当选的党支部书记和村委会主任问卷调查显示，回答"你村村民代表会议中有无否决两委会决议的情况"时，选择有的有24人，占总数的19.2%，选择没有的有71人，占总数的56.8%，选择部分否决的有13人，占总数的10.4%，选择要求修改决议的有13人，占总数的10.4%。笔者参加的几次村民代表大会，村民代表也仅仅是发发牢骚，唱唱高调，没有起到参事议事、做村民决策代言人的作用。有的决策会变成了通报会，评议会变成了报告会，决策权被"两委"代劳。村民代表会议决策监督质量不高问题，直接影响了村庄发展、损害了村民切身利益。

民主决策
Democratic Decision-making

（二）村民代表的产生及议事规则存在较大缺陷

何增科认为，"治理体系完善程度衡量标准包括：治理主体多元化程度；治理主体代表性程度；治理主体问责程度；治理主体合作程度。"[1] 村民代表不仅要年富力强，还得看他是否愿意为了村民的利益行使代表的权利，是否具有代表性。调查发现，秦都区有的村民代表未严格按比例选举产生，而是由村干部指定；有的村的村民代表数量偏低，不仅达不到法定人数，甚至仅有3至5人。由于代表面不够广泛，加之为百姓代言的意识不强，村民代表极易被村干部利用，或被宗族势力操纵。在村民代表会议召集问题上，缺乏制度性规定，一般都由村民委员会召集，也就是"最高权力机构"却由向它负责的执行机构来召集开会，这显然是一个无法合理解释的规定。正是这个规定给那些苦心钻营私利的人创造了机会，只要掌握了村委会主任的权力，就会千方百计地绕过村民代表会议程序肆无忌惮地侵害村民的利益，导致大多数村民因为利益受损而对干部极度不信任。民选的村官民不放心，民选的代表民不相信。在秦都区某村的一次招商引资谈判中，村民聚集村委会，要求每户派代表参加谈判，就是不许村干部去，不许村民代表去。村民代表也不敢去，因为谈好谈坏群众都会骂。村干部与村民、村民代表与村民之间，缺乏一个必然的利益连接。

（三）主体之间合作精神缺失，协商治理局面难以形成

农村治理的主体是指在农村治理过程中行使公共权力的个人或者组织，即普通村民（包括村民代表、村组监事会成员）、乡村干部和村组干部。村级

---

1. 何增科：《中国治理评价体系框架初探》，载《北京行政学院学报》，2008年第5期。

治理的所有活动都需要通过治理主体而发生作用。良好的村治必须建立在政府与村民、村干部与村民、村民与村民之间的充分合作之上，通过合作和协商的手段解决各种分歧和矛盾。然而，一些基层组织在发挥村民代表作用上显然不够积极主动，认为实行村民代表会议是多了一道程序，增加了工作难度，削弱了党支部、村委会的领导权，担心在村民代表素质不高的情况下，议事结果会出现与党的路线政策偏离的情况，从而对村民代表会议不重视，甚至认为村民代表"太碍事"。有些村代表反映，村干部常常将棘手难办的事情拿到会上讨论，然后将责任推给代表。村干部在一些重要的村务决策，如村中经费支出、公益事业立项、集体收益分配等重要事务决策上要么从不与代表商量，要么选择性地召集村民代表会议，村干部作出决定后，再邀代表饭桌上开会，酒足饭饱之余，让代表领取补助之后，举手表决通过所议事项，得到物质利益的村民代表不愿意得罪村组干部。所议事项自然通过，签字完事。村干部利用自己掌握的资源收买代表，村民代表也只专注于自己得到的物质利益，全然不将政治责任和村民评价放在眼中，村民对代表充满失望。这样，村干部、村民代表及村民在利益上分化，行为上背离，缺乏真正意义上的协商合作。

（四）政府过度干预村务决策，导致村民代表谈判地位处于相对弱势

按照《村组法》规定，村民是村务决策的主体，对涉及村庄和村民利益的公共事务拥有民主决策权。但是，在乡村治理过程中，村干部和上级组织往往利用手中的权力不同程度干涉村务决策，甚至直接"为民做主"，严重违背了村民自治的本意，这是目前村民在谈判中处于弱势的一个重要原因。在苏村二组"关于热力公司铺设管道赔偿谈判"的案例中，村委会与热力公司直接谈判制定赔偿方案，村民不答应。村民代表出面与热力公司进行了7次艰苦漫长的谈判，然而就在谈判的关键时刻街道办事处领导出面干预代表与

公司的谈判，理由是该项目是重点项目、民生项目，市、区领导非常重视，村民不能为了一己之利影响工程的进展。于是，为了保证政令畅通和对村庄的控制，最终政府拿出手中的行政权力强势介入，大包大揽，直接"为民做主"，迫使村民接受，使村民之前的利益诉求几乎被全部否决。决策过程本来就是一个反复协商的过程，是各方利益通过博弈达到一个平衡的过程。即使村民在进行利益诉求时提出了不合理的诉求，政府也是应协调，而不是强制干预。可见，基层政府的不当行为，会对基层民主的发展造成致命损害。

（五）代表能力素质需提高

村民代表的素质和能力也是影响代表会议制度效能的重要因素。贺雪峰认为，村民代表必须有能力代表村民参与村务的决策、管理和监督，必须有能力将讨论通过的村务决定贯彻实施到他所代表的村民之中，让村民相信遵守这个决定对自己有好处。[1] 村民代表的素质包括文化素质、个人精力和政治素质。由于村民代表所受教育程度，生活阅历等因素的影响，对民主管理和决策的理解和认识参差不齐。苏村主任就感慨村民代表素质堪忧，一些村民代表年龄大，文化程度低，民主法制观念和参政、议事能力不强，在项目洽谈签合同时上当受骗；有的代表凌驾于村民和村委会之上，在谈判时，不顾群众的要求和利益，不与群众协商，私自拍板定夺。部分村民代表习惯于被动地接受管理，主体意识缺位。虽参加议事会，却自始至终听不到他的声音，只"代"不"表"；还有一类代表在参议村务大事时，与己利有关的事就支持，与己利无关或损害自己利益的事就反对，不是通盘考虑全村群众的根本利益，而是只考虑到本组、本户利益。比如钓台街办辖 21 个行政村，187 个村民小组，征地涉及近一半村庄，按规定"嫁城女"享有本村土地拆迁补偿

---

1. 贺雪峰：《村级治理中的村民代表——关于村民代表会议制度效能的讨论》，载《学习与探索》，2002 年第 3 期。

款分配权,村组不得违法拒绝。但郭村制定征地款分配方案时,村民代表坚决不同意补偿,街道办事处进村做几天工作,最终还是不给"嫁城女"分配补偿款。可见,必须下力气提高村民代表依法决策水平。

(六)经济原因是制约村民代表会议治理绩效的基础性因素

秦都区所辖的几个塬上村,经济发展滞后,没有什么集体经济,村民会议制度基本瘫痪。村民告诉我们"没财务监督什么"。由于经济基础薄弱、公共资源缺乏,村民自治缺乏凝聚力和吸引力。有的村甚至连村主任都不用选举,叫一桌饭菜,桌子一转到谁面前停下谁当,其实就是"抓阄定村长"。选举代表的热情自然也不高,有的村压根没有村民代表,有的村村民代表会议连基本的代表人数都达不到,即使勉强凑齐人数也是走形式,村民代表会议成了举手会,大家都不愿意参加,没有取得应有的作用和效果。相比较而言,像苏村这样地理位置优越、集体经济强大的城中村,在城市化进程中,有许多涉及村民利益等重要事务的决策,如巨额土地补偿款分配、公共设施建设立项、村集体投资项目等需要村民代表参与。担任村民代表不仅经济上有利可图,还能带来精神上的收益,如荣誉、面子、地位等。村民不仅争当代表,而且也能发挥其积极作用。秦都区古渡街办干部介绍,现在换届选举"连村民代表都有贿选现象"。可见,群众的民主需求与参与动力,归根到底还是要与他们的经济利益紧密结合。"将民主活动引向社会生活的更多领域,特别是那些群众高度关注、发生利益冲突比较多的领域。群众的利益延伸到哪里,民主就应该延伸到哪里;公共决策的过程延伸到哪里,民主就应该延伸到哪里。"[1]

---

[1] 赵树凯:《中国基层民主发展中的"参与"问题》,载《中国发展观察》,2007年第1期。

民主决策
Democratic Decision-making

三、提高村民代表会议制度效能的几个着力点

如何使村民自治成为一种常态、一种生活,如何将民主引入乡村治理的全过程,让基层民主真正运转起来?我们认为当前一个重要的途径就是积极推动村民代表会议机制创新,切实提高村民代表会议制度效能。为此,拟着力于以下几方面的探索和实践:

(一)健全村民代表会议民主决策机制

村民代表会议是在村民自治实践中创造出来的一种民主议事制度,但如果重形式、轻效果,就会变成村干部把持村政的工具和摆设,无法实现村民自治制度设计的直接民主理念。相反,如果村民代表会议规范化、制度化,直接民主的理念就能够实现。[1] 调研发现,村级民主决策,关键是要明确主体、规范程序。尤其是村民大会、村民代表会议、村务公开等制度的建设,要紧密结合村委会的选举,规范村民代表的选举,理清村民代表会议与村民会议及村委会的关系,把村民代表会议与村委会和村民会议有机地结合起来,形成村民会议或村民代表会议民主决策、村委会管理村务、村民积极参与的农村治理格局。

(二)积极发展协商民主,使之成为村民自治中的决策形式

谈判民主,其特点是通过谈判分配利益,以使各方都能对自己的利益要求得到相对满足;但要更多地发挥协商民主的作用。[2] 协商民主能够让社会群

---

1. 董江爱:《村民代表会议的制度化:直接民主理念的实现》,载《马克思主义与现实》,2005年第1期,第103页。
2. 李君如:《中国能够实行什么样的民主?》,载《北京日报》,2005年9月28日。

体中各种不同意见和要求，通过理性对话得到系统、综合的反映，并在谈判中作出必要的妥协，达成一定的共识，从而使公共决策最大限度地实现各方利益的均衡。苏村的案例充分说明了谈判沟通与协商的重要性，村民代表在充分征集了村民的意见后去谈判，能够真实地反映大多数村民的意见，使对方能够慎重考虑；同时在沟通村情民意中起着桥梁和纽带作用，在谈判后也能及时反映对方的意见和困难，带回给村民，使双方能够了解互相的意愿，为最终解决问题奠定了良好的基础。当前，城乡一体化进程中城区不断扩张，工业项目与工业园区的大规模建设，都会涉及大量的土地征用和村庄拆迁，由此而引发的农村各类社会矛盾日益突显。这些矛盾总体上表现为两大类：一类是被征地、被拆迁农民与政府之间在土地征用、旧村改造政策兑现等方面产生的一些矛盾和问题；另一类是农村集体经济组织内部因征地拆迁补偿资金的分配、管理和使用体制、利益关系调整而引发的矛盾冲突。以上两类矛盾和冲突绝大多数是可以用谈判、妥协、讨价还价的方式来解决的。要把民主协商制度引入村民大会、村民代表大会和村民小组，使之成为村民更广泛地参与村庄事务的公众论坛。一是广泛宣传协商民主理论，让协商民主成为村民民主决策的首选价值偏好。二是开展多种形式的教育培训，引导村民准确把握协商民主理论的精神实质、基本内涵和程序步骤。三是建立畅通有效的谈判、协商机制，在平等和法制轨道上解决利益冲突。四是不断提高村民政治参与的素质技巧和能力，最大限度地消除村民之间由于社会和经济等不平等因素而造成的协商能力的不平等。

（三）培育村务决策管理主体民主平等理性妥协的精神

主体间的平等理性协作是村民代表发挥作用的一个有效渠道和基本前提。村民委员会作为基层群众性自治组织，是乡村治理的操盘者，其设置的根本目的是代表农民的利益，与社会强势集团进行协商谈判，维护农民的合法权益,积极为村民和代表提供一个畅通、便捷的利益表达渠道。村民代表作为乡村治理的平衡者,享有与政府平等的地位,通过对话、协商参与公共事务决策。但由于村民代表是松散的个体,其作用的发挥在很大程度上有赖于基层组织的重视和推动。因为基层政府的强势地位,在村务决策协商时,很容易把冲突主体拉到一起,只要秉承客观公正的立场,保证参与协商的主体地位平等,让双方理性透明地交流,给双方畅所欲言和充分表达的机会,特别是要从维护农民利益的角度出发,保护农民谈判权利,提高其制度化的谈判地位。最终合理协调双方的利益,达成决策共识。当然,政府在协商中过度干预抑或"缺位"、"错位"、"越位"制约着多元主体的独立成长及伙伴协商关系的形成,都是对协商民主决策的损害。

(四)探索推行户代表制以消弭村民代表会议制度的不足

现行村民代表会议制度的实践一方面确实扩大了村民的政治参与,吸引了更多的村庄精英参与村级政治生活,但另一方面却又在客观上限制了村民的政治参与,即减少了普通村民参与村务的机会。在实际运作中,"村民代表会议成为村里精英人物的碰头会,未必真能代表普通村民的利益,特别是村民代表会议一年只开一次(或两次),村民代表会议并未能发挥其职能。"[1] 基于村民代表会议制度具有"代议"的特征,是一种间接民主,其同样会受到代议制弊端的局限。根据村民自治的内涵以及《村民委员会组织法》所蕴涵的精神来看,村级民主应是直接民主而不是间接民主。然而,我们以村民代表会议制这种间接民主的方式来替代村民会议,这种直接民主的方式是否可行?如果说,这是我们的一种不得已的选择的话,那我们又如何去克服或消解由此而带来的一系列问题?苏村的户代表制实践给予了我们一个重要的启

---

1. 郎友兴、何包钢:《村民会议和村民代表会议——村级民主完善之尝试》,载《政治学研究》,2000年第3期。

示，我们完全可以通过机制创新在一定程度上解决这些问题。苏村一组自2005年以来村民既不选举村民小组长，也不推选村民代表，公共事务决策采取"户代表制"，即以本村家庭户为单位推选产生户代表，由全村户代表组成户代表会议，承担村民会议职责，对本村重大村务进行讨论决定的一种村民自治机制。运行五年来深受村民的欢迎，其民主参与的实际效能远胜于村民代表会议制度。这一机制的成功之处就在于让代表更具有代表性，在代表与其成员之间形成一个更紧密的利益连接，也能为更多的农民群众理性表达利益诉求提供机会和平台。

（五）探索会议召集制度，提高村民代表会议制度效能

村民会议制度包含两个最重要的制度，一是会议的召集，二是会议的决策程序。《村组法》明确规定了村民自治的组织框架：村民会议及村民代表会议是承担决策职能的权力机构，村民委员会是执行机构。村民会议和村民代表会议与村民委员会是监督与被监督的关系。但在同一法律中又规定"村民会议由村民委员会召集、由村民委员会召集村民代表开会"，如果村民代表会议须得由村委会来召集，那就谈不上是真正的村民自治了，充其量不过是"村官自治"罢了。因为这一规定使得村委会成了决策过程中的实际领导人，民意难以对民主决策形成决定性影响，其明显违背了民主决策、民主管理、民主监督的逻辑，严重影响了村民代表会议制度效能的发挥。因此，我们仍需通过具体的制度和机制创新以弥补立法的不足。能否考虑在大多数村干部和村民矛盾并不尖锐的村庄，在村民代表中选出村民代表会议主席，由村民代表会议主席来负责召集村民会议。广东的一些地方在这方面进行了有益的探索和实践。如云浮市在村民代表会议下设召集组、监督组和发展组[1]，把原

---

[1]. 舒圣祥：《村民自治：赋权比指引更重要》，载《南方农村报》，2008年10月20日，第2版。

本集中在村委会身上的多重村务管理职能进行分解,分别落实到独立于村委会之外的其他组织单元。2008年,在村务监事会制度的基础上,广东蕉岭县芳心村试行村民召集组制度,从全体村民代表中选举5名成员组成召集组,主要是召集召开村民大会或者村民代表大会,相当于人民代表大会的常委会[1]。召集组把开会的议题提前告诉村民,广泛收集村民的意见,对于一些腐败或不作为的村干部,村民召集组可以召开村民大会,合法罢免村干部,从程序上方便操作。这些新的机制理顺了村民委员会与村民代表会议(村民会议)的关系,解决了被监督对象领导监督主体的逻辑矛盾,大大地提高了村民代表会议制度的效能。

(原载《华南农业大学学报(社会科学版)》,2010年第2期)

---

1. 胡念飞:《村庄治理的"蕉岭模式"》,载《南方日报》,2009年11月6日,A06版。

中国地方政府决策模式探析
——以 HT 县为例

马宝成
（国家行政学院）

一、序　言

政府有广义和狭义之分，广义上的制度是指包括立法、行政、司法机关在内的所有机关，狭义上的政府是指国家政权机构中的行政机关。本报告的调研对象——HT 县政府是指广义的政府，主要包括县委、县政府及其组成部门，也包括县人大、县政协、县司法机关、县人民武装部等在内的决策主体。

HT 县总面积 1183 平方公里，总人口 17.3 万人，其中非农业人口 4.2 万人。县域经济社会发展基本情况如下：一是工业基础雄厚。HT 县煤炭储量 33.7 亿吨，占全省已探明煤炭储量的 40.2%，是全国 13 个重点产煤基地、西北 3 大产煤矿区之一，也是省煤、电、化、运一体化综合产业开发的核心区。2006 年生产原煤 1415.49 万吨，发电 3.2 亿度。HT 工业园区已入驻企业 18 户，引资 32.34 亿元，完成投资 5.16 亿元。目前，全县初步形成了以煤电产业为龙头，化工、建材、陶瓷、电瓷、机械制造等多业并举，区域特色鲜明，规模优势突出的地方工业体系。二是农业特色鲜明。HT县是优质核桃、药材和肉牛生产基地，境内植物多达400多种，规模种植的大黄、当归、党参、独活、柴胡等地道中药材有50多种，野生药材多达208种，目前，建成了20万亩核桃、5万亩药材、10万头肉牛、10万亩饲草"四大基地"，发展农副产品深加工产业具有得天独厚的资源优势。三是基础设施完善。宝中铁路横穿境内，有年吞吐量1000万吨的煤炭铁路专用线和140万吨的铁路集运站，有省级干线公路2条。随着平（凉）宝（鸡）高速、西（安）平（凉）铁路的陆续建设，HT县将成为贯通西（安）兰（州）银（川）三条高速、三条铁路的重要交通枢纽，区位优势明显。四是经济实力较强。截至2006年底，地方国内生产总值达到20.65亿元；大口径财政收入达到4.46亿元，其中地方财政收入达到1.41亿元；地方固定资产投资达到13.76亿元；招商引资总额达到9.8亿元；城镇居民可支配收入达到7613元；农民人均纯收入达到2206.43元，县域经济基本竞争力跃居全省66个县的第7位，被评为第六届全国县域经济基本竞争力提升速度最快的百县（市）之一。先后荣获全国创建文明村镇工作先进县、全国科技工作先进县、全国村民自治模范县等省级以上荣誉称号150多项。

基本政情方面，HT县的四大领导机关——县委、县人大、县政府、县政协是全县的政治权力中心，加上政法系统中的法院与检察院、武装系统的人民武装部，共有六套班子。六套班子之下，总共有100多个部门机构。HT县辖5镇、5乡、1个街道办事处、1个开发区管委会、107个行政村、19个居民委员会。以上六大班子和100多个部门成为县政府科学民主决策的主体。

二、HT县科学民主决策的基本情况

（一）科学民主决策的主要内容

县级政府决策的内容状况与基本县情息息相关，一般围绕经济社会发展的形势展开，同时还必须兼顾贯彻落实中央和上级政府政策。从 HT 县经济社会发展的实际来看，招商引资发展工业和第三产业、促进农民增收与建设新农村、发展基础教育、公共卫生、农村扶贫等是当前的头等大事。因此，从总体上看，县级政府决策的基本内容也大都以这些经济社会发展迫切需要解决的问题为主，包括以下方面：（1）贯彻落实党中央、国务院、省委、省政府、市委、市政府的重要指示、决定的决策措施；（2）全县国民经济和社会发展中长期规划、城市总体规划、土地利用总体规划和县域城镇体系规划、重点区域的控制性规划、重大产业布局和专项规划；（3）全县国民经济和社会发展年度计划、年度财政收支预算方案及其执行情况、年度土地利用计划指标；（4）涉及全县性重大改革措施的出台；（5）重大建设工程特别是涉及政府投资的重大项目安排、重大或特殊建设项目用地政策、政府采购的重大项目、国有资产处置的重大事项和重大财政性资金的审批使用等；（6）关系国计民生和群众切身利益的社会保障、文化卫生、科技教育、环境保护、住房保障和物价等重大政策；（7）重大公共安全问题、重大自然灾害及重大突发性事件的应对和处置、需要研究的重大项目等。

（二）科学民主决策的主体

县级政府的基本情况与运行机制是考察县级政府决策的基本要素。HT 县有包括县委、县人大、县政府、县政协、政法系统中的法院与检察院、武装系统的人民武装部在内的六套班子。六套班子之下，总共有 100 多个部门机构，其中，县委系统有 13 个部门、人大有 6 个委员会、政府有 49 个部门、政协有 6 个委员会、社团有 3 个部门，加上单独列出的执法机构 6 个、垂直管理的部门 25 个。HT 县辖 5 镇、5 乡、1 个街道办事处、1 个开发区管委会，107 个行政村、19 个居民委员会。这些构成了县级政府决策的主体。根据决策主体层级的不同，可以把县级政府决策作以下大致划分。

1. 县级政府决策

这是县级政府决策的最高类型，主要包括以下几种：

（1）县委和县政府集体决策：以县委和县政府的名义联合发布。

案例：中共 HT 县委 HT 县人民政府《关于开展全员招商、全民创业的决定》（2006 年 8 月 7 日）

（2）县委决策：以县委名义发布。

案例：中共 HT 县十三届十次全委会议关于《加快推进教育、卫生、文化体制改革的决定》的决议（2006 年 8 月 6 日中共 HT 县十三届十次全委会议审议通过）

（3）政府决策：以政府名义发布。

案例：HT 县人民政府关于印发《HT 县农村居民最低生活保障制度实施办法（试行）》的通知（2007 年 4 月 18 日）

2. 县委部门或县政府部门决策

（1）县委部门决策

案例：中共 HT 县委组织部《关于大力发展农村专业合作经济组织进一步深化和推进"双培双带"工程的通知》（2004 年 6 月 19 日）

（2）由县政府转发的部门决策。这一类型的部门决策一般是综合性的，往往涉及两个以上的不同部门，需要由县级政府的综合部门——县委办公室或县政府办公室——进行协调，以县委办公室或县政府办公室名义转发。

案例：HT 县人民政府办公室批转县劳动保障局《关于开发公益性岗位妥善安置大龄就业困难人员实现再就业的实施意见》的通知（2006 年 7 月 28 日）

（3）以部门名义发布的部门决策。按照部门权限制定的政策，这一类型的部门政策涉及的具体问题比较单一，一般不涉及其他部门的配合或协作。

案例：HT 县民政局关于印发《HT 县城市医疗救助实施细则（修订稿）》的通知（2007 年 4 月 12 日）

3．现场办公

现场办公也是县级政府决策的重要形式，具有决策过程快、实效性强的特点。一般是围绕当前需要重点解决的问题，由县级四大班子主要领导或分管领导以及决策对象涉及的有关部门负责人参加，一边对决策对象进行现场视察，一边进行研究和决策，最后召开会议对形成的决议进行系统总结，形成会议纪要作为政策执行的依据。

案例：《关于蔺莲公路建设现场办公会议纪要》

2006 年 7 月 3 日，县委、政府召开了蔺莲公路建设现场办公会议，县委、政府、政协主要领导，四大机关分管领导和县直有关部门、XH 镇、市 GS 林业管理局负责人参加了会议。与会人员现场踏勘了蔺莲公路建设现场，在县委西五楼会议室召开了会议。会议听取了县交通局关于蔺莲公路建设进展情况的汇报，并就工程建设中的有关问题进行了讨论，县委书记、县长分别作了重要讲话。现将会议议定事项纪要如下：

民主决策
Democratic Decision-making

会议认为：蔺莲公路是我县经济社会发展的旅游线、文化线和转型线，对于深度开发莲花台旅游资源、弘扬秦皇祭天文化至关重要，对于推动发展转型意义重大。该工程自5月初开工建设以来，在县委、县政府的正确领导下，取得了良好进展。特别是县委、政府主要领导高度重视，非常关切，多次踏勘调研，解决问题；分管领导加强调度、强化督查；交通、旅游、水务、建设、公安等部门和XH镇克服气候、环境、资金等诸多困难，密切协作，精心施工，全力保障，确保了工程进度和质量，为顺利建成通车奠定了坚实基础。

会议指出：蔺莲路建设虽然取得了一定进展，但还面临着地质条件差、气候多变、任务繁重等客观困难，存在建设资金严重不足、建设环境不够宽松、工程管理不够严格、工期十分紧张等问题。各级各部门要高度重视，坚定信心，下硬功夫，不惜代价建设、打破常规建设、优质高效建设。

会议议定：

1. 关于建设任务。一是完成蔺家沟至玄峰林场8公里的路面油筑（含XH镇街道）；二是完成大牛腰至上下時新开4公里的道路建设；三是完成上下時之间石台阶的建设任务；四是建成秦皇祭天广场；五是做好旅游景点的规划设计和招商工作。

2. 关于工程工期。确保8月底建成通车。

3. 关于建设资金。由县财政局负责，2天之内到位100万元，5天之内再到位300万元，10天之内再到位300万，确保半月之内筹集到位资金1000万元。县财政、发改、交通等部门要按照特事特办的原则，积极与国家、省、市有关部门衔接，争取支持。要通过银行贷款等多种方式，多渠道筹措资金，保障建设需要。

4. 关于建设管理。交通局要按照廉洁施工、科学施工的要求，加强工程调度与管理，分段、分工种招标高资质、实力强的施工单位，确保工程建设的质量与进度；水务局、交通局要统筹考虑全县的砂源，按照就近、就地、保证质量的要求，确保5天之内妥善解决工程用砂问题。

4．工作会办

2006年8月，经县委、县政府研究决定，在全县实行工作会办制度。工作会办成为县级政府决策的一种重要主体，主要包括以下主要内容：

（1）会办主体：四大班子全体县级领导，各乡镇、各部门主要负责人。

（2）会办内容：主要包括六个突破性领导小组所主抓的中心工作；包括煤电化运综合开发、农村特色产业培育、招商引资、项目建设、城镇建设、社会事业发展等事关经济社会发展的重点工作；包括信访、社会治安、安全生产等社会稳定方面的工作；包括县委、县政府主要领导批办、交办的具体事项。

（3）会办形式：第一，定期性会办。各县级领导每月要按照县委、县政府总体部署和工作预安排，到联系乡镇、分管部门组织召开工作例会，认真听取工作运行情况汇报，对工作中存在的重点、难点问题及时进行会办，积极协调解决。如无具体问题，要坚持"零会办"，对下一阶段工作可能出现的矛盾和问题进行分析梳理，有针对性地研究落实相关措施，并超前考虑各项工作，提出建设性的意见与建议，不断增强工作的主动性。第二，专题性会办。对煤电化运综合开发、农村特色产业培育、项目建设、招商引资、城镇建设、社会事业发展等重点工作中出现的矛盾和问题，各县级领导和乡镇、部门主要负责人要按照职责分工，组织专题会办，采取有效措施，迅速落实到位。对社会稳定工作要坚持"抓早、抓小、抓苗头、抓基础、抓基层、抓主要对象"，乡镇和县直有关部门要坚持信访工作每周会办制度，排查分析问题，及时解决矛盾。第三，应急性会办。对县委、县政府主要领导交办、批办的具体事项，以及各种突发性、应急性事件，分管领导和乡镇、部门主要负责人要快速反应，立即会办，及时把矛盾和问题化解在基层，解决在萌芽

民主决策
Democratic Decision-making

状态。第四,重点工作会办。全县经济社会发展中遇到的重要问题、大额度资金使用等事项,县委、县政府主要领导组织召开联席会议会办,人大、政协主要领导参加。

(4) 会办要求:一是注重会办实效。要突出"什么事、召集人、谁来办、怎么办、何时办结"等重点环节,坚持做到"六个明确",即会办范围明确、会办事项明确、责任单位和责任人明确、落实措施明确、工作标准明确、完成时限明确,不断提高会办质量,切实保证会办效果。二是建立会办载体。县委、县政府组织召开的会办会议,要形成会议纪要,下发有关乡镇和部门,指导、督促工作;各乡镇、各部门主要负责人组织召开的会办会议,也要形成会办纪要或会办记录,明确责任要求,推动工作落实。三是强化会办督查。县级领导和各乡镇、各部门主要负责人要对工作会办事项亲自督查、指导,跟踪落实,掌握情况。县委、县政府把各乡镇、各部门会办工作开展落实情况,纳入乡镇、部门年度目标考核内容。县纪委、县委组织部、县监察局对会办事项落实不到位并造成不良影响的,要严肃追究有关责任人的责任。县委、县政府办公室要进一步加大对全县工作会办制度执行情况和县级领导会办事项落实情况的督促检查,每月月底前对县级领导会办情况进行统计汇总,并下发情况通报,在通报中要明确会办县级领导、会办事项、落实情况等具体内容。

(三) 科学民主决策的基本程序

关于公共政策的理论研究表明,一般的公共政策制定过程包括以下基本程序:提出问题与意向征集、调查研究、方案设计与征求意见、法律审查、会议研究与形成决议、政策发布、政策反馈及修正。

HT县政府决策的基本程序,一般视决策对象的重要程度而有所不同。一般看来,关于重大事项的决策与突发事件以及一般日常事务的决策在程序要求上有所不同。

关于重大事项的决策对程序的要求非常严格,对此,《中共 HT 县委常委分工负责制运行规则(试行)》的第三章科学决策对县委常委会决定重大事项的主要程序作出了详细规定:

(1) 调查研究。决策重大问题前,要广泛征询意见,充分进行协商和协调。一般应征求各乡镇、街道办事处、工业开发区和县直各部门党组织的意见;有的应听取县人大、县政协、人民团体、各民主党派及无党派人士的意见;对专业性、技术性较强的重大事项,要认真进行专家论证、技术咨询、决策评估;对同群众利益关系密切的重大事项,要实行公示、听证等制度,扩大人民群众的参与度。

(2) 确定议题。县委常委会议题由常委提出,县委书记确定。涉及重要政策性问题和干部问题,由县委书记、副书记和分工负责的常委充分酝酿,必要时可与其他常委,人大、政协党组书记通气、协商,形成比较成熟的意见后提交常委会。涉及县人大、政府、政协工作的,先由县人大、政府、政协党组讨论提出意见,经党组书记同意后,由县委书记确定。常委会议一般每月召开两次,如遇重要情况可随时召开。

(3) 确定参会人员。县委常委会出席人员为县委常委,列席人员为县人大党组、县政协党组书记。讨论经济社会发展方面工作时,分管人大副主任、副县长、政协副主席可列席。实行会议开放制度,县委全委会、县委常委会议内容不需保密的,可邀请县委委员、候补委员、县党代表、党员代表列席,但列席人员一般不超过会议组成人员的 1/3。

(4) 酝酿意见。县委常委会召开的时间、议题一般应提前两天通知与会人员。会议有关材料同时送达。与会人员要认真熟悉材料,酝酿意见,做好发言准备。

(5) 充分讨论。县委常委会由县委书记召集并主持。县委书记不能参加会议时,可委托县委副书记召集并主持。议题由分管领导或有关单位负责人作简要说明，与会人员应就议题充分讨论并发表明确的意见。讨论时，会议主持人应在听取其他与会人员的意见后再表明自己的意见，然后按照少数服从多数的原则集体表决。个人的意见被否决后允许保留，但在没有作出新的决议之前，必须认真执行集体的决定。

对于那些重大决策事项往往还需要咨询论证。一般的做法是在调查研究基础上，召开专家咨询论证会议，就决策事项进行综合分析。HT县工业发达，在一些重大工业项目的引进上，专家咨询论证这个环节是非常重要的。

（6）逐项表决。会议对议题进行充分讨论后，由主持人归纳讨论情况，提出初步意见，与会人员进行表决。县委常委会必须有半数以上的常委到会方能举行；讨论干部问题时必须有2/3以上常委到会方能举行。进行表决时，以赞成票超过应到会常委人数的半数为通过，未到会人员的书面意见不计入票数。表决可根据讨论事项的不同内容，分别采取口头、举手、无记名投票、记名投票或其他方式。会议决定多个事项时应逐项表决，推荐、提名、任免和奖惩干部事项应逐个表决。

以上会议出席人员因故不能参加会议，要提前向会议主持人请假；如对议题有意见或建议，可用书面形式表达。出席人员一般不得缺席、顶替，有特殊情况要向县委书记请假。

（7）作出决策。会议主持人根据表决结果作出最后决定。与会人员对集体作出的决定如有不同意见，在坚决执行的前提下，可以保留意见，也可以向市委报告。常委不得对外发表与常委会集体决定相悖的言论。

（8）形成纪要。县委办公室指定专人负责会议记录、编写会议纪要，经专职副书记审核，县委书记签发。

（9）议定事项落实。县委常委会议作出的决定，由常委按分工负责落实。专职副书记受县委书记委托，牵头落实阶段性重要工作任务。常委对常委会集体作出的决定，必须坚决执行。如有不同意见，在坚决执行的前提下，可保留意见。

（10）落实情况督查反馈。建立县委、人大、政府、政协办公室主任联席会议制度，加强工作沟通协调。建立督查通报制度，定期通报常委会决策部署落实情况。县委、县政府每半月制定全县工作预安排，办理落实情况在县委常委会上进行通报。

但是，从实际的决策情况看，关于突发公共事件的决策和很多一般日常事务的决策不一定都要遵循上述程序。特别是在突发公共事件的决策，必须是迅速果断的，不可能考虑程序的合法性。在许多政府日常事务的处理上，决策程序也存在一定的灵活性，一般包括以下方面：业务部门→综合部门→办公厅（室）协调→开展调研→提交相关会议（包括政府办公会议、政府常务会议、党委书记会议、党委常委会议等）研究决定，在实际操作上，这些具体程序与上述基本程序要求并非完全一致。

三、HT 县科学民主决策的经验做法

（一）注重科学民主决策的制度建设

制度建设是科学决策的根本。为了从根本上保证各级党委决策行为的科学性，HT 县结合各级班子在贯彻民主集中制中存在的问题和不足，先后建立并完善了一系列科学民主制度，使县级政府决策做到有规可依、有矩可循，并要求认真贯彻执行制度规定的每个环节、每个程序。同时，把这些制度要求延伸到乡镇党委和县直部门，弥补了工作中的漏洞，尽最大可能地避免人为因素造成领导班子决策的失误。这些关于科学民主决策的制度主要包括以下方面：

根据省、市有关精神，借鉴外地经验，结合县情实际，按照集体领导、扩大民主、明确职责、提高效率的基本要求，2007 年 4 月 21 日，中共 HT 县

十四届四次全委会议审议通过了《中共 HT 县委常委分工负责制运行规则（试行）》。《规则》的第三章"科学决策"根据"集体领导、民主集中、个别酝酿、会议决定"的原则，对县委常委会决定重大事项的主要程序作出详细规定。对关系全县长远发展的总体规划、年度计划、重大建设项目、大额度资金使用、重要人事编制等重大问题由常委会集体讨论决定，特别重大的提交全委会票决，进一步强化了集体决策职能，确保了常委分工负责制规范、协调、高效运行。

同时，HT 县制定出台了《县委决策重大事项议事规则》和《县直单位党组（党委）决策重大事项议事规则》，进一步规范了各级班子的决策程序和班子成员的决策行为。

2007 年 5 月，中共 HT 县委组织部制定了《HT 县推行"三制三化"加强村级民主管理试点工作的实施意见》，对农村基层决策科学化、民主化提出了具体要求，要求在全县范围内开展以建立民主决策、民主管理、民主监督机制，促进决策科学化、村务管理制度化、民主监督规范化为主要内容的"三制三化"村级民主管理试点工作。

2006 年 8 月，为进一步明确工作责任，强化工作措施，提高工作效率，加快发展转型步伐。中共 HT 县委、HT 县人民政府发出《关于在全县实行工作会办制度的通知》，决定在全县实行工作会办制度。《通知》对会办主体、会办形式、会办内容、会办要求等具体问题作出了具体规定。

2005 年 8 月，中共 HT 县委办公室发出了《关于建立民情调查制度的通知》，根据全市党委办公室工作会议精神，决定建立民情调查制度，开展经常性民情调查工作。

（二）调研工作开始成为决策的重要环节

为了提高调研水平，使调研能够真正为县级政府决策提供依据，2005

年 8 月，HT 县专门建立了民情调查制度，对调研活动的方法、内容以及具体要求加以规范。认为开展民情调查，是及时了解掌握基层群众呼声、要求和建议的重要途径，是搞好工作的前提和基础，对于加强上下联系、密切干群关系、促进作风转变、提高调查研究水平、推进民主决策具有重要意义。

该制度重点对民情调查的方法、内容方面作出具体规定：采取入户调查、召开小型座谈会、问卷调查、网络调查、热线电话调查等多种形式，紧紧围绕中央、省委、市委和县委各个阶段的中心工作、重大决策部署开展民情调查，及时收集群众的意见和建议；紧紧抓住群众日常生产生活中的热点、难点、焦点问题开展民情调查，及时反映群众的呼声和要求。《通知》要求各乡镇、各部门要将民情调查纳入整体工作，建立专人专报责任制，做到经常化、制度化。报送调查情况要充分体现短、实、快的特点，及时调查，每星期报送一次。县委办公室将开办《民情快报》，及时摘编各乡镇、各单位报送的调查结果，并逐月进行通报评比，纳入年度精神文明建设目标责任考核。

1. 调研主体

调研工作可以由不同的主体进行，这些调研主体主要包括人大、政协、专职部门（县委调研室）、各有关职能部门。

（1）人大调研。这是层次较高的调研，但是调研活动较少。其主要做法是：HT 县人大常委会对于列入常委会审议的议题，都由主任会议安排常委会工作机构进行专题调研，对于重要问题，常委会主任、副主任进行集体调研。通过调查研究，广泛听取各方面意见，为科学民主决策提供可靠的依据，增强了科学民主决策的群众基础。

（2）政协调研。政协调研相比人大调研较多，一般都有年度调研计划。主要围绕全县经济社会发展的重点工作开展调研。例如，2007 年上半年，为全面了解掌握全县核桃产业发展情况，根据县政协常委会工作安排，由一位政协副主席带领，政协经济委员会、政协办公室会同县农办、果业局负责人和3名政协委员，通过走访农户、现场察看、与乡村社干部座谈等形式，对神峪、上关、安口、东华、西华、砚峡六乡镇的核桃产业发展情况进行了全面了解，认真分析了HT县核桃产业发展中存在的主要问题，提出了今后工作的建议，形成《关于全县核桃产业发展情况的调研报告》提交县委、县政府。

（3）专门调研机构——县委调研室。县委调研室的主要职能是，紧紧围绕县委的战略决策，创新调查研究的方式方法，围绕县委中心工作和阶段工作重点，坚持每月制定调研工作要点，以调查问卷等多种行之有效的方式，把经济社会运行形势分析和提出建议作为调查研究工作的重点，为县委宏观决策提供准确的依据。要进一步搞好信息服务，继续办好《媒体信息摘要》和《HT快报》，围绕县委决策，着眼全国，努力开发有思想、有分析、有建议的高层次信息，更好地服务县委领导决策。在所有调研活动中，县委调研室承担的调研任务最多，是县级政府决策的主力军。县委调研室的调研大都是根据县委县政府的重点工作安排开展的。2007年上半年，主要完成了《完善农村低保制度，促进HT和谐发展——对我县推行农村低保制度的调查与思考》、《关于取缔"摩的"问题的调查报告》、《关于发展农村专业合作经济组织的思考》、《关于全县全民创业情况的调查报告》、《关于全县招商引资工作情况的调查报告》、《关于近期我县物价上涨成因分析及平抑物价的对策建议》、《关于全县劳务经济发展的调查报告》、《坚持以工哺农以城带乡走好具有HT特色的新农村建设之路》等调研报告，为县委、县政府决策提供依据。

（4）各有关职能部门。各职能部门根据本部门的年度工作安排，在作出决策之前进行调研。2007年上半年，由县委办公室会同林业、农牧等部门，深入有关乡镇，通过走访乡村干部和农户，查阅有关资料，对全县核桃产业进行了专题调研，基本掌握了 HT 县核桃产业发展现状，找出了存在的困难和问题，提出了今后的发展思路和对策，形成了《HT 县做大做强核桃产业的思路与对策》。

2. 调研活动方式

调研活动可以通过不同的形式开展。为决策而开展的调研活动大都集中在本县区域，如上述关于人大、政协、县委调研室的相关调研，大都是对本县域内的经济社会发展情况的调查。除此之外，还有少数的调研活动是到外地考察。每年县委县政府都要分期分批组织领导干部到东部沿海地区进行考察、调研。有时为了某项具体政策制定，还要组织专门的外地调研活动，一般由县领导带队。例如，为了发展肉牛产业，2004 年上半年县委县政府还专门组织了由县委副书记、县政府副县长带队的外地调研活动，到四川达州调查当地的畜牧业发展情况。

（三）引入专家咨询论证制度

HT 县工业基础雄厚，以煤、电、冶为主的工业比重占全县 GDP 的 80%以上。近几年来，围绕煤、电、冶等支柱产业，大力开展招商引资，2006 年生产原煤 1415.49 万吨，发电 3.2 亿度。甘肃 HT 工业园区已入驻企业 18 户，引资 32.34 亿元，完成投资 5.16 亿元。为了把招商引资工作做好，必须全面规范相关决策。HT 县成立县委、县政府决策咨询委员会，聘请中国社科院、同济大学等 11 名国家级专家和县上 10 名工作经验丰富的正科级干部，为 HT 县科学发展经常"把脉会诊"。要求对专业性、技术性较强的重大事项，必须认真进行专家论证、技术咨询和决策评估，主要包括：（1）全县经济调节和改革开放的重大举措；（2）全县经济、社会、科技发展和生态环境建设的重大问题；（3）全县产业政策、产业布局和城市集镇规划建设等重大项目；

（4）全县社会公共管理的重大事务；（5）其他有必要进行专家咨询论证的重大事项。

此外，县委、县政府还比较重视当地人力资源，注意发挥本县域内各行各业的知识分子的咨询论证作用。为了把本县内知识分子的积极性和创造性调动起来，县委、县政府专门建立了县级领导干部联系知识分子制度，每名县级领导都要联系至少1名本县知识分子，县六大班子总体上联系20—30名知识分子。这些知识分子分布在教育、卫生、工矿企业内。县级领导对自己所联系的知识分子，要定期走访，了解他们的呼声，向他们咨询县域经济社会发展的建议和意见，关心他们的生活情况。

（四）加强政策执行的督导

县委、县政府采取了相应措施对决策的执行情况进行督促检查。实行工作承诺制，在县电视台开设乡镇、部门和企业"一把手"电视访谈栏目，接受舆论和干部群众的监督。实行每季度工作打分排名制，对排名靠前的及时总结经验，在全县推广，排名靠后的查找原因，帮助改进。对网民反映强烈的热点难点问题实行限期办理。制定出台了重要会议开放办法，扎实开展党务、政务、村务公开。深入开展发展看落实、为民看落实、能力看落实、转型比落实"三看一比"活动和以客商评政府、乡村评部门、群众评领导"三评"为载体的"树新风、创新业"活动，着力提升决策的执行力。

县委、县政府联合县人大、县政协对于每年决定的重大事项的进展情况一般都要作至少两次督察。这些重大事项包括每年的工作重点、每年的"十大项目"、"十件实事"等。一般上半年督查一次，下半年督查一次，主要以下半年的督查为重点。对于那些非重大事项的决策督查，一般到年终按照目标管理责任书的协议规定开展，进行评优，奖励先进。

除此之外，县人大、政协根据自身的工作职责，还要定期或不定期对县级政府有关经济社会发展的重大决策进行监督指导，督促抓好人大常委会决议、决定的贯彻落实。几年来，HT 县人大常委会不断强化监督职能，切实增强监督的实效性，对于所作出的决议决定，采取四种形式加强监督：一是责成常委会工作机构对贯彻执行决议情况进行跟踪检查；二是主任会议听取政府贯彻落实决议情况的汇报；三是组织部分常委会委员和人大代表对落实情况进行视察；四是常委会审议政府贯彻落实决议情况的报告。以保证县级政府决策能够得到全面落实和有效执行。

（五）听证制度初步引入县级决策中

按照中央和上级政府要求，县级政府在决策过程中，对于那些涉及面广、与群众利益密切相关的决策事项，应当充分征求民主党派、群众团体、专家学者和公民、企业法人等方面的意见和建议；必要时，可以采取听证会或社会公示等形式，进一步征求社会各方面的意见和建议。从 HT 县的实际情况看，在一些涉及群众利益的重要事项的决策过程中，初步开始引入听证制度，如在热力供暖的价格调整决策中，引入了群众听政制度。

（六）通过培训提高领导干部的决策能力与水平

通过党委中心组学习、县委常委会、四大班子联席会、党员代表大会等会议，以及邀请专家、学者举办辅导讲座等多种形式，分层次组织各级领导干部系统地学习了党在不同时期的各项方针政策，使大家在理论上更加清醒、思想上更加统一。在上海、深圳、青岛建立了县乡干部教育培训基地，由县级领导带队对县乡干部进行轮训。对一把手和副科级后备干部，乡镇的到县直部门，县直部门的到乡镇，进行挂职锻炼。先后有 42 名乡镇干部和县直部门优秀年轻后备干部到村任职。在县委党校开设了村干部大专学历培训班。同时,多次组织县、乡、村和乡镇企业代表,赴长三角、珠三角、西安、兰州、成都等地进行大规模考察,不仅宣传了 HT,扩大了影响,更重要的是进一步解放了思想、启迪了思路。通过学上面的、问下面的、看外面的,把上级的意图同群众的意愿和外面的经验有机统一起来,使各级领导干部的思维更加活跃,对科学发展观的理解更加深刻,增强了科学民主决策的能力,提高了科学民主决策水平。

四、HT 县科学民主决策存在的问题

(一) 制度建设较为滞后

在关于县级政府决策的相关制度建设上,县委制定了一些具体规定,如《中共 HT 县委常委分工负责制运行规则(试行)》、《关于在全县实行工作会办制度的通知》、《关于建立民情调查制度的通知》等。县政府在决策程序方面制定了一些相关工作守则。但是这些制度只是关于重大事项决策的规定,而对于县级政府日常事务的决策程序、突发公共事件的决策程序、政府职能的决策程序等重要内容没有作出制度规定。

同时,尽管上述制度规定对县级政府的决策的程序、具体要求等问题作出了规定。但是,这些制度规定内容比较单一,大都局限于重大事项的决策程序这一个环节,而对于重大事项决策的其他环节规定的还不多。还没有正式出台相关具体制度对县级科学民主决策的具体程序、调研程序、决策会议程序、专家咨询论证制度、重大事项社会公示制度和社会听证制度、决策的反馈监督问题等作出制度规定,这与县级政府科学民主决策的具体要求是不相适应的。此外,县级政府各职能部门在决策制度建设上大都存在这样的问题。

（二）调查研究不能满足决策需要

调研是科学民主决策的基础，调研质量如何，直接影响到决策的针对性、科学性和有效性。当前，在调研这个环节上，HT 县级政府决策还存在着一些突出问题。县级政府的主要决策者——县委和县政府领导几乎每天都忙于应付各种事务性工作，几乎没有时间深入基层开展调研。县人大的主要职能在于监督，专职委员少，所以在决策的调研工作上，也难以有所作为。县政协一般根据年度工作计划，能够定期开展一些调研活动，但是调研数量相对于县级决策的需求来说还是比较少的。由于县政协实际上不具备决策职能，只能向县委县政府提出决策建议，政协所开展的一些具体调研活动，也在一定程度上存在着与县级政府决策需求脱节、调研建议有效性不强的问题。县委县政府的调研主要还是依靠自己的专门调研部门——调研室，但是由于专门调研人员配备比较少，工作还难以满足县级政府决策的实际需求。至于各职能部门，其调研也大都存在一些不容忽视的问题，如不重视决策的调研环节，调研过程的走马观花、形式主义等。以上在调研环节上表现出的各种问题直接影响到县级政府决策的质量和水平。

（三）专家咨询论证制度不够成熟

专家咨询论证已经成为科学民主决策的一个基本环节，对提高科学民主决策质量具有积极作用。从实际情况看，HT 县政府决策在专家咨询论证工作方面已经作出了有益的探索，在专业性强的重大决策上越来越重视专家的意见和建议，放手让专家和咨询人员进行独立科学研究的意识，允许、鼓励专家本着科学精神与实事求是态度提不同意见。但是，由于当前专家咨询论证处于初级阶段，也还存在一些不容忽视的共性问题，主要体现在以下几个方面：一是专家咨询论证的形式主义问题。在一些重大工业项目的引进过程中，专家咨询论证只是为了符合项目审批程序要求，而不是真正从专业要求上对引进项目提出建议，专家咨询论证走走过场、专家咨询论证敷衍了事等不良现象仍存在。二是专家组成的全面性与合理性问题。在实际操作过程中邀请的专家不够全面。有些决策事项专业化程度高，邀请的专家不一定对这项决策具有比较专业的了解，容易形成专家专业不对口问题。三是缺乏事前沟通问题。有些决策过程中的专家咨询论证过于草率、匆忙，只是会前或者提前一两天把相关材料送达专家，专家没有时间充分了解相关决策材料信息。四是熟人关系问题。有些决策过程中的专家咨询论证变相成为了决策者和专家之间拉关系的工具，决策者邀请专家的标准不是看专业背景，而主要是看和自己关系熟悉不熟悉，能否为自己所要引进的项目提供有利的论证。

（四）听证制度还不够规范和成熟

主要问题表现在：一是尽管在个别决策过程中引入了听证制度，但是在制度建设上还没有制定相应的制度规定，这就使得听证制度缺乏制度规范。二是从HT县决策的实际情况看，听证制度的内容与程序还不够完善，一般民众对这方面的信息知之甚少，影响了听证制度的效能。三是听证代表选择不全面，缺乏代表性。一些决策过程引入听证制度只是为了应付决策规定需要，在听证代表的选择上不认真准备，随意找一些代表参加听证。由于听证参加者对具体的听政内容缺乏了解，因而也提不出多少实质性的意见。

（五）政策执行力较弱

近年来，HT县都要对每年一度的全县工作重点、全县年度十大项目、全县十大实事等作出重大决策，但是从实际来看，政策执行效果不够理想。由于各种政策变化、资源限制、主要领导人员变化，有些县级重大决策在执行过程中往往会遇到意想不到的困难，影响了政策的执行效果，真正能够按照当初政策制定的目标足额完成项目的并不多见，比较好的政策执行情况就是能够实现大部分的决策目标，比较差的政策执行情况是实现部分目标，最差的就是有关项目不了了之。

（六）不重视政策跟踪与反馈

如前所述，县委在县级政治权力结构中处于领导核心地位，县委、县政府在县级政府决策中具有决定性的作用。加之目前地方政治中干部提拔任用制度存在的问题，以及当前政府绩效评估中的政绩至上问题，一些县级主要领导以及部门领导还存在着唯政绩主义的倾向和短期行为问题。这些问题在县级政府决策上也有不同程度的体现，政策制定出来就是领导的政绩，而政策的执行与反馈则无关紧要。只注重决策、忽视决策执行或决策反馈的现象还一定程度地存在。即使存在政策反馈，也是被动的政策反馈，一般是政策执行过程中，遇到社会或民众的不满意或抵制，才开始重视政策反馈的问题。

五、基本结论

（一）县级政府决策在国家公共政策制定与执行中具有重要地位

县级政府在中国政治结构中的重要地位。县级政府在整个行政区划中具有重要位置。无论是从历史上还是从当代政治现实看，县级政府都是行政区划的关键一环。低于县的层级（即目前的乡镇一级）并不具备全面的治理功能；而高于县的层级（包括地市一级和省一级）则距离民众较远，管理幅度更为广大，治理功能基本上是依靠县级政府实施。因此，县级政府是中国政治权力架构的基本单位。从政策制定与执行的整体过程看,县级政府的上述重要特点在很大程度上决定了县级政府在国家公共政策制定与执行中的重要地位。县级政府在公共政策的执行过程中具有承上启下的重要作用,县级政府的公共政策执行能力在一定程度上决定了国家公共政策绩效。从近几年HT县经济社会发展的工作重点上可以清晰地看出,HT县许多关系经济社会发展的重要决策都是紧紧围绕国家宏观政策与上级政策展开的,目的就是贯彻国家公共政策,为广大群众谋取福利。

(二) 政治权力结构状况在一定程度上决定科学民主决策的状况

从HT县政治权力结构和政治运行的实际看,在县级六大班子中,县委在县级政治权力结构中居于核心领导地位;其次是县政府,主要职能就是积极推动县域经济社会发展的有关决策的执行;再次是县人大和县政协,主要职能就是积极参与县级政治事务;最后是县法院和检察院以及人民武装部,他们各自履行法律规定的职责。县级政治权力的这一重要结构特征在县级政府决策过程中表现的非常清楚。在关于县域经济社会发展的重大事项决策过程中,县委在每个决策环节上都发挥决定性作用。县政府也能够参与到决策的每个环节并提出相关意见发挥重要作用,因为县长本身就是县委副书记,少数副县长是县委常委。同时县政府的关键作用在于决策的执行,尤其是决策涉及的各具体职能部门,其政策执行的职能非常重要,直接关系到政策的执行成效。县人大、县政协在一些事项的决策过程中可以参与调研活动并提出相关政策建议,可以对县级决策的执行情况和具体政策效果进行检查或监督。县法院、检察院和人民武装部则很少参与到决策的过程,一般也不参与政策执行的检查和监督。特别是在决策最后形成阶段,县委的作用是关键的。县级政府一般要通过不同形式、不同层次的会议对重大事项作出最终决策,这些会议可以是县委常委会、书记办公会议、县委书记县长联席会议、县委常委（扩大）会议等。如果决策会议是县委常委（扩大）会议，人大、政协、法院、检察院和武装部一般都要参加，并提出相关建议。如果决策会议是县委常委会、书记办公会或者是书记县长联席会议，人大、政协、法院、检察院的领导因不是县委常委一般不参加会议，其在决策中的作用也体现不出来。

（三）决策内容与经济社会发展需要密切相关

HT 县政府决策的核心目标在于如何促进县域内经济社会的快速、协调和持续发展。通过考察 HT 县每年的经济社会发展工作重点和每年的"十大项目"、"十大实事"的具体内容可以清晰看出 HT 县政府决策的目标取向。

2006 年全县经济社会发展的工作重点包括以下几个方面：（1）培育核心企业，延伸发展煤炭产业，促进经济增长方式转变；（2）大力以工哺农，发展特色产业，加快新农村建设步伐；（3）大力推进开发，发展第三产业，加快城镇化进程；（4）节约利用资源，加强生态环境建设，推进可持续发展；（5）优化发展环境，大力招商引资，放手发展民营经济；（6）坚持"科教兴县"，协调发展社会事业，努力构建和谐社会。

2007 年，全县经济社会发展的工作重点包括以下几个方面：（1）以煤电化运一体化开发为重点，大力延伸产业，加快新型工业化进程；（2）加强项目建设，壮大县域经济总量；（3）以新农村示范工程为载体，壮大支柱产业，努力增加农民收入；（4）以建设区域中心小城市为目标，坚持建管并重，增强统筹城乡发展能力；（5）以繁荣发展第三产业为核心，加快莲花台景区开发，培育新的经济增长点；（6）以社会事业改革为突破，改善民生条件，加快和谐社会建设步伐。

2006 年全县经济社会发展的十大项目：一是加快 60 万吨煤制甲醇项目建设进度，年内完成投资 8.7 亿元；二是实现 HT 煤矸石电厂并网发电；三是实施莲花台景区开发项目，发展旅游产业；四是建成华庄公路；五是实施县城西扩工程，完善城市服务功能；六是建设600万吨选煤厂；七是建成王峡口水库扩建工程；八是实施石堡子水库建设工程，保障煤化工企业发展；九是基本建成"三馆两中心"，提升文化品位；十是实施农业综合开发项目，提高农业综合生产能力。通过实施"十大项目"，不断扩大项目建设成果，确保年内实施的113项50万元以上项目完成投资10.7亿元。

2006年全县经济社会发展的十大实事：一是实施"西水东调"工程，解决2.6万人的饮水困难；二是建设华神上路、华田路、蔺莲（花台）路工程；三是完成麻庵山区群众易地搬迁，建成砚峡移民新区；四是建成安口镇安丰、西华镇龚阳、东华镇东华、前岭等5个新农村示范村；五是实施矿区塌陷综合治理项目；六是建设HT一中综合服务楼、皇甫学校、皇甫幼儿园，建成"三园式"学校20所、市级标准化学校4所；七是完成西华镇等6所乡镇卫生院标准化建设，全面推行新型农村合作医疗制度；八是建设县城垃圾处理厂；九是实施策底大南峪、马峡寺沟、上关小川、西华草滩和神峪西沟门整村推进项目；十是实施扩大就业工程，新建HT县劳动力市场，开发就业岗位1200个，组织劳务输转3.1万人（次），实现劳务收入1.5亿元。各级各部门也要想方设法，筹措资金，按照"农一级"标准改造通村道路，积极实施生态节能示范乡镇、公共小汽车通达村社、治河增地、农贸市场建设等工程，切实改善群众的生产生活条件。

2007年全县经济社会发展的十大项目：60万吨煤制甲醇项目、HT发电公司2×135MW发电厂项目、18万吨合成氨及30万吨尿素项目、石堡子水库项目、行政办公中心建设项目、西华镇土地整理项目、华（亭）庄（浪）公路县城过境段建设项目、客货运服务中心建设项目、县城电网改造项目、河西农业综合开发项目。

2007年全县经济社会发展的十大实事：一是实施砚峡采空塌陷区治理安置工程；二是开工建设策（底）田（尔哈）路，油筑神（峪）水（联）路，建设乡村客运站点20个；三是建设职教中心后勤综合服务楼、HT二中实验楼、西华初中综合楼、神峪初中服务楼，配套建成 HT 二中、三中供暖工程，完成中小学改厕和教学点排危工程，开工建设 HT 三中教师公寓楼；四是完善农村合作医疗制度，实行城市低保对象医疗保险和农村低保制度，实现农村合作医疗、城市低保对象医疗保险全覆盖，农村"五保户"全供养目标，享受农村低保群众达到 5200 人以上；五是实施南汭河河堤治理工程，治理河堤 23 公里，新增土地 1000 亩，恢复耕地 3000 亩，保护土地 1 万亩；六是配套产业，改善条件，培训农民，扶持建设新农村示范点 15 个，全力抓好 13 个旧村改造示范点，培训输转农民工 3 万人（次）；七是实施城乡数字电视平移转换项目，不断扩大城乡群众收视面；八是实施河西新西、山寨甘河和神峪西沟门 3 个整村推进项目；九是建设县城垃圾处理厂；十是组织实施"西水东调"入户工程，入户率达到 85% 以上。

（四）紧紧围绕国家宏观政策与上级政策

县级政府在整个国家宏观政策的贯彻落实过程中具有承上启下的重要作用。从这一点出发，县级政府的决策往往紧紧围绕国家宏观政策开展。从近几年 HT 县经济社会发展的工作重点上可以清晰地看到这一特点。

2004 年，中央 1 号文件出台后，HT 县及时作出有关决策，把增加农民收入作为 2004 年全县经济社会发展的工作重点。作出了"着力构建'东果西药整县牛'的农业产业化歌剧，努力增加农民收入"的决定。所谓"东果西药整县牛"，是指东部地区发展以核桃为主的水果产业、西部地区发展以大黄为主的中药产业，在全县大力发展肉牛产业的发展思路。具体要求为：抓好万头养牛乡、千头养牛村和百头养牛长建设，力争牛存栏达到 9.3 万头、饲草 8.3 万亩、优质核桃 6.99 万亩、药材 3 万亩，农民人均从支柱产业中获得 600 元以上。充分发挥农业园区的辐射带头作用，壮大龙头企业的规模和效益。积极培育特色优势农产品，新建果品交易市场、肉牛交易市场、中药材交易市场。引导和发

民主决策
Democratic Decision-making

展农村专业经济组织、经纪人队伍,加快农产品流转。组织实施好世界银行贷款养牛、退耕还林、天然林保护、整村推进等项目。进一步加大农村小康屋建设力度,每个乡镇建设小康村 1 个以上,全县新建小康村 19 个。切实加强高致病性禽流感和牲畜口蹄疫防疫工作,全力保障畜牧业健康发展。

2006 年,在中央作出新农村建设的决定后,HT 县政府及时作出相关决策,要求大力以工哺农,发展特色产业,加快新农村建设步伐。具体要求为:集中全力在西华、东华、安口等乡镇建设 5 个"十个一"新农村示范村,建成华神上路、华田路、蔺莲(花台)路,加快"西水东调"工程进度,实现乡乡通油路、村村通"农一级"路和 65% 的村通自来水目标。集中力量,采取科技人员抓点带面、发展订单农业等方式,促进中药材、蔬菜等特色产业开发,确保每乡镇建成集粮食生产、特色产业、基础设施等一体化的示范村 1 个以上。实施万名农民工培训工程,力争户均输转劳务 1 人以上,着力构建粮食稳农、产业富民、建设助农的增收长效机制。

2007 年,中央继续推进新农村建设,加快新农村建设进程。对此,HT 县政府作出了"以新农村示范工程为载体,壮大支柱产业,努力增加农民收入"的决策。具体包括:积极推广农业实用技术,抓好核桃、药材基地的规范化建设,建成肉牛屠宰、药材深加工等项目,完成"HT 核桃"、"HT 大黄"品牌认证。集中抓好上亭、东峡等 15 个新农村示范点建设,实施治河增地、整村推进、农业综合开发、农村沼气、节水灌溉等项目,基本完成"西水东调"入户工程。开工建设策(底)田(尔哈)路,油筑神(峪)水(联)路,硬化 3—5 条通村道路。深入开展以"三清五化五改"为主要内容的村容村貌整治活动,加强新型农民培训,力争年内培训农民、输转劳务均达到 3 万人(次)以上。

2007 年,在中央提出关注民生的政策后,HT 县政府也及时作出了贯彻措施。开始试行城乡医疗救助制度,要求全面推行城乡低保,切实加强社会救助,不断扩大城镇职工失业、医疗、工伤和生育保险覆盖面,促进城镇零就业家庭人员就业。强化地企协调联络,推动建立采空塌陷区治理长效机制。

加大安全生产监管力度，深化社会治安综合治理，着力解决群众最关心、最直接、最现实的利益问题，全力维护社会稳定。

（五）网络在县级政府决策中开始发挥有限作用

HT 县政府网站办的较早，实际运行效果也很好，这在西部地区是不多见的。县政府设有专门的"社情民意"栏目，让民众反映问题，这些问题涉及县域经济社会发展，教育、居住、环境保护、县城管理等方面。对于反映的这些问题，该栏目还设有专门的办理情况说明，对反映问题的处理情况作出处理情况的说明。一些民众利用网络向政府反映问题，提出一些具体建议。同时，当前公共政策导向的变化也为民众利用网络参与政府决策提供了可能。最近几年，公共政策的导向侧重于"三农"问题、农民工问题、户籍改革问题、义务教育问题、公共卫生问题、医疗保障问题等。县级政府决策也受到了这种局面的影响，一些民众开始关注本县域内经济社会发展存在的农村义务教育、社会保险政策（医疗、养老保险、低保、五保等）、非政府组织发展状况等主要问题。例如：在民生问题方面，有网民于 2007 年 6 月向政府提出相关问题与建议。在社会低保问题方面，有网民于 2006 年 1 月向政府提出相关问题与建议。针对 HT 人才流失，2006 年 10 月，有网民就如何采取有效措施留住人才的问题向政府提出建议。2006 年 3 月由网民就加快 HT 县医疗卫生体制改革问题，建议县上在加快推进农村医疗体制改革的同时，首先要关注卫生行业职工收入分配的平衡问题，其次再进行各类试点工作，认为只有这样，才能有条不紊地推进此项工作的纵深发展，为医疗体制改革奠定坚实的基础。以上都为县级政府决策提供了很好的建议。

（原载《国家行政学院学报》，2009 年第 6 期）

风险评估：民主决策的关键机制
——四川省遂宁市重大事项社会稳定风险评估机制研究

高新军
（中央编译局比较政治与经济研究中心）

处于社会转型期和城市化进程中的国家，都会面临利益调整和社会财富分配的重大挑战。与经济快速发展伴生的，是社会矛盾的突出和显性化。我国由于同时处于集中计划经济体制向市场经济体制转轨，集权领导体制向民主制度转型的过程中，现有干部管理制度和政府官员自身的利益诉求，往往使权力缺乏监督和制约，与民争利，出现专权、越权和缺权的现象，从而影响社会的稳定，使社会矛盾和冲突出现叠加效应。因此，对于我国来说，如何将改革的力度、发展的速度和社会可承受的程度有机统一起来，实现从保稳定向创稳定的转变，是各级地方政府面临的重大考验。

面对这一挑战，地方党委政府要实现创新社会管理，首先遇到的就是如何解决普通民众对地方党委政府官员的监督问题。这对于直到今天仍旧缺乏对各级官员直接选举的我国来说，寻找一条合适的监督渠道，迫在眉睫。

对此，四川省遂宁市进行了"重大事项社会稳定风险评估机制"制度创新。笔者2011年11月和2012年3月，两次对这项创新进行了实地考察。考察期间，走访了位于蓬溪县宝梵镇的中国红海生态农业旅游开发区项目；遂宁市创新工业园"南强堤"工程建设项目；遂宁市船山区"中国西部现代物流港"，船山区仁里镇观音湖文化旅游度假区；先后召开了6次座谈会，与遂宁市政法委参与项目领导和实施的干部、县乡镇村的基层干部、开发商、项目受益农民等各层面人员进行了深入交流，获得了大量第一手资料，比较全面地掌握了"遂宁市重大事项社会稳定风险评估机制"从2005年创始至今的发展、深化、推广的过程，以及项目的特色和创新点。

一、遂宁市重大事项社会稳定风险评估机制出台的背景

遂宁市地处成渝经济区腹地，辖两区三县，辖区面积5325平方公里，人口385.2万人。"重大事项社会稳定风险评估机制"制度创新，产生于当地政府党委政府对社会维稳机制面临重大挑战时的深刻反思。用遂宁市老政法委书记魏福友的话说，就是"建立这个机制，不是凭空想出来的，而是在实际工作中思考研究出来的"。进入新世纪以来，随着遂宁市企业改革和城市化进程的加快，现实生活中出现了大量的矛盾和冲突，有的十分尖锐。

由于过去的项目决策机制在认真听取群众意见，保护群众合法利益方面出现短板，因而在遂宁市加快发展、招商引资、工业园区建设、城市改造等方面，由征地拆迁等引发的与群众利益的冲突凸显，常常出现"开工典礼就是停工"、"政法委书记成了消防队长"的现象。2002年遂宁市大型国有企业锦华公司进行企业改制，由于改制方案在制定过程中没有很好的与职工进行沟通，使群众利益受损，2003年4月22日遂宁市发生了大规模的群体性事件，导致公司停产，近千名工人上街游行，掀翻警车、邮政车、出租车等车辆，打伤17名执勤民警，阻断市内交通和铁路交通，造成恶劣影响和直接与间接的巨大损失。2004年11月四川发生汉源事件，因对建造"瀑布沟水电站"移民搬迁补偿不满，发生上万人群体事件，当时的省委书记一度被围困，

民主决策
Democratic Decision-making

县政府也被群众占领。在这种严峻挑战面前，遂宁市委市政府痛定思痛，决心进行制度创新，彻底改变过去常常把公安干警放在第一线的做法，要从源头上解决问题，在重大工程建设上彻底解决与民争利问题。他们深切感受到，把改革的力度、发展的速度和社会可承受的程度有机结合起来，把加快一方发展与维护一方稳定有机统一起来，实现从保稳定向创稳定的转变，是深入实践科学发展观、构建和谐社会的必由之路，也是将各种党委政府及其干部置于群众监督之下的新型发展道路。

2005年初，针对一些地方在重大工程建设时酿成群体性事件的实际，遂宁市委市政府在全国率先探索建立了《重大工程社会稳定风险评估制度》。2006年，遂宁市将评估范围拓展到作决策、上项目、搞改革和其他事关群众切身利益的重大事项。2007年，规范评估工作流程，建立由5个大项、14个子项组成的社会稳定风险评价体系。2008年，建立健全报告审批、分级备案、联席会议、目标管理、监督检查等五项制度，推动工作落实。2009年以来，遂宁市在市、县（区）、乡镇三级成立评估工作领导小组，在重点部门和行业组建评估专家库，健全完善了"党委统一领导、政府组织实施、主管部门具体负责、维稳部门指导考核"的组织领导体制和运行机制。不断拓展评估范围，大力开展行业评估，31个市直部门结合职能制定专项评估办法36个，明确应当开展评估的重大事项76项。2011年，遂宁市委市政府出台《遂宁市社会稳定风险评估工作细则》，把开展社会稳定风险评估，列入各级党委、政府及其职能部门和具有行政管理职能单位的决策程序，深入推进社会稳定风险评估工作在各个领域广泛覆盖，力求做到应评尽评。

二、遂宁市重大事项社会稳定风险评估机制的创新之处

这项制度创新之处在于：第一，彻底贯彻了"凡是群众不拥护的就不实施，凡是群众不满意的就不开工"的思想，让被拆迁群众全面参与项目的征

地拆迁补偿全过程。丈量群众房屋、土地面积，有农民代表参加；确定房屋、土地补偿标准有农民参与讨论；补偿领取方法由农民讨论决定。他们创造性地在红海生态农业旅游开发区项目中商定开发商在年初就将土地租金交给农民；2007年在创新工业园南强堤征收的189.93亩土地，每亩补偿费4.65万元，比当时的平均土地补偿费高出了1万多元。在2010年进行圣莲岛观音湖旅游文化度假区规划时，进行了社会稳定风险评估。通过对全岛农户安置意见的调查问卷和入户访问，了解到80%的农户希望就地安置。所以政府尊重民意，通过调整规划，建设安置房、护洲堤，虽然多花了2个多亿资金，但得到了绝大多数农民的支持和拥护。

第二，制定贯彻了一整套制度。确定五类事项必须进行风险评估：一是与群众切身利益密切相关的重大决策；二是关系较大范围群众切身利益调整的重大决策；三是涉及较多群众切身利益，并被国家、省、市、县（区）确定为重点工程项目建设；四是涉及相当数量群众切身利益的重大改革；五是关系广大群众切身利益的社会就业、企业排污、行政性收费调整等敏感问题，以及重大商贸、文体、庆典等活动。要围绕合法性、合理性、安全性、适时性、可行性等五项内容开展评估。评估采取五步工作法：制定评估方案；广泛征求意见；全面预测风险；编制评估报告；审查评估报告。贯彻五项制度推动工作落实，包括：评估报告制度；分级备案制度；联席会议制度；目标管理制度；监督检查制度。运用包括党委政府、人大政协、新闻媒体、人民群众、维稳来访五种渠道全程监督。严明五项纪律实施责任追究，包括：检查述职；一票否决；组织处理；纪律处分；追究刑责。

第三，将风险评估作为领导机关决策出台前的刚性要求和前置条件。遂宁市政法委认为，风险评估不可能避免矛盾，而是要预见矛盾，研究怎么解决矛盾，什么时候解决，要有解决矛盾的方案，解决不了要向群众讲清楚。他们认为，风险评估不仅是经济补偿问题和环境问题，而且是政府转变发展指导思想，转变经济发展方式，有效约束政府行为的现实途径。

 民主决策
Democratic Decision-making

风险评估不仅是政法委和维稳办的中心工作，而且是地方党委和政府的中心工作之一。维稳办要借助党委政府的各个部门力量，进行综合指导和督查。目前在遂宁，社会稳定风险评估制度已经深入人心，成为各级政府决策的规定动作，产生了对于新制度的路径依赖，从而在很大程度上改变了当地的政治生态。

在遂宁市调查期间，我们见到了蓬溪县宝梵镇华山村63岁的三社村民胡才学，其一儿一女在成都打工。2009年"红海生态园"征用了他的住房和承包地，公司对他原住房补偿了4.28万元，他个人再付5万多元，住进了新建的260平方米的新居。新居住小区的水、电、气、路、电视、电话、互联网等配套设施，由政府负责建设。每年胡才学可以从红海公司领到4000多元的土地租金，在头一年支付。他和老伴在红海公司做园林工和保洁工，每个月还有2000多元的工资收入。宝梵镇华山村三社农民刘代涪，4个儿子在外打工，原来400多平方米的旧房得到补偿11.3万元，再花了12万元住进了700多平方米的新建小区住房（三套），每年有土地租金收入8000多元。为了帮助失地农民，当地政府、项目业主、失地农民共同投资建了一个养猪场，现年出栏700头，计划规模为5000头，可为每户失地农民每年增加收入3000—4000元。一个"红叶杨专业合作社"，红叶杨是速生树，由农民种植，公司提供种苗、技术培训、产品收购，既可美化红海生态园环境，农民也得到了实惠。由于该项目实施前就按照规定进行了风险评估，在实施中实行了"一个项目、一位县级领导、一个项目秘书、一套班子、一套制度"，在动员农民出让土地、农民住房和土地面积丈量、补偿标准、租金发放方法、农民集中居住点选择、帮助农民项目等方面，充分听取农民的意见，让农民代表全程参与，公开、透明，协商解决遇到的各种问题。该项目实施两年来，进展顺利，没有发生一起上访事件，农民、业主、政府三方都很满意。用蓬溪县农业局副局长、红海项目秘书熊安春的话就是，"发展是硬道理，社会不稳定就没道理"。

三、寻找到一条在目前缺乏直接选举的条件下民众有效监督地方党委政府的路子

如何解决对地方党政干部的有效监督，始终是目前我国地方政府实现善治的难点。一般认为，对地方党政干部的直接选举，是实现对地方干部监督的最有效的方式。但是在目前我国地方政府乡镇、县、市等层级还没有普遍实行直接选举的情况下，如何实现对地方干部的有效监督就面临着严峻的挑战。这也是这些层级腐败案件高发的主要原因之一。

遂宁市在探索把改革的力度、发展的速度和社会可承受的程度有机结合起来，把加快一方发展与维护一方稳定有机统一起来的过程中，对所有涉及群众利益的决策进行社会稳定风险评估，在评估的过程中听取民意、联系群众、接受群众的监督。并把这种做法形成制度，用市委市政府文件的形式，自上而下地要求所属各级地方党委政府认真执行，并由遂宁市政法委和维稳办监督执行。这样，就把自下而上的来自群众的压力，与自上而下的领导的压力结合了起来，在一定程度上起到了群众通过直选地方干部，来监督地方干部的作用。

以笔者调查的遂宁市船山区仁里镇搞的圣莲岛观音湖文化旅游度假区为例。这个工程将牵涉到圣莲岛猫儿洲村800多户农民的切身利益。为此，船山区和仁里镇组织了以主要领导带头的100多人的镇、村、社群众工作队，对每户进行问卷调查和征求安置意见。他们根据80%农户的意见，修改了异地安置方案，改为就地安置，为此新建安置房和护洲堤要多花2亿多元，有些地方需要填高10米。他们根据"共性解释、个性解决"的原则，到每一户农民家做工作，少则3—4次，多则10次以上，针对一个个具体细小的问题，一个一个地解决。在旧房评估、拆迁补偿、土地征用价格、安置房分配、取土补偿等问题上，先后进行了4次大型风险评估，用时一年多。仁里镇的干

部告诉我,评估是"在争论中开始、在吵闹中进行,在掌声中结束"。他们通过评估深切地感到,"没有不懂道理的群众,没有做不通工作的群众,只有不会做工作的干部"。当地干部形容他们做群众工作的特点是"千万精神":千山万水、千辛万苦、千呼万唤、千言万语、千方百计、千丝万缕。试想,在这样的氛围中,政府的善治才是可预期的。

目前,圣莲岛的开发在征地补偿、拆迁安置、生活保障、就业增收方面,做到了:(1)居民生活保障落实到位。一是把岛内居民全部纳入失地农民保障中心,发放生活费。二是将符合条件的农民纳入城市最低生活保障。三是所有人员享受50元/月的移民后扶生产安置资金。三项之和使所有劳动年龄内的人员最低每月领取180元,劳动年龄外的每月领取220元。45岁以上人员参照城镇下岗职工购买养老保险,到龄领取养老金。(2)拆迁安置政策执行到位。严格履行"拆一还一"承诺,水气安装按照拆迁面积20元/m^2实行补助,安置房市场价格5000元/m^2左右,岛内居民80%财产收入达到100万元以上。按时拆迁的每户还有6000元的奖励。(3)补助群众就业服务到位。免费创业培训,政府提供100个就业岗位,菜摊50个,工具50套,驾驶培训小车补助800元,打车补助1000元,购买三轮车补助3000元。(4)土地征收补偿到位。严格按照前三年平均年产值1720元标准执行,土地补偿和安置补助两项之和达到30倍,并将土地面积从1358亩,调整到1629亩,使人均多得1万元。笔者参观了新建的农民安置房,其质量之好确实出乎意料。当地农民也感叹自己这辈子做梦也想不到可以住上这么好的安置房。

目前我国自上而下的干部管理体制,很容易使干部们眼睛向上,忽视对民众负责,也堵塞了民众监督地方干部的渠道。但是,遂宁市的重大事项社会稳定风险评估机制,恰恰找到了一条在目前缺乏通过直接选举来选择、监督地方干部条件下,迫使干部对民众负责的路子。显然,这种制度创新不仅对于决策的民主化、科学化大有裨益,而且也在一定程度上实现了迫使地方干部对民众负责,民众监督党政官员的目的。

四、遂宁市重大事项社会稳定风险评估机制的执行效果和面临的挑战

"重大事项社会稳定风险评估机制"制度创新，带来了显著成效。截至2011年10月，遂宁市共对533项重大事项开展了社会稳定风险评估工作，群众拥护顺利实施和分步实施474件，占88.9%；暂缓实施34件，占6.4%；被否决不准实施25件，占4.7%。2005年以来，遂宁市连续6年获得四川省经济社会发展目标考核和维护社会稳定工作一等奖。近年来遂宁市建设的2条高速公路、4条快速铁路、治理城中村、拆除占道危旧房屋53片、改造城乡农贸市场136个，没有发生一起群访集访事件。6年来，全国16个省级部门和28个省市自治区的406个市县派干部来遂宁学习考察。

在6年的实践中，遂宁市的这项制度创新作到了可持续发展。但是，干部中长期形成的对上负责的思维定势和现有自上而下干部管理体制的影响，仍旧是遂宁市社会稳定评估机制深入发展的巨大挑战。在我国，很多情况下一项制度创新的式微并不是这项制度的消失，而是它在执行中的形式主义和走过场，没有起到其应有的作用。笔者在遂宁市调查期间，在与遂宁市政法委的领导座谈时，他们也清醒地认识到，要想把"重大事项社会稳定风险评估机制"的制度创新不断引向深入，需要继续做到五个转变：一是指导思想和理念的转变。要以人为本，亲民爱民，不能与民争利。二是发展观的转变。要按照又好又快的发展，好就是要充分考虑群众的现实利益和长远利益，要先好才能快。三是政绩观的转变。政绩要由群众来评，发展不发展由群众说了算，不能急功近利。四是决策方式和程序的转变。风险评估要由下而上，要科学、民主、依法决策，充分让群众行使决策、参与、话语权。五是维稳观的转变。维稳首先要维护群众的利益，这是从源头上维稳。党委政府主要领导要转变观念才能解决问题。

目前，他们已经开始尝试进行"第三方评估"试验，力争将社会稳定风险评估建立在更加科学、更具民意、更有代表性的基础上。笔者认为，遂宁市"重大事项社会稳定风险评估机制"制度创新，对转变政府职能，转变经济发展方式，有效约束政府行为，实现以人为本、科学、可持续发展，具有独创意义。该项制度创新符合民主、科学、法治的社会发展方向，实现了改革、发展、稳定的有机统一，是我国建设和谐社会的有效途径，也是对中央倡导的科学发展观创造性贯彻执行的范例。

地方政协参与地方党委决策制度创新模式研究
——以广州为个案的研究

廖雄军
（中共广州市委党校）

政治协商作为中国共产党领导的多党合作和政治协商制度的重要组成部分，反映了发展社会主义民主政治的要求和特色，是中国共产党领导的多党合作的重要体现，是我国社会主义民主的重要形式，是党和国家实行科学民主决策的重要环节，是党提高执政能力的重要途径。坚持和完善这一制度，是发展社会主义民主政治、建设社会主义政治文明的重要内容。在新形势下，要更好地把政治协商纳入党委决策程序，就必须创新传统的地方政协参与地方党委决策制度及其运行模式，本文以广州市的探索为例，对这一问题作些分析与探讨。

一、地方政协参与地方党委决策制度创新的背景

（一）地方政协参与地方党委决策制度创新的综合环境

地方政协参与地方党委决策制度创新，需要有良好的政治经济与社会环

民主决策
Democratic Decision-making

境,否则,政治协商制度的创新就可能半途夭折,难以取得成功。2009年,广州进行政治协商制度创新,有着良好的政治经济与社会环境,现分述如下。

其一,党中央与国务院的部署。中共十七大明确提出"坚持和完善中国共产党领导的多党合作和政治协商制度","支持人民政协围绕团结和民主两大主题履行职能,推进政治协商、民主监督、参政议政制度建设;把政治协商纳入决策程序,完善民主监督机制,提高参政议政实效"。国务院审议通过的《珠江三角洲地区改革发展规划纲要(2008—2020年)》明确珠江三角洲地区推进民主法制建设的目标是"推进决策科学化、民主化,完善重大决策的规则和程序"。

其二,广东省委和省政府的要求。广东省委、省政府颁发的《关于经济特区和沿海开放城市继续深化改革开放率先实现科学发展的决定》规定:"完善政治协商规程,加强政协履行职能的制度化、程序化、规范化建设。完善政协提案办理程序,建立各级领导督办政协提案制度。支持人民政协、各民主党派履行职能,重大决策征求人民政协、民主党派和无党派人士意见形成制度化。健全基层民主制度。"广东省委、省政府发布的《〈珠江三角洲地区改革发展规划纲要(2008—2020年)〉实施方案》明确在"广州市开展民主法制建设试点"。

其三,广州市委与市政府的举措。在施行《关于推动广州科学发展,建设全省"首善之区"的决定》、《关于加快城乡经济社会发展一体化新格局的实施意见》等重大决策之前,主动提请政协进行协商;就已经做出的《关于创建全国文明城市的决定》、《关于切实解决涉及人民群众切身利益若干问题的决定》等重大决策在执行过程中,主动邀请政协运用视察等形式进行协商;委托市政协党组在制定《关于推动广州科学发展,建设全省"首善之区"的决定》之前,牵头组织各民主党派市委和市工商联的主要领导、参加市政协的其他单位领导和界别委员代表进行协商。

（二）地方政协参与地方党委决策制度创新的探索基础

改革与创新地方政协参与地方党委决策制度，不能仅凭一时心血来潮，就仓促地进行，而应建立在以往多年来进行政治协商制度创新探索的基础上。以广州为例，中共广州市委就政治协商建章立制，源于1990年初，近20年来，先后就加强政治协商建设制定颁发过七个相关或专门的制度。

一是1990年2月根据《中共中央关于进一步坚持和完善中国共产党领导的多党合作和政治协商制度的意见》（中发〔1989〕19号）文精神，制定了《关于贯彻〈中共中央关于进一步坚持和完善中国共产党领导的多党合作和政治协商制度的意见〉的意见》，提出了"健全、改进协商制度"的要求。

二是1992年8月首次以市委名义召开市政协工作会议，制定了《关于进一步加强人民政协工作的决定》，提出了"坚持和完善政治协商、民主监督制度"的措施。

三是1995年6月根据《中共中央关于认真贯彻执行〈政协全国委员会关于政治协商、民主监督、参政议政的规定〉的通知》（中委〔1995〕13号文）精神，制定了《关于把政治协商纳入党政重大决策程序的意见》，强调"把政治协商纳入重大决策程序，并作为决策过程中的一个环节和不可或缺的步骤"，明确了政治协商的主要内容、主要形式，还明确了实现"三在前"（即在市委决策之前、人大正式表决通过之前、政府执行之前进行协商）原则的协商程序。

四是2001年9月根据《中共广东省委关于加强和改善党对人大、政协工作领导的意见》，制定了《关于加强统一战线工作的实施意见》、《关于进一步加强人民政协工作的意见》，两个《意见》就"进一步加强共产党领导的多党合作和政治协商制度建设"、"支持人民政协履行政治协商的职能，不断提高决策的科学化和民主化"，提出了一些完善性的措施。

六是 2005 年 12 月根据《中共中央关于进一步加强中国共产党领导的多党合作和政治协商制度建设的意见》（中发〔2005〕5 号），制定了《关于认真贯彻中发〔2005〕5 号文件精神进一步加强中国共产党领导的多党合作和政治协商制度建设的实施意见》（穗字〔2005〕12 号），进一步明确、提出了"完善政治协商的内容、形式、程序，进一步加强与民主党派、无党派人士的政治协商"的方法和一些新举措。

七是 2006 年 11 月根据《中共中央关于加强人民政协工作的意见》，制定了《关于加强人民政协工作的实施意见》（穗字〔2006〕17 号），强调"人民政协的政治协商是中国共产党领导的多党合作和政治协商制度的重要载体，是实行科学民主决策的重要环节，是党提高执政能力的重要途径"。进一步明确了人民政协政治协商的主要内容、主要形式。

有了上述多年来完善政治协商制度的探索性实践的基础，广州市制定《中共广州市委政治协商规程（试行）》（以下简称《广州规程》）就是水到渠成的事情。也就是说，上述这些带有创新性的探索使《广州规程》的制定有了切实可行的实践基础。

（三）地方政协参与地方党委决策制度创新的主要依据

地方政协参与地方党委决策制度创新，不能脱离我国政治协商的相关制度，另起炉灶，而是要在我国政治协商的相关制度基础上有所突破与创新。广州市在制定《广州规程》时所依据的相关制度如下：《中共中央关于进一步加强中国共产党领导的多党合作和政治协商制度建设的意见》（中发〔2005〕5 号）；《中共中央关于加强人民政协工作的意见》（中发〔2006〕5 号）；《中国人民政治协商会议章程》（2004 年 3 月 12 日修正文本）；《中共中央关于批转〈政协全国委员会关于政治协商、民主监督、参政议政的规定〉的通知》（中委〔1995〕13 号文）、《政协全国委员会关于政治协商、民主监督、参政议政的规定》（全国政协八届九次常委会议通过）。广州市制定《广州规程》虽然以上述文件与相关制度作为主要依据，但并未照抄照搬，而是在吃透上述文件精神与把握相关制度实质的基础上，结合广州市政治生态环境的实际，进行了大胆的创新。

（四）地方政协参与地方党委决策制度创新的操作规则

地方政协参与地方党委决策制度创新要能取得较好的成效，必须吃透上情，摸准下情，集思广益，把继承与创新结合起来。为了使政治协商制度创新能取得良好的成效，广州市在制定《广州规程》时，遵循了如下规则：一是正确体现中央对政治协商的要求和市委规范、完善政治协商的意图。即尽量把中央有关加强政治协商的要求与市委这方面曾做出的规定衔接一致起来或者进一步具体化；二是正确体现"先行先试"与保持工作连续性的关系。即中央、市委文件已有明确规定和要求的，或现行的做法符合现阶段的认识水平和工作实际的，不随意改；但不等于不能改；已不适合或不够明确、不够具体、不够合理的，从"先行先试"着眼，按照"实事求是，与时俱进"的精神，结合实际探索试验，进一步明确和具体化，或进一步规范；三是正确体现全国政协有关部门的领导、专家和省（市）各方面正确、合理的意见、建议。通过发扬民主，集思广益，提高政治协商制度创新的质量与成效。由于遵循了上述政治协商制度创新的规则，广州市在制定《广州规程》时，就没有走弯路，并且取得了较好的政治协商制度创新的效果。

综上所述，《广州规程》按照中共十七大关于"推进政治协商、民主监督、参政议政制度建设；把政治协商纳入决策程序，完善民主监督机制，提高参政议政实效"的部署，以邓小平理论和"三个代表"重要思想为指导，贯彻落实科学发展观，以《中共中央关于进一步加强中国共产党领导的多党合作和政治协商制度建设的意见》（中发〔2005〕5号）、《中共中央关于加强人民政协工作的意见》（中发〔2006〕5号）为依据，着眼于社会主义民主政治的程序设计和制度设计，在认真总结广州市60年来尤其是改革开放以来政治协商探索性实践的基础上，充分肯定了政治协商在社会主义民主和政治生活中的重要作用，明确提出了政治协商的原则、基本方式，明确规定了政治协商的主要内容、形式和程序，对搞好政治协商提出了明确的要求，是指导新世纪新阶段广州政治协商工作、推进民主法制建设和多党合作的纲领性文件。《广州规程》针对广州目前的政治协商还不够规范等问题，着眼于变政策性协商为制度性协商，根据中央赋予的"科学发展，先行先试"的重大使命，就进一步加强政治协商的制度化、规范化、程序化，提出了许多新的观念和新的做法。既体现中央和省委的要求，也符合广州的实际；既体现"先行先试"，又保持了工作的连续性；既继承发扬自身的经验，又借鉴吸纳各地好的做法，是适应新形势新任务新要求，规范、完善政治协商工作，进一步加强中国共产党领导的多党合作和政治协商建设，推动广州社会主义民主政治新发展的重大举措。

二、地方政协参与地方党委决策制度的系统创新

政治协商是人民政协的主要职能之一，然而在以往的地方政治协商制度运行过程当中，有的地方却将政治协商视为行鼓掌举手之事。"说了也白说"让部分政协委员对于调研、政治协商的重视不够、参与性不高，其结果就造成政治协商的随意化。要提高地方政治协商的质量与成效，必须致力于地方政协参与地方党委决策制度的创新。地方政协参与地方党委决策制度创新是一种系统创新，必须运用系统工程原理，进行系统的规划与设计，才能取得较好的制度创新成效。广州市在创新政协参与党委决策制度时，自觉运用系统工程原理，科学地进行制度创新的规划与设计，从六个方面创新了传统的地方政协参与地方党委决策制度，实现了地方政治协

制度创新的预期目标。

(一) 地方政协参与地方党委决策的理念体系创新

1. 地方政协参与地方党委决策的作用目标定位

人民政协作为多党合作和政治协商的重要机构，各党派、各团体、各界别、各阶层通过人民政协政治协商这一职能的发挥，充分表达自身的政治主张和诉求，从而广泛参与到国家政治生活当中。所以，在一定意义上来说，人民政协就是我国政治体制内最重要的决策咨询机构。人民政协政治协商的决策咨询功能的发挥与人民政协自身所具有的政治特色紧密相连，不是一般技术层面的决策咨询，也不同于一般意义的参谋型决策咨询，而是代表着广泛的民意，具有极强的政治性。

在以往的地方政协的相关文件中，对政治协商作用的表述，显得比较空泛。推进政治协商的制度化、规范化和程序化建设，是实现政治协商的严肃性、经常性、科学性和有效性的重要保证。广州市根据有关文件的精神，结合自身的探索，在《广州规程》中肯定了推进政治协商制度化、规范化、程序化"三个有利于"的作用，即：有利于广开言路、集思广益，促进决策的科学化、民主化；有利于增进理解、扩大共识，形成团结民主、活跃和谐的政治局面；有利于加强和改善中国共产党的领导，巩固中国共产党的执政地位。

2. 地方政协参与地方党委决策的三大协商原则

中国共产党是执政党，党的各项决策的正确与否对党和国家事业的发展将产生重大影响。把政治协商纳入党委决策程序，在决策前和决策执行中充分听取各民主党派以及党外各界人士的意见，集思广益，有利于增强党委决策的科学性，有效地避免和减少党委决策失误。政治协商的要旨是决策前的协商，只有坚持协商于决策之前，政治协商才能避免成为形式，从而发挥应有的作用。此外，在决策执行过程中加强协商，也有利于根据实践的发展不断完善党委的决策。

2006年2月颁发的《中共中央关于加强人民政协工作的意见》规定，把政治协商纳入决策程序，就国家和地方的重要问题在决策之前和决策执行过程中进行协商，是政治协商的重要原则。这一文件没有就政治协商的原则作出更多的规定，这就为地方政协根据自身的探索，完善政治协商原则留下了空间。

以往地方政协的相关文件中，虽然有一些这方面的表述，但未能具体化。广州市根据中央有关文件的精神与自身探索所积累的经验，在《广州规程》中提出了政治协商的三项原则，即：把政治协商纳入决策程序，就重大问题在决策之前和决策过程中进行协商的原则；党总揽全局、协调各方的原则；民主协商、平等议事、求同存异、增进共识的原则。

（二）地方政协参与地方党委决策的协商方式创新

政治协商作为中国共产党领导的多党合作和政治协商制度的重要组成部分，自新中国建立以来，在实践中就已形成了两种基本方式。中发〔2005〕5号文件《中共中央关于进一步加强中国共产党领导的多党合作和政治协商制度建设的意见》根据长期以来的经验和做法，明确提出了政治协商的两种基本方式：一种是中国共产党与各民主党派的协商；一种是中国共产党在人民政协同各民主党派和各界代表人士的协商。这一文件从政策上对政治协商的两种基本方式加以规定，对于推进政治协商的制度化、规范化、程序化建设，有着重要意义。

广州市结合自身多年来在政治协商的探索性实践方面积累的宝贵经验，根据形势发展的需要，在《广州规程》中明确了政治协商的两种基本方式：

一种是市委同市各民主党派的政治协商，另一种是市委在市政协同市各民主党派和各界代表人士的政治协商。在此基础上，《广州规程》进一步明确了市委同市各民主党派政治协商的范围。为了突出多党合作和政治协商的特色，根据无党派人士和工商联的性质，参照中央的做法，进一步明确了市委同市各民主党派的政治协商，是市各民主党派、无党派人士和工商联参加，工、青、妇等人民团体不再参加这一方式的政治协商，但参加市委在市政协同市各民主党派和各界代表人士的政治协商。

（三）地方政协参与地方党委决策的内容体系创新

2006年2月颁发的《中共中央关于加强人民政协工作的意见》规定的人民政协政治协商的主要内容是：国家和地方的大政方针以及政治、经济、文化和社会生活中的重要问题；各党派参加人民政协工作的共同性事务，政协内部的重要事务以及有关爱国统一战线的其他重要问题。这一文件只是对政治协商的内容作了原则规定，并没有具体地列出政治协商的内容，这就为地方政协创新政治协商的内容留下了创新的空间。

以前在地方政协一些相关文件中，对政治协商的内容有一些原则性的规定，如要求"重大事项的决策'三在前'"。但这只是规定了一个大的框架，这些规定长期以来没有得到很好的落实，原因就是没有对其内容进行细化，比如"重大事项"如何界定？谁来界定？过去的有关文件都没有明确的表述与规范，所以，政治协商内容的随意性比较大。只有明确政治协商的主要内容，才有可能真正把这些原则规定在实际工作中贯彻落实。

1. 市委同市各民主党派政治协商的内容体系创新

以往，地方党委同地方各民主党派政治协商的内容规定不够具体，给实际操作增加了困难。为了改变这种局面，《广州规程》把市委同市各民主党派政治协商的内容体系概括为十个方面，即：

（1）中国共产党广州市代表大会和委员会的重要文件；

（2）拟提请市人民代表大会和常务委员会审议的重要地方性法规（草案）；

（3）市委提出的按规定需要协商的市级领导人人选；

（4）本市经济社会发展的中长期规划；

（5）本市政治、经济体制改革方面的重要决策；

（6）本市有关城乡建设的总体规划和行政区划的重大调整；

（7）市政府工作报告；

（8）关系本市民生和事关全局的重大问题；

（9）通报重要文件和重要情况并听取意见；

（10）其他需要同市各民主党派协商的重要问题。

其中，第（1）、（4）、（6）项是根据形势发展需要首次提出来的新内容。

2. 市委在市政协同市各民主党派和各界代表人士政治协商的内容体系创新

以往，地方党委同地方各民主党派政治协商的内容规定是用概括性的表述，给实际工作中的操作增加了困难。为了改变这种局面，《广州规程》把市委在市政协同市各民主党派和各界代表人士政治协商的内容体系概括为十个方面，即：

（1）市委或市委、市政府联合作出的有关全市政治、经济、文化、社会和生态发展大局的重要决议、决定、意见；

（2）本市国民经济和社会发展五年规划；

（3）市政府工作报告、国民经济和社会发展计划报告、预算报告；

（4）市法院和市检察院工作报告；

（5）拟提请市人民代表大会和常务委员会审议的重要地方性法规（草案）；

（6）市委提出的按规定需要协商的市政协领导班子成员、机关和各个专门委员会负责人人选；

(7) 本市的重大建设项目；

(8) 关系本市民生和事关全局的重大问题，应对各类重大危机的预案和实施方案；

(9) 市各党派参加市政协工作的共同性事务，市政协内部的重要事务及有关爱国统一战线的其他重要问题；

(10) 市委、市人大常委会、市政府、市政协和市政协参加单位提出的其他政治协商事项。

其中，第（1）、（5）、（7）、（8）、（10）项是根据形势发展的需要首次提出来的带有创新性的突破。

综上所述，广州市着眼于新制度的可行性、可操作性，把两种政治协商的主要内容分别细化规范为十项（参见图5），为《广州规程》的贯彻落实奠定了基础。

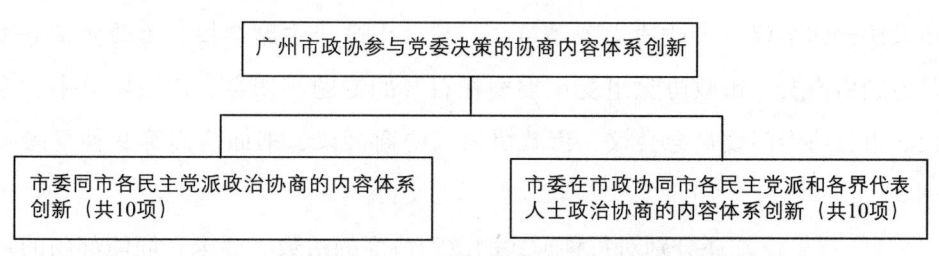

图5 广州市政协参与党委决策的协商内容体系创新框图

（四）地方政协参与地方党委决策的协商形式体系创新

政治协商以会议作为主要形式，通过多年的实践，从全国政协到各地政协已逐步形成了"全体会议整体协商，常委会议专题协商，主席会议重点协商，专委会议对口协商"的多层次、多形式协商格局。2006年2月颁发的《中共中央关于加强人民政协工作的意见》规定的人民政协政治协商的主要形

民主决策
Democratic Decision-making

式有：政协全体会议、常务委员会会议、主席会议、常务委员专题协商会、政协党组受党委委托召开的座谈会、秘书长会议、各专门委员会会议、根据需要召开的政协内部各组成单位和各界代表人士参加的协商会议。这一文件只是对政治协商的主要形式作了原则规定，为地方政协创新政治协商的形式留下了创新的空间。

以往，地方政协参与地方党委决策的协商形式没有统一的规定，各地的有关制度中，多以召开各种会议进行政治协商，有的规定了三种协调形式，有的规定了六种协商形式，有的规定了八种协商形式，如此等等。《广州规程》根据广州的实际，结合以往自身在这方面进行探索所积累的经验，分别明确了"市委同市各民主党派的政治协商"与"市委在市政协同市各民主党派和各界代表人士的政治协商"的主要形式。"市委同市各民主党派政治协商"的主要形式有民主协商会、谈心会、专题座谈会、通报会、书面建议等5种；"市委在市政协同市各民主党派和各界代表人士政治协商"的主要形式有市政协全体会议、市政协常务委员会会议、市政协主席会议、市政协常务委员专题协商会、市政协党组受市委委托召开的专题座谈会、市政协秘书长会议、市政协专门委员会会议、市政协内部协商会议、书面协商等9种（参见图6）。

《广州规程》还分别对每种形式的政治协商的次数、要求、职能部门的责任与分工等作出了相关规定，以便在实际工作中的操作。

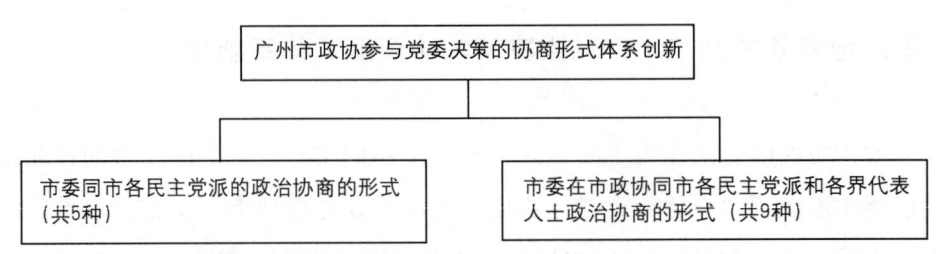

图6　广州市政协参与党委决策的协商形式体系创新框图

（五）地方政协参与地方党委决策的协商程序创新

虽然开展协商会议的具体做法有不同，但基本上都在已有政治协商制度规范的基础上，注重抓好计划、准备、会议、反馈四个关键环节，探索并形成一套工作运行程序。2006年2月颁发的《中共中央关于加强人民政协工作的意见》规定的人民政协政治协商的主要程序是：党委根据年度工作重点或政协党组提出的建议，研究并确定在政协协商的议题；政协党组根据党委的统一部署，按照政协章程和有关规定安排协商活动；党委和政府及有关部门负责人就有关问题通报情况、听取意见；政协要及时整理并报送参加会议的各党派团体和各族各界人士提出的意见和建议；党委和政府及有关部门对政协报送的意见和建议要认真研究处理，并及时反馈处理情况。这一文件只是对政治协商的主要程序作了原则规定，为地方政协创新政治协商的程序留下了创新的空间。

政治协商程序，既是政治协商制度的内容，也是政治协商制度落实的保障。认真落实政治协商制度，必须规范政治协商的程序。通过规范政治协商的程序，克服政治协商的随意性，保证政治协商的有序性和严肃性。政治协商程序化建设的重点应当是明确规定政治协商的具体程序，保证各政党和利益群体在政协这个平台上公平、公开、公正地进行协商，使政治协商制度得以正常运行。以往，地方政协参与地方党委决策的协商程序没有统一的规定，各地的有关制度中，有的是三个程序，有的是四个程序，有的是五个程序，而且各个程序的名称也不统一。一项好的制度和具体的规范确立后，实际的贯彻执行就显得尤为重要，这就需要制度化、规范化的政治协商程序来保障，政治协商程序的不完善同样也直接影响政治协商的效果。《广州规程》根据广州的实际，结合以往自身在这方面进行探索所积累的经验，统一了"市委同市各民主党派的政治协商"与"市委在市政协同市各民主党派和各界代表人士的政治协商"这两种政治协商方式的主要程序，即：制定协商计划、做好协商准备、开展政治协商、汇总协商成果、协商成果办理与反馈五个程序（参见图7）。其中，首次明确市委每年一月底前要制定出协商计划，同时还进一步明确了每个程序的责任部门和责任人的职责，明确了每个程序与环节的工作、分工和时限等要求。

《广州规程》还分别对"市委同市各民主党派的政治协商"与"市委在市政协同市各民主党派和各界代表人士的政治协商"这两种政治协商方式的主要程序中的阶段性工作内容与工作要求做出了相关规定，使实际工作中的操作能达到规范的要求。

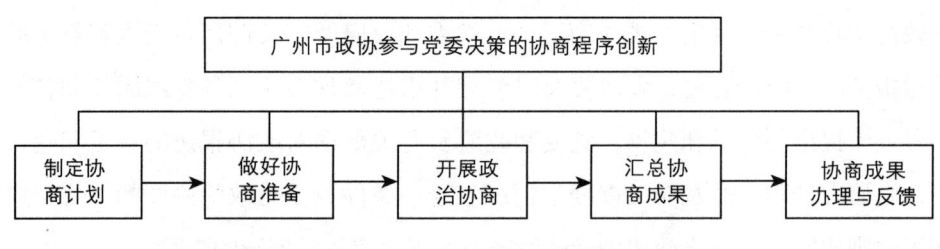

图7 广州市政协参与党委决策的协商程序创新框图

（六）地方政协参与地方党委决策的保障与考核机制创新

地方政协参与地方党委决策制度要能落到实处，必须要有相应的保障与考核机制；否则，这种制度就会流于形式，就很难得到有效的执行。广州市在创新地方政协参与地方党委决策制度时，特意设计了三个保障与考核机制：

其一，不交表决机制。基于把政治协商纳入党委决策程序的原则，广州市在《广州规程》中提出了对需要协商的内容必须进行协商，这是提交党委与人大决策的先决条件，明确规定："需要进行协商的内容，未经协商的，原则上不提交市委决策、市人大常委会表决通过、市政府实施。"这一规定使得政治协商在市委与人大决策过程中的效力以市委文件的形式得到强化。明确了需要协商的内容提交决策的先决条件，即建立不交表决机制是这部规程得到贯彻落实的关键。

其二,督办落实机制。《广州规程》建立了政治协商督办落实机制,要求由市委办公厅牵头,建立政治协商督办落实联席会议制度,召集市政府办公厅、市政协办公厅、市委统战部、市委政研室等部门定期召开会议,就政治协商的组织实施、跟进落实、督办反馈等工作进行沟通、协调和研究。并由市委办公厅牵头,每年组织上述部门对政治协商的落实情况进行检查。这是保证新建立的政治协商制度落实和取得实效的重要措施,是抓好《广州规程》落实的重要机制。

其三,考察考核机制。为了用组织措施保证新建立的政治协商制度的落实和取得实效,《广州规程》强调把是否重视政治协商作为考核领导班子和领导干部的重要内容,明确了市委、市政府把是否重视政治协商、能否发挥好政治协商的作用作为检验领导水平和执政能力的一项重要内容,纳入领导班子和领导干部考察考核的重要内容。如上所述,地方政协参与地方党委决策制度创新是一个系统工程,这一系统创新涉及理念体系创新、协商方式创新、内容体系创新、形式体系创新、协商程序创新、保障与考核机制创新等六个方面,参见图8:

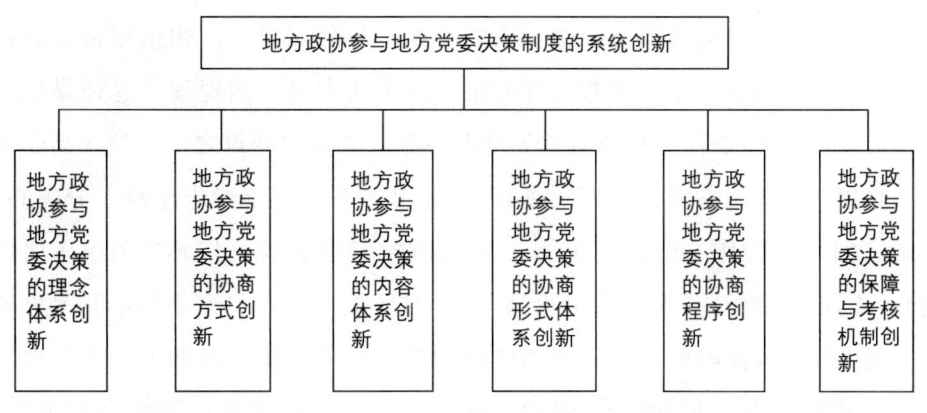

图8　地方政协参与地方党委决策制度的系统创新框图

三、地方政协参与地方党委决策制度创新的实现机制

地方政协参与地方党委决策制度创新这一系统工程建设要能取得成功，必须有相应的机制来保障，实现政治协商制度创新决策的民主化、科学化；否则，再好的设想也会落空。

（一）组织领导机制

地方政协参与地方党委决策制度创新这一系统工程建设要能取得成功，必须有相应的组织领导机制来保障，实现政治协商制度创新决策过程的组织领导工作的科学化。《广州规程》的出台是根据广东省委和中共中央政治局委员、省委书记汪洋的要求，并且得到汪洋亲自指导的一项重要制度创新成果。制定政治协商规程，是汪洋亲自交办的任务。最初是要求省政协党组代省委起草的，后来汪洋提出可以从一个条件比较成熟的市做起，他要求把这项任务纳入广州民主法制建设试点范围。汪洋对这项工作十分重视，曾经专门召开座谈会，听取省政协党组和市委的意见，他指出政治协商是一项重要政治制度，要把这项制度落实好，必须有规范的程序作保证。广州市委常委会讨论通过《广州规程》后，呈报汪洋阅批。汪洋认为《广州规程》总体是成熟的，可以在广州试行。《广州规程》十易其稿，其突出特点之一：领导高度重视，直接过问和亲自修改《广州规程》。中共广州市委书记朱小丹十分关心、直接过问代拟工作，还认真审阅了市政协党组呈报的《广州规程》（代拟稿），不仅批示赞扬"文件质量很高"，而且还提出了一些重要的修改意见和在文稿中作了具体的修改。广州市政协主席朱振中组织、参加了整个代拟工作，与大家一起学习、调研、讨论、确定代拟《广州规程》的原则和思路，听取各方意见，并先后三次对"征求意见稿"、"代拟稿"、"代拟送审稿"作

了全面、认真的修改。

（二）吸纳意见机制

地方政协参与地方党委决策制度创新这一系统工程建设要能取得成功，必须有相应的吸纳意见机制来保障，实现政治协商制度创新决策的民主化科学化。广州市在制定《广州规程》过程中，充分发扬民主，广泛听取和吸收各方意见。为了充分发扬民主，增强科学性，避免片面性，主持制定《广州规程》的机构不仅扩大了《广州规程》制定过程中征求意见的范围，而且还采取多种形式反复征求有关各方的意见。主持制定《广州规程》的机构先后两次把第三稿的"征求意见稿"和第六稿的"代拟修改稿"以书面形式征求了广州市各民主党派、市直有关单位、各区、县级市政协和市政协主席会议成员、秘书长会议成员、专门委员会主任的意见；先后召开了市各民主党派座谈会、部分区和县级市政协座谈会、市直有关单位座谈会、各区和县级市政协主席座谈会、部分政协委员座谈会听取意见；先后走访了广州市各民主党派和市工商联、市台联会，听取意见；还以书面形式征求了全国政协有关部门的领导和专家的意见。

综合汇总和逐一研究各方面意见和建议后，提交广州市政协第十一届39次党组会议和34次主席会议审议后又修改出了第八稿，呈报市委审定。2009年7月初，根据广州市委办公厅征求、反映的意见再次对《广州规程》（代拟送审稿）作了几处修改。7月24日提交广州市委2009年第11次常委会讨论的是第九稿，根据与会人员的意见修改定稿的是第十稿。

（三）文本创作机制

地方政协参与地方党委决策制度创新成果最终要反映在制度文本上，因此，制度文本的质量要由科学的制度文本创作机制来保障。广州市通过建立科学的制度文本创作机制，保障了《广州规程》这一制度文本创作任务的顺利完成，交出了一份高质量的地方政治协商制度创新文本。

1. 代拟文本任务交办机制

早在2008年8月，广东省委书记汪洋在一次提案办理会上的讲话中，提出要求广东省率先制定《政治协商规程》和《办理政协提案规程》。这项任务当时交由省政协代为起草，文稿完成后，提交给省委办公厅。但接下来并未在全省推出，汪洋要求广州发挥民主法制建设试点城市的作用，开展制定和实施政治协商规程的探索，在全省先行先试。由于广州是广东省民主法制建设的试点市，同时广州市委书记朱小丹曾担任过广东省政协副主席、省委统战部部长，对政协工作比较熟悉，汪洋选择了广州，并给朱小丹"当面交任务，明确提要求"。根据省委和汪洋的要求，广州市委将制定政治协商规程列入了推进民主法制建设试点工作计划。根据汪洋的指示，2008年11月，朱小丹在全省经济特区工作会议上表示广州要"完善重要问题政治协商制度，制定政治协商规程，科学界定和具体细化政治协商的内容，明确规定政治协商的程序"。2009年"两会"后，代拟《广州规程》的具体任务交到了广州市政协党组手上。

2. 制度文本起草与修订机制

接到为市委代拟《广州规程》的任务后，广州市政协由主席朱振中牵头，两位秘书长和几位研究室成员组成了一个起草小组专门负责该项工作，反复征询各方意见。在征求意见的过程中，除书面征求、召开座谈会等外，朱振中亲自带着起草小组成员挨个走访了8个民主党派以及工商联。过去开会是大锅饭，8个民主党派一起来，每个人发发言，一次性征求意见；这次是分别跑了9个单位，逐个单位面对面征求意见。从2009年3月到9月，经过"征求意见稿"、"代拟稿"、"代拟送审稿"等程序,字斟句酌,十易其稿。广州市政协主席朱振中不仅直接担任代拟制度文本的组织领导工作,而且提出代拟制度文本稿的原则与思路,更为难能可贵的是,他还先后多次对"征求意见稿"、"代拟稿"、"代拟送审稿"作了系统而细致的修改。中共广州市委书记朱小丹不仅把为市委代拟《广州规程》的任务交给了市政协党组,而且认真审阅了市政协党组呈报的《广州规程》(代拟稿);不仅批示"文件质量很高。我原则同意。个别地方作了一些文字修改,供参考。可抓紧征求各方面意见,修改完善后提交市委常委会讨论决定",而且还提出了一些重要的修改意见和在稿中作了许多具体的修改。也就是说,《广州规程》不是哪一个人的单独创作,而是集思广益、集体创作出来的成果,这一成果既有领导人的智慧结晶、制度文本起草小组成员的思维创新成果,也有社会各界人士的智力贡献!

综上所述,广州市政治协商制度创新的实现机制是由组织领导机制、吸纳意见机制、文本创新机制三个部分构成的一个有机整体,参见如下的图9:

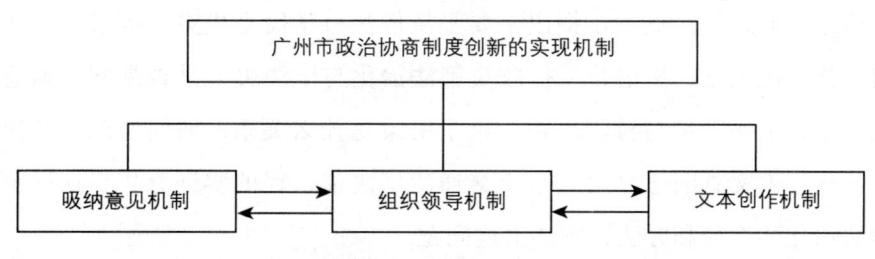

图9 广州市政治协商制度创新的实现机制

(原载《中国浦东干部学院学报》,2011年第5期)

论科学决策、民主决策的法治化
——基于北京市交通治堵方案征求民意的考量

金国坤
(北京行政学院法学教研部)

2004年国务院《全面推进依法行政实施纲要》要求建立健全科学民主决策机制,实行依法决策、科学决策、民主决策。2010年国务院《关于加强法治政府建设的意见》进一步提出了要坚持依法科学民主决策,推进行政决策的科学化、民主化、法治化。行政决策法治化与依法决策是否是同一概念的不同表述,依法决策与科学决策、民主决策是什么关系,如何实现行政决策的法治化,本文试图通过对北京市交通治堵决策过程的实证分析,探讨行政决策法治化的途径和方法,阐述上述问题。

一、北京市交通治堵方案征求民意:民主决策的尝试及其得失

根据2005年国务院常务会议讨论通过的《北京城市总体规划(2004年—2020年)》确定的交通发展指标,预计到2020年,北京市全市民用机动车拥

有量达到 500 万辆左右。事实上，截至 2010 年 11 月 21 日，北京市机动车保有量已达到 467 万辆，城市交通生态已十分脆弱。经过三个多月的反复研究，北京市政府提出了《北京市关于进一步推进首都交通科学发展，加大力度缓解交通拥堵的工作意见》，并于 2010 年 12 月 13 日至 19 日面对社会广泛征求公众的意见，问计于民。据一位交通专家表示，北京市交通治堵方案中的每项措施，都是经过多次专家论证后才出现在最终文本上的，每次论证会的讨论都非常激烈，每项措施的背后，都有不同观点的尖锐交锋。政府决策过程是非常慎重的，经过各方面的调研和考虑，力求做到决策的科学性。[1]

在一周的时间内，交通委共收到网上提出的意见建议 2929 件，信函和传真 425 件，总体持赞成支持态度。在征求意见的基础上，北京市人民政府新闻办公室于 2010 年 12 月 23 日召开"北京交通改善措施"新闻发布会，正式公布治堵方案。方案在听取意见的基础上做了部分修改，如将原规定"必要时，实施重点交通拥堵路段高峰时段机动车单双号行驶措施"修改为"遇有恶劣天气、重大活动、重要节日等可能引发严重交通拥堵情况，适时采取重点交通拥堵路段高峰时段机动车单双号行驶措施"。设定了实行单双号限行的具体条件，避免了行政裁量权的滥用。但在对如何调控机动车增长速度等关键性问题上，原方案规定得比较原则，只是提出按照公正、公开、公平和无偿的原则，合理调控单位和个人年度小客车增长速度，抑制小客车过快增长。至于如何调控，没有具体措施。而正式公布的方案明确了以摇号方式无偿分配小客车配置指标的方法实施对小客车数量调控措施。

交通治堵措施公布后，一个已经经过征求民意的决策受到了多方质疑。有人认为，治堵方案本身模模糊糊，回避了关键问题，而且征集民意结果也不明不白。"在老百姓不清楚、不理解的情况下，问同意不同意，太不严谨了。"令人怀疑治堵方案征求民意是不是一种走过场，将民意当成制定政策的

---

[1]. 邓杭：《出台始末经历一波三折》，载《京华时报》，2010 年 12 月 13 日，第 12 版。

民主决策
Democratic Decision-making

工具，更担心真正的民意难以进入治堵决策。也有市民认为，一个关系全市市民利益的意见征集，只在短短一周时间内，并且只有2900多条意见，这在常住人口超过1800多万的首都，其中占据的比例微乎其微，不能认为这样的意见就代表了全体市民的意见。人们看到，在治堵方案征求意见前后，北京车市火爆空前，人们疯狂买车，或囤积车牌。有人认为，这种恐慌性购车行为说明市民对具体限车措施没有预期，因而盲目行事。[1]

北京市治堵方案征求民意，是一种民主决策的有益尝试，它为我们完善行政决策程序提供了可资借鉴的经验和教训。哪些决策应当征求民众意见？如何征求民众意见？民众意见在决策中处于什么地位和作用？民主的实践证明了这都不是简单的问题。在征求意见过程中对实质性的措施不具体化，民众无法表达意见和建议，容易使人感到有点缺乏诚意。既然已经征求了民意，正式公布的治堵方案应当是根据征求意见的结果修改而成的，那么，有多少市民在征求意见时表达了应当采取摇号的方式而不是以拍卖车牌或提交泊位证明等方式控制机动车总量？如果市民们没有提出任何关于摇号的建议，摇号措施与征求意见之间就不缺乏因果联系，或者说摇号措施这样的交通治堵新政并没有征求民意。

对治堵方案，特别是限购这样的决策，民众有不同的利益需求。很显然，已经拥有机动车或不打算购车的群体与准备购车的群体的利益诉求是完全相反的，限制外地机动车进京的决策更是只影响到周边地区人群的利益。能否以94.2%的绝对多数认为交通治堵措施代表了民意，成为决策的依据？恐怕涉及外地机动车进京限制的决策，更得听取相关地区的意见和建议。这就给我们研究决策的民主性提出了一个新的课题，在利益多元化的社会，不同的利益主体的诉求是不同的，那么，通过何种方式征求民意才能充分反映各方面的不同意见，决策者对各种不同利益诉求应当如何平衡采纳，是一个需要

---

1. 刘泽宁、郭超、尹蔚：《北京疏堵新政明日公布》，载《新京报》，2010年12月22日，第A05版。

通过一定的决策程序规则予以明确的问题。在某种程度上,交通治堵方案征求意见不尽如人意,更深层次的原因就在于,目前对如何征求意见的程序没有专门规定,给政府在自由裁量上留下了很大的空间,征求意见更像是一种"自觉行为"。[1]

二、行政决策程序法定化是科学决策、民主决策的保障

依法决策是指行政决策应当有法律、法规和规章的依据,在法定职权范围内依法定程序作出决策。没有法律、法规、规章的规定,行政机关不得作出影响公民、法人和其他组织合法权益或者增加公民、法人和其他组织义务的决定。从这一要求出发,限行也好、限车也罢,都是对公民财产权的一种影响或增加了义务。北京市通过制定《北京市小客车数量调控暂行规定》,对小客车增长数量进行调控,是为了实施城市总体规划所采取的一项行政措施,是符合行政合法性原则的。北京市制定交通治堵方案,是北京市政府的法定职责所在,但在决策程序上,现行行政法律规范并没有作出明确的规定。只是国务院文件要求对于社会涉及面广、与人民群众利益密切相关的决策事项,应当向社会公布,或者通过举行座谈会、听证会、论证会等形式广泛听取意见。涉及全国或者地区经济社会发展的重大决策事项以及专业性较强的决策事项,应当事先组织专家进行必要性和可行性论证。

决策的民主化、科学化是决策正确性的条件,但决策的民主化、科学化需要法律的保障。没有决策的法定化,民主决策可能走过场,如有些地方的价格听证会变成了涨价会,制订好涨价的方案让大家发表意见,即使有不同意见,也不会改变初衷。实现决策的民主化与科学化,必须使民主决策程序和科学论证过程法律化和制度化。因为只有法治化,人民群众才能通过各种

---

[1]. 吴鹏、杨华云:《公共决策频征民意公众担心仅走形式》,载《新京报》,2010年12月20日,第A19版。

法律规定的制度参与政府决策,才能通过法律的途径保证政府决策符合社会公众的利益,如果人民群众的合法权益受到侵犯,也可以运用法律手段及时获得有效的法律救济。专家参与决策只有法定化,专家的意见才具有法律效力,成为行政决策的重要依据,专家对其咨询意见和建议也才能相应地负责。专家论证不是民主决策的体现,而是科学决策的要求。决策是决策者的主观行为,人的意志因素在决策中起着重要作用,而决策程序具有客观性,为在决策过程中减少人的意志的随意性,保证决策的客观性、连续性,就要使决策程序法治化。[1]

更为重要的是,一般人们将依法决策、科学决策和民主决策并行,作为决策的三个同时必须具备的要件。但实际上,这三者之间不是平行的关系,科学决策和民主决策是决策正确性的两翼,而依法决策是科学决策和民主决策的保障。科学决策与民主决策本身有时是一对矛盾。科学决策强调决策的成本效益和客观性,但未必是受到民众认同的。民主决策更强调民众的感受和各方利益的平衡,不一定是最明智的选择。科学决策只有在向民众充分公开信息,作出说明的情况下才能得到人民的理解和支持。当民意与专家的论证以及政府的意图不一致时,政府就需要通过法定程序综合权衡利弊,作出各方能够接受的决策。决策的科学性需要与民意基础相协调,政府决策的合理性在于应当选择对公民的利益损害最小的方案。詹姆斯·威尔逊曾提出,人们参与政府决策更多的是为了挽回受到威胁的东西而非获取新东西。[2] 当决策可能损害到利害关系人的利益时,听取利害关系人的意见便是必经程序。

在行政决策过程中,国务院建设法治政府的要求提出了要把公众参与、专家论证、风险评估、合法性审查和集体讨论决定作为重大决策的必经程序。但是必经程序并不是法定程序,法律、行政法规,甚至地方性法规尚未见到

---

1. 徐秀霞:《建立和完善法治化的行政决策机制》,载《长白学刊》,2007 年第 6 期。
2. [美] 科尼利厄斯·M.克温:《规则制定:政府部门如何制定法规与政策》,刘王景、张辉、丁洁译,上海:复旦大学出版社 2007 年版,第 200 页。

对重大行政决策程序作出统一规定的，只是一些地方政府以地方政府规章的形式制定了重大行政决策程序规则，如《湖南省行政程序规定》专章规定了行政决策程序；青海省人民政府、广州市人民政府等制定了《重大行政决策程序规定》。更多的是部门、没有行政立法权的地方政府以规范性文件的形式规定重大行政决策程序规则，如《杭州市余杭区行政决策程序规定》、《苏州市安全生产监督管理局重大行政决策程序规定》，不胜枚举。行政决策程序尚没有走上法制化道路。国务院《国务院关于全面推进依法行政的决定》确定的全面推进依法行政的目标是要求科学化、民主化、规范化的行政决策机制和制度基本形成，只强调规范化，没有要求必须法制化，而2000年《国务院关于加强法治政府建设的意见》明确了要加强行政决策程序建设，健全重大行政决策规则，推进行政决策的科学化、民主化、法治化。制定行政决策程序法律规范是当前法治政府建设的一项重要任务。上海市"十二五"规划纲要提出将研究制定重大行政决策程序规定，以避免行政决策出现重大失误、造成重大损失。北京市作为首善之区，在交通治堵方案征求意见和决策过程中，进一步认识到了一个科学、民主的决策需要什么样的决策程序，制定统一的重大行政决策程序规定已刻不容缓，也已具备了应有的条件。

三、科学决策、民主决策法治化的制度设计

依法决策，实现行政决策法治化，不仅是行政决策有法定依据，更是要将科学决策、民主决策的程序法定化。行政决策程序包括重大决策程序、一般决策程序、简易决策程序和应急决策程序。专家论证、公众参与是重大行政决策的必经程序。哪些决策需要经过专家论证、公众参与，各地实践中的经验是以地方政府规章的形式规定了重大行政决策的范围和具体事项，如广州市《重大行政决策程序规定》第5条规定："本规定所称的重大行政决策是指由政府依照法定职权对关系本行政区域经济社会发展全局，社会涉及面广，

与公民、法人和其他组织利益密切相关的重大事项所作出的决定。"第 6 条相应地列举了重大行政决策事项，其中包括制定城市交通管理方面的重大政策措施在内。明确哪些事项属于重大行政决策，避免了征求专家意见和听取公众意见的随意性。只要属于重大行政决策，必须按照重大行政决策程序规定进行决策，违反法定程序决策的，决策无效。

（一）专家论证制度

专家论证是科学决策的保障。决策承办单位拟定决策草案后，在草案公布前，应当组织专家论证。《广州市重大行政决策程序规定》第 11 条规定，决策起草部门应当组织专家咨询会，邀请相关领域 5 名以上专家或委托专业研究机构对决策的必要性和可行性等问题进行咨询。专家不仅要有本专业领域的专业知识，也需要与决策事项没有利益关系，以确保专家咨询意见的客观性。行政决策专家论证，应避免邀请对决策事项已表态赞同或可能持赞同态度的专家参与决策论证，形成一种科学决策的假象。政府应建立决策咨询专家库，决策承办单位应当从与重大行政决策相关的专家中随机确定或者选定参加论证的专家，同时建立起专家资格审查制度、专家任期制度、专家回避制度。决策起草部门也可以委托专业研究机构对决策事项进行调研论证，但这样的决策咨询机构应尽量与决策起草部门脱离，由社会上独立的智库承担而不是由政府下属的事业单位承办。

专家参与决策论证，应当对决策的科学性负责。专家或者专业研究机构论证后，应当出具签名或者盖章的书面咨询意见。专家的意见必须得到尊重。决策承办单位应当对专家论证意见归类整理，对合理意见应当予以采纳；未予采纳的，应当说明理由。专家论证意见应当作为决策说明的组成部分向社会公布。如果某决定涉及颇具争议的问题，公开内部辩论的信息可能有助于公众更好地理解最后的决定，也应该公开。专家咨询报告是公众参与决策的重要依据，为了使公众参与更具建设性，事先公开权威性的论证意见，公众就会比较明智地表达意见，积极配合政府的决策。在征求专家意见后，公布的专家咨询意见也可以隐去专家的姓名。

作为一项程序法律制度，专家论证具有法律约束力。重大行政决策没有经过专家论证，不能作出决策。当然，政府是决策的主体，专家咨询只是决策的参考。在美国，咨询委员会的功能仅限于咨询性质，所有其审议的事项都应由有关官员和机关依据法律规定作出决定。[1]

（二）决策事项公布制度

国务院依法行政纲要要求，社会涉及面广、与人民群众利益密切相关的决策事项，应当向社会公布。《湖南省行政程序规定》更要求除依法不得公开的事项外，决策承办单位应当向社会公布重大行政决策方案草案，征求公众意见。广州市人民政府则明确列举了在环境保护、劳动就业、社会保障、文化教育、医疗卫生、食品药品、住房保障、公共交通、物价、市政公用设施、征地拆迁、公共安全等领域与广大群众利益密切相关、社会涉及面广、依法需要政府决定的重大决策应当公布。

提前公布决策事项，是公众参与的前提。应当让公众参与的决策事项，也就是应当提前公布的事项。公共交通是社会涉及面广、与人民群众密切相关的决策事项，依法应当公开。作为提交公众参与讨论的方案，政府准备采取什么手段调控单位和个人年度小客车增长速度，是摇号发放牌照，还是开停车泊位证明，或者像上海那样进行拍卖，应当提出几种方案，这样公众参与讨论才有的放矢。行政决策程序立法应明确对需要进行多方案比较研究或者争议较大的事项，应当拟定两个以上可供选择的决策方案。决策方案公布

---

[1]. 苏苗罕：《联邦咨询委员会法》，载《行政法学研究》，2006年第4期。

后,可以采取临时性的行政措施,中止原政策的执行,待决策正式公布后按新规定实施。

(三) 公众参与制度

公众参与是民主决策的体现,它与专家论证共同形成决策的两大根基。《北京市人民政府工作规则》规定,各部门提请市政府讨论决定的重大决策建议,涉及人民群众切身利益的,应按照有关规定,通过社会公示或听证会等形式听取意见和建议。有调查显示,目前一些涉及民生具体事务的行政决策最大的问题是官民脱节,决策背离民意,仅有23.3%的受访人士认为现有参与方式能使不同阶层的利益诉求得到表达,超过六成人对此持怀疑的"难说"态度,比例为60.4%。[1]

重大决策公众参与程序制度应当规定公众参与的方式和途径。行政机关作出决策,既要听取全体民众的意见,更要听取利害关系人的意见。行政决策征求意见的方式主要有两种,一是全面向社会公开征求意见,二是征求部分或代表的意见。全面向社会公开征求意见,应当提前通过新闻媒体向社会公布决策方案和依据,并公布公众提交意见的途径、方式和起止时间。在北京治堵方案征求全社会意见的过程中,公众提出质疑比较集中的是提意见的途径不畅和时间仓促。《湖南省行政程序规定》规定,决策承办单位公布重大行政决策方案草案征求公众意见的时间不得少于20日。这一规定从制度上确保了公众能有时间充分表达意见。一周的时间,对综合性的交通治堵方案征求意见,显得有点匆忙,特别是向涉及进京车辆限制的河北省征求意见,只限于当天,使征求意见流于形式。

---

[1] 练情情:《专家建议:公众有权按程序暂停或终止政府决策》,http://news.dayoo.com/guangzhou/200911/13/7343711272936.Htm(访问日期:2011年4月2日)。

第二种方式是向利益相关人征求意见。有研究表明，"个体公民极少有人会花费资金和时间去关注和理解绝大多数公共决策所具有的错综复杂的细节和过程。在绝大部分决策中，只有那些与利益存在着最紧密关联的人，才愿意付出时间和金钱去理解并影响决策。"[1] 采取控制机动车总量的调控措施，已经购买了机动车的人或根本没有打算买车的人是受益者或无关者，只有潜在的购车人才是真正的受影响者，限制外地车辆进京受影响的是周边地区的人群。行政决策尤其需要听取权利受到影响的人的意见。

公众参与是决策民主化的体现，但民主不意味着少数服从多数。在法治语境下，权利需要平等保护，各方利益诉求需要平衡。有学者提出，在研究行政决策民主化的具体实现途径上，不能盲目地搞行政决策的"大民主化"，即群众路线不能被偏僻理解。[2] 危旧房改造中90%的被征收人同意可以作出征收决定，实际上将民主决策变成了民主表决。程序法的任务在于使各方面的意见都能得到充分的表达，特别是利害关系人的利益得到充分考虑，公众的意见能够在决策中得到尊重和体现。

四、以交通治堵决策程序法治化为契机，全面提升政府决策水平

在市场经济条件下，宏观调控慎用行政手段。限购令、限价令以及限行等行政手段尽管能起到立竿见影的功效，但它不符合社会主义市场经济的基本规律，也与法治政府建设相悖。政府实行行政调控应当尽量使用经济手段和法律手段。征收拥堵费、限量拍卖机动车牌照表面上看起来是经济手段，

---

1. [美] 詹姆斯·费思乐、[美] 唐纳德·凯特尔：《行政过程的政治：公共行政学新论》，陈振明等译，北京：中国人民大学出版社2002年版，第252页。
2. 于立深：《论我国行政决策民主机制的法治化》，载《国家行政学院学报》，2010年第1期。

实际上仍然是行政手段。法律手段是市场经济条件下进行宏观调控的必然选择。社会主体的利益是多元的，政府的责任就在于平衡各种利益关系，而平衡利益关系的原则是以人为本、公平公正，而不是以事为本、以物为本，通过剥夺一部分人的权利来满足另一部分人的需要，既不能通过剥夺少数人的权利来满足大多数人的利益，也不能通过剥夺多数人的权利来满足少数人的利益。重大行政决策的法定程序确保了各方面的利益诉求都能得到表达，政府制定政策不仅考虑成本效益和科学性因素，而且还要考虑社会效益和各方面利益的充分保护，在多种决策方案可供选择的基础上，应当避免采用损害当事人权益的方式。

在交通治堵决策上，其核心是有限的道路资源如何得以公正有效地重新配置。交通科学研究者认为，低成本是造成小汽车滥用的直接原因，因而提出应该善于利用经济手段来调节需求，经济手段调控是解决交通问题的一种终极手段。[1] 从技术角度而言，这是可行的，也可能是符合科学决策要求的。但从法治角度分析，经济手段治理交通的最终结果是以财富为标准使相对比较富有的人独享了路权，而相对不富有的人实际上丧失了路权。路权作为公共资源，政府有责任确保公众的平等使用权，而且应当重点保证绝大多数人的路权，不能以财富为标准分配路权。从成效角度考虑，经济手段远不如实行机动车单双号限行等行政手段更有效。单双号限行，加上新车限购政策，不用说对于治堵肯定是有效的。但任何行之有效的措施要经得起民意的认可和法律的审查。限行措施，涉及公民的财产权，临时实施可以，但作为长期措施缺乏有效的法律基础。

如果将交通治堵理解为对道路这一稀缺的公共资源的配置的话，那么政府的责任是在其法定职权范围内，依据重大行政决策程序规定，在科学决策、民主决策的基础上，平衡各方利益，公平地作出交通治堵决策。专家论证和

---

[1]. 王歧丰：《经济调控是治堵终极手段》，载《北京晨报》，2011年1月8日，第A03版。

公众参与为政府正确决策奠定了基础,科学性和民主性如何统一,各方面的利益如何协调,需要决策机关根据行政合理性原则的要求,作出正确的抉择。以往对道路资源的分配,只考虑到车,没有考虑到车里面的人,尾号限行是对车的限制,不是对人的限制。公共资源的分配应当使需要使用公共资源的人能够公平地享用这一资源。在少数开车出行的人占用了大多数道路资源而大多数通过公共交通出行的人被挤占了道路资源的现状下,政府的责任就是对道路资源进行重新配置,相应地提高公共交通的道路资源使用量,缩减公车或私车等开车出行者的道路资源使用量,以实现人与人之间路权的平等。

(原载《法学杂志》,2011年第7期)

党员民主听证会：非公企业民主决策机制创新
——以浙江萧山非公企业为个案的调查研究

钟冬生
（浙江理工大学法政学院）

非公企业快速发展是我国经济和社会领域一个突出而重要的现象。[1]但随着非公企业规模扩大，原有的家族式企业决策模式受到很大的挑战，如何从家族式决策模式向职工参与的民主决策模式转型，至关重要。[2]党员民主听证会是当前非公企业向民主决策模式转型的一个重大机制创新，对非公企业的发展意义深远。本文以非公经济走在全国前列之一的浙江萧山为个案[3]，调查研究非公企业党员民主听证是如何进行民主决策机制创新的，创新动因是什

---

1. Wai‐sum Siu, "Small Firm Marketing in China: A Comparative Study", *Small Business Economics*, 2001, 16 (4): 279‐292.
2. Karen Yuan Wang, "Managing to Lead in Private Enterprises in China: Work Values, Demography and the Development of Trust", *Leadership*, 2007, 3 (2): 149‐172.
3. 本次调查的方式是问卷和访谈。课题组首先通过访谈萧山区组织部负责非公企业党建工作人员获得部分规范数据。2009年8月初，对萧山的传化集团、荣盛集团、华东钢业集团和三弘集团四家典型党员民主听证会非公企业进行随机抽样问卷调查和访谈，向实际参加听证会的党员、非党职工听证代表以及相关党建工作者和普通职工发出调查问卷131，回收131份，回收率100%；访谈四家企业的党建部门、听证代表（包括党员代表和非党职工代表）、企业主代言人和萧山组织部负责非公企业党建工作的相关人员共25人。我们对问卷数据进行分类并采用SPSS11.0专用统计软件进行了统计分析。2010年3月和2013年4月我们对萧山非公企业党员民主听证会进行电话回访，追踪该制度的一些新变化。

么，今后如何优化，旨在把握当前非公企业民主决策模式转型，机制创新的现状和发展趋势。

一、萧山非公企业党员民主听证会的调查：听证程序、特征与个案情况

非公企业党员民主听证会，作为一项非公企业决策民主化的制度创新，其发源于浙江萧山非公企业，也以浙江非公企业的实践为典型。为具体完整地探究萧山党员民主听证会实现非公企业民主决策的制度模式，2009年我们课题组对萧山党员民主听证会进行调查，主要采用问卷调查和访谈的方式，对浙江传化集团、浙江荣盛控股集团、浙江华东钢业集团和浙江三弘集团进行抽样调查，在2010年3月和2013年4月，我们进行电话回访，追踪该制度的一些最新变化。通过持久的跟踪调查，我们获得了萧山非公企业党员民主听证会的较为完整的认识。

（一）萧山党员民主听证会：过程、特征与类型

党员民主听证会是非公企业通过召开党员听证会形成统一意见，将听证意见提交企业决策层，而企业决策层对听证结果进行研究，提出明确处理意见，及时反馈给企业党组织和广大党员，并在决策执行中接受党员和党组织的监督的一种企业民主决策制度。萧山非公企业党员民主听证分为两类形式，即"一级听证"和"二级听证"。"一级听证"是在建党支部的企业，以支部大会的形式举行听证，企业全体党员都是"一级听证"的主体。"二级听证"是在建党委的企业中，先以支部为单位对企业重大事项举行"一级听证"，由支部提出听证意见，再由支部派代表参加党委组织的"二级听证"，形成最终听证意见上报企业决策层。党员和党组织在听证过程中具有听证事项动议权、

事项听证参与权和决策结果监督权。党员民主听证架设的是企业党员与群众、企业党组织与决策层之间有效沟通的互动通道,并提供最终听证意见,为企业决策提供依据,推动了非公企业的决策民主化和科学化,是非公企业民主化决策的重大制度创新。

1. 听证过程

萧山党员民主听证会规定了严格的六项基本程序,贯穿于听证前、听证中和听证后整个过程(如图10),按照先后顺序这些程序为:听证事项的动议→听证事项的确认和听证动员准备→举行党员听证会(一级听证和二级听证)→提供最终听证结果→上报决策层→反馈决策结果。

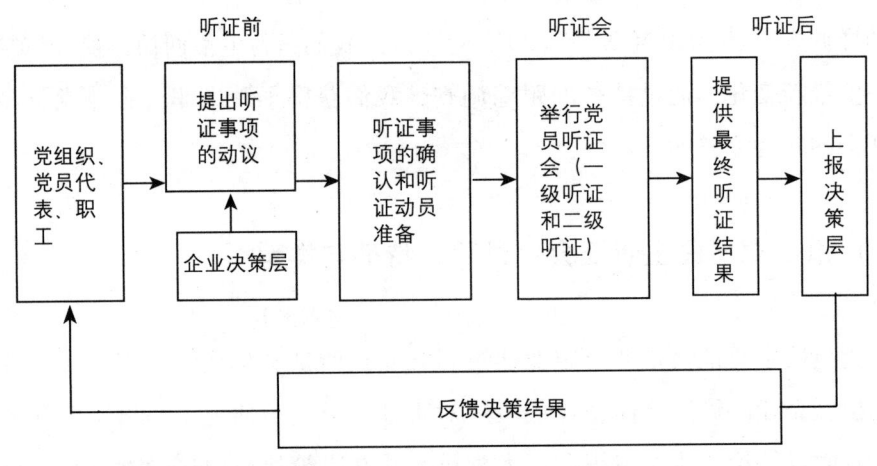

图10 萧山党员民主听证会过程

第一,听证事项的动议。听证事项的动议一般由企业决策层直接提出或者由企业党组织征求党员意见后提出。议题的提出往往是党组织或党员在深入调查了解职工意见和建议后,认为某个议题具有听证价值和必要性而提出来的。听证议题主要选择涉及有关企业生存发展和员工切身利益的两大主题,包括在企业生产经营、企业文化建设、员工福利待遇、劳资关系等方面遇到的有关重大问题。听证事项的高度价值性是动议成功的前提和基础。而听证动议往往要求严格把关，确保听证事项具有针对性和可操作性，防范盲目动议导致议题大而无当或小而无当。

第二，听证事项的确认和听证动员准备。在非公企业，具有决定权的是企业主，如果没有企业主的认同，听证是无法举行的。而听证前党组织在听证事项的确认过程中要与企业决策层进行充分的协商与沟通，直到企业方认同听证议项，答应举行听证，听证事项才能进入听证程序。而在听证事项确定后，还必须进行听证准备，包括听证代表的确定和听证动议的调研，以及听证培训等。在听证代表确定后，听证议题必须进行动员发动，深入调查职工群众，就如何进行听证听取职工群众的意见和建议。这要求企业党组织要通过有关形式及时将听证事项通报至党员代表，广大党员代表要深入到职工群众中听取意见建议，做好听证准备。为确保听证准备充分，听证议项通常需要提前7到10天通知到听证代表，以便听证代表能够有足够的时间做好听证前的调查准备工作。而为确保听证的成功，有的听证会还必须就相关听证所需的知识和材料，如听证制度和相关法律知识等举行听证培训，以便提高听证代表的参与能力。

第三，举行党员听证会（一级听证和二级听证）。在听证议项确认并做好准备后，听证进入具体的听证会。企业往往根据自己企业党员规模和党组织设置情况确定听证级别，即一级听证或者二级听证。进入听证的主体通常包括党组织、听证代表（有的企业听证包括党员代表和非党员代表）、企业决策层和听证旁听人员。听证时间通常为2小时到2.5小时，听证过程通常中间不休息，每个代表都可以发言，发言时间都是5到8分钟。在听证会举行过程中，各听证主体地位平等，他们通过辩论的形式提出各自的意见建议。

第四，提供最终听证结果。听证代表在听证会上的意见和建议要做好听证记录，在听证会结束后，企业党组织对听证结果进行仔细地梳理，梳理出

民 主 决 策
Democratic Decision-making

其中的所有意见和建议，并确定哪些是有价值的意见和建议，作为最终听证结果。

第五，听证结果上报决策层。企业党组织梳理出的最终听证结果要在听证会后及时上报企业决策层。

第六，反馈决策结果。对于上报的听证结果，企业决策层通常要开会讨论，及时决定是否采纳。无论是否采纳，企业决策层都要及时将决策结果反馈到各党组织和广大党员中。对于不采纳的意见和建议，往往要向党组织和听证代表说明原因，而对于采纳的意见和建议则必须在决策的执行中接受党员和党组织的监督，保证决策顺利到位。

2. 听证特征

从听证决策民主化角度看，萧山非公企业党员民主听证会有三个特征：

（1）党员民主和非党员职工利益表达兼顾。第一，从党建的角度看，党组织在企业中本身就不是为自己利益设立的，党员代表参与听证会也不是代表自己的意见，而是代表全体职工的意见和利益。第二，党员听证代表一般都是企业里比较具有参与能力的职工，更能将全体职工的要求反映到听证会。第三，党员听证议题的确立是在收集全体职工建议和要求基础上反复提炼形成的，听证会前，每个听证代表都要进行调研，深入了解本部门或相关部门职工的呼声和愿望，全面真实地收集他们的建议和意见，形成提案。有的企业甚至这个环节还是党员听证最重要的部分，如荣盛集团党员民主听证会的议题是由职工意见和建议形成的，听证会之前先进行员工代表座谈会，员工代表座谈会的代表会前要调查收集各部门员工意见和建议，然后才举行座谈会，座谈会后形成意见初稿，接着公示，同时以信函方式给座谈会代表发送座谈意见反馈信。在这个基础上形成党员民主听证的议题。为了鼓励员工提供意见和建议，一般设立有奖励制度，如荣盛有员工奖惩听证制度和8123员工意见投诉电话，对那些意见得到采纳的员工进行奖励，对那些压制员工意见和建议的人员进行惩罚；传化集团不但设立员工建议奖励制度，还设立意见生效后的效率奖。通过这些措施，将员工的意见和建议反映到党员民主听证会上，群策群力。第四，党员民主听证会一般也有非党员听证代表参加。企业越小党外代表就越多，如三弘集团和华东钢业集团，非党员听证代表一般占到1/3，直接进行意见表达。

（2）企业发展和职工利益的议题兼顾。听证会讨论的议题包括企业发展方面的经营决策和员工福利制度建设。各个企业的情况不太一样，但是趋势是越来越集中到企业发展经营决策的参与，企业规模越大就越集中，甚至成为党员听证的专门范围，职工福利听证改由其他制度来安排。2008年金融危机以来的听证，企业经营决策成为听证的核心议题。

（3）听证过程平等。参加听证的主体包括党组组、党员代表、非党员代表、企业决策层、旁听人员。所有听证代表地位平等，可以充分发表自己的意见和建议，并与其他参与主体进行平等辩论。发言时间原则上也是基本相等。甚至听证旁听人员也可以发言。

3. 听证类型

从浙江萧山实践来看，根据议题内容和听证代表成分，非公企业党员民主听证会可以分为三类：（如表2）：

表2 非公企业党员民主听证会类型

特征\类型	成员构成	议题	典型代表
专门型	党员	企业发展	传化集团
混合型	党员 非党职工	福利、企业发展等	三弘集团 华东钢业
准专门型	党员 入党积分	福利、企业发展等	荣盛控股

第一，专门型。参加主体仅为党员，听证议题界定为企业发展决策，不

涉及职工福利，是适应企业党员规模很大的一种听证形式，代表了企业党员规模发展后的一种党员民主听证趋势，典型是传化集团。第二，混合型。典型代表是三弘集团和华东钢业集团。听证议题和听证代表成分都是混合的，听证议题涉及企业发展和职工福利等方面。参与代表既有党员也有非党员职工，非党员代表占听证代表的20%到30%。混合听证，一定程度上也是一种职工听证会制度，是适应企业党员规模比较小的非公企业的一种有效听证形式。第三，准专门型。典型代表是荣盛控股集团。听证代表基本上是党员，非党员职工有3到5个，大体上是入党积极分子，听证议题宽泛，包括企业发展和职工福利多方面。准专门型倾向于专门型，体现了从混合型向专门型过渡的特征，适用党员规模相对比较大的非公企业。

（二）两个企业的听证个案

1. 华东钢业集团2008年劳动管理制度听证

华东钢业集团从2005年到2012年，共召开了10次党员民主听证会。华东钢业集团的听证会是一种混合议题和混合代表听证。听证会每年在3到4月召开，每年主题都不一样，围绕着企业生产发展和职工福利选择主题。听证一般是32名代表，其中约三分之一（10多个）是非党员优秀职工代表，即文化高和参与能力强的职工代表。听证会一般开2到2.5小时，中间不休息，围绕一个中心发言，且每个代表都发言，时间都是5到8分钟。听证议题是混合议题，有时候是企业生存发展议题，有时候是职工福利议题。如2008年是劳动管理制度和职工奖惩条例修改听证会，2009年是应对金融危机的"4个1000万元"听证。2010间主题是新劳动法出台后企业出台的新劳动用工制度。2012年则是"如何完成全年目标任务、推动企业转型升级、实现企业稳中求进"听证。每次听证都要将主题发给每个听证代表，听证会提前7到10天通知代表，确保听证代表有充足的时间学习、调查、了解听证的相关内容。而听证会意见则提交决策层，有的意见领导表态可以采纳，有的确实无法采纳。无法采纳的要向党组织和党员说明原因。华东钢业集团党员民主听证为高层决策提供了很好的依据，是民主化决策的重要典型。从 2004 年开始到 2009 年，华东党员集团结合座谈会和职代会提案以及意见箱等途径，共收集了 200 条意见和建议，被公司采纳 133 条，产生经济效益 800 万元以上。公司董事长沈东明说："吃不准的决定，我就依靠'党员听证会'，党员集体的力量能帮助我减少失误。"华东钢业党委副书记沈观兴说："平均下来，每开一次民主听证会，就能为企业带来至少 200 万的经济效益。"

华东钢业集团 2008 年劳动管理制度听证会。2008 年 3 月华东钢业集团对劳动管理制度举行党员民主听证会，要求职工提出修改意见。该听证会邀请劳动局副局长，戴村镇党副书记和镇工会副主席参加。听证会后，听证代表从不同角度特别是法律角度提出 20 多个意见，把多数意见提供给总裁。浙江华东钢业集团有限公司一直面临原料损耗大、污染情况难控制的问题，在这次听证会上一个党员工程师何长化凭着过去在武钢多年积累的经验，提出了一个用彩涂线焚烧系统改变新工艺的建议，得到决策层采纳。该建议已在两条生产线上落实，到 2008 年底就为企业节约液化气近 460 吨，减少有害废气排放 1433 吨，节约将近 275 万元。截止到 2010 年 7 月共为华东钢业集体节约费用近 300 多万元。

2. 浙江三弘集团党员民主听证个案：党员一个建议职工新增福利 400 万元

三弘集团以前的职工食堂和宿舍又破又旧。在一次党员民主听证会上，一个党员代表提出企业应该给员工改善食堂，提供免费吃饭和住宿的建议。这个建议在听证会后提交给决策层，最终被公司决策层采纳。该建议得到采纳后，三弘集团为全集团 3400 多名员工提供免费三餐和免费住宿。而这一举措需要集团每年多投入 400 万元。这相当于三弘集团的员工每年多了 400 万元的福利。结果是浙江省三弘集团，员工食堂、宿舍和俱乐部得到修缮一新，

民主决策
Democratic Decision-making

格外引人注目,员工每天都在企业食堂有序地排队领取免费工作餐。显然听证会的这个建议起了重大作用,极大改善了职工福利,职工吃饭、住宿都是免费的,公司连宿舍的水电费都包了,大家的归属感更强,工作的积极性更高了。

二、非公企业民主决策的重大机制创新:萧山非公企业党员民主听证会调查分析

建立党员民主听证制度,探索职工民主参与企业决策,是非公企业决策机制的重大创新。我们以浙江萧山为个案透视此类现象,主要因为萧山不但是全国非公企业发展最为迅速的地区之一,也是非公企业党员民主听证会的发源地。全国首例非公企业党员民主听证会发轫于 2003 年的浙江萧山的传化集团,该制度赋予非公企业党员和职工代表参与企业决策的权利和机会,在重大决策出台前先在党员和职工中酝酿,组织听证,进行充分的讨论和辩论,而后,将听证结果提交企业决策层作为决策参考。党员民主听证会在萧山推行已经 11 年多,业已成为非公企业民主决策的一项重大机制创新,在全国具有典型意义。萧山党员民主听证会反映了我国非公企业决策机制创新,向民主决策模式转型的重大变化。我们对萧山的调查表明,非公企业党员民主听证会主要从以下几个方面达到民主决策机制创新的:

(一)听证代表构成民主化

从萧山实践来看,非公企业党员民主听证会并不都是党员代表,有相当一部分是职工代表,如萧山三弘集团和华东钢业集团,它们的党员民主听证会一般有 1/3 是非党员代表,每次听证会代表一般有 30 到 32 个,非党员代表一般有 10 到 12 个,叫党员民主听证会只是因为党员代表占大部分而已。从

共产党员的先进性和角色来看，即使大部分是党员，党员也不是代表他或她个人发言的，而是代表全体职工利益进行发言。直接吸收非党员职工代表，主要不是依据党员和非党员职工的身份区别，是因为尽管党员是代表全体职工利益的和意见的，但是毕竟各自的认识、眼界和看问题角度的不同，必须给予那些非党员职工直接意见表达的机会，这也是对党员代表可能会出现的智慧不足和眼界偏差的一个补充机制。代表构成说明党员民主听证会能够代表企业职工全体进行意见表达和利益表达，听证会上关于职工福利、劳资关系和企业经营发展的决策意见和建议能够相当程度上体现全体职工的利益表达和利益诉求，是对整个企业职工利益的聚合。

我们从职工党员民主听证会的认知和认同上也可以反映出这一点。当问到"您是否清楚自己企业的党员民主听证会是做什么的？"时，93.8%的人回答清楚，同时问到"您对自己企业举行的党员民主听证会是否感到满意？"94.6%的人回答满意或多数满意，这说明非公企业的职工对本企业的党员民主听证会的听证内容是熟悉且关注的，是有参与意识的。所以当我们调查问到"党员民主听证会能否促进职工福利？"90.7%的人回答能促进。当问到"您认为党员民主听证会能否保障非党员职工的利益？"出乎我们的意料，竟然有91.6%的人回答是肯定的。显然，从调查来看，党员民主听证会作为一个非公企业民主决策的机制，实现了代表构成的民主化，无论代表是否是党员，都是职工对企业决策意见和建议的真实反映，都能够达到职工的意见表达和利益表达。

（二）听证议题产生民主化

党员民主听证会的议题产生是多方式的，有企业党组织提出、党员联名提出、企业主提出，还有职工自下而上提出。企业主、党组织、党员联名提出，往往要深入企业各个部门和职工中征求意见和建议，确定议题的可行性。

民主决策
Democratic Decision-making

职工自下而上提出主要是企业党组织综合分析职工的意见和建议，将一些有价值的职工意见和建议选择为听证议题。自下而上的典型代表是浙江荣盛控股集团，其党员民主听证会议题确定要经过一个严格的民意筛选程序，在党员民主听证会召开前先召开职工代表座谈会，通过座谈会调查了解全体员工的意见和心声，从职工意见和建议中整理出重要的部分，提炼为党员民主听证会的听证议题。党员民主听证重心是员工代表座谈会，座谈会比职代会规模大，每个部门、每个群体（比如一般职工、干部、女工等）都有自己的代表，有100多人，时间比较长，起码半个月。党员民主听证会的议题有的是党组织通过综合企业内部意见平台提炼出来的，如浙江荣盛控股集团的8123职工投诉电话热线，传化集团的建设性意见平台（一旦企业采用根据重要程度给付奖金），确保党员民主听证议题反映职工的心声和意见。显然，从党员民主听证会议题产生，可以看到职工实际上参与了听证议题的提出，充分征集和反映了职工意见和建议。普通职工尽管并不参与具体的听证辩论和讨论，但是，对于党员民主听证会的听证内容是确知的。从这个角度看，党员民主听证会实际上是职工听证会，是真实的职工民主参与企业决策。显然，全体职工对党员民主听证具有知情权和议题表达权，听证会的民意基础和民主性具有足够的保障。

（三）听证过程民主化

听证会上，每个听众代表都确保有5到8分钟的发言时间，人人都要发言，发言按照一定顺序进行，企业主参与讨论和辩论但是不能说了算，体现听证会的讨论性和辩论性。这个说明非公企业党员民主听证会上不讲地位、身份、职位，主要是将事实和主张辩明，以确定有利于企业职工和企业发展的决策依据，为企业决策提供参考，从这个原则和立场出发，听证会体现平等发言，平等讨论，平等地进行意见表达，无论谁都只是一个听证代表，没有特殊性，要拿出让其他代表信服的依据来阐述你的主张，企业主也不例外。听证会的目的本来就是召集党员和职工群策群力，以利于寻找解决企业重大决策的方案的；不能平等听证，则听证代表就不会坦诚贡献自己的意见和建议，就无法达到听证会召开的目的。实践中，萧山非公企业主都会高度重视听证会，一般都会出席并参与讨论和辩论，甚至有的企业主自己是党委书记，也主持听证会，但是他们都不会在听证会上自己说了算，不会一言堂，而是遵守听证会的发言时间规定和顺序，与听证代表面对面坦诚交流，也会激励辩论。从听证过程的发言时间，讨论和辩论的平等性来看，党员民主听证会符合民主决策平等性和听证代表利益表达、意见表达的充分性的要求。

（四）结果执行和反馈民主化

我们的调查表明，当单选问卷问到"党员民主听证会的听证结果是否得到企业采纳？"时，51.9%的问卷对象回答采纳，而40.5%回答多数情况采纳，两项合计92.4%的问卷对象作出肯定的回答。而我们的访谈也基本支撑问卷结果，截止至2009年2月底，萧山区已有577家建有党组织的非公企业开展了党员民主听证会，累计举行听证会1251次，提出听证意见2400多条，其中有80%以上被企业决策层采纳。[1] 不但听证结果得到采纳，就是对听证代表在听证会上的意见和建议也会进行反馈。他们的做法是在企业内部宣传窗公布听证结果及其采纳情况，也会对每个听证代表进行回函或打电话，说明其听证会上提出的意见是如何处理的，建议是否得到采纳，为何采纳或不采纳。如萧山荣盛控股集团，每个代表都得到一个信封，信封中会把员工代表的意见反馈回去。从萧山党员民主听证来看，党员民主听证会确保了职工参与决策的结果民主，职工参与在企业决策中发挥了真实有效的作用，是职工

---

[1]. 施迎利：《着力发挥党建优势 全力助推企业发展》，http://www.xsdj.gov.cn/view.asp?id=2315

参与决策的创新机制。

(五) 听证旁听民主化

旁听，是听证的必备条件之一。从基层企业民主制度创新看，旁听设置对党员民主听证会代表全体职工利益意义重大。我们的问卷表明，91.5%的听证代表认为，党员民主听证会能让非党员职工列席旁听，并且85.5%的听证会设计有旁听席。显然，萧山党员民主听证会允许其他有空并有兴趣的职工旁听，调动了更多职工对企业决策的关注，是保证职工对企业决策具有充分知情权的制度保障。不但如此，萧山党员民主听证，甚至允许旁听职工发言。从听证制度要求来看，旁听者一般不发言，但也可给旁听区限数发言，萧山党员民主听证会的旁听制度安排算是比较前卫的，是达到现代企业职工参与决策的较高要求的一种制度机制设计。可以看出，萧山非公企业党员民主听证会允许职工旁听和适当发言，体现了企业决策更充分的职工民意合法性，充分保证了企业职工对企业重大决策的知情权，扩大和健全了普通职工参与企业重大决策的利益表达、意见表达权利。

综上所述，我们从萧山非公企业党员民主听证会的代表构成、议题产生、听证过程、结果执行、结果反馈和职工旁听的民主化分析，可以发现其整个职工民主参与决策过程，具有较高的职工参与性，代表了企业民主决策上较高的职工代表性、民意性、真实性和有效性，无疑是一种非公企业职工民主参与决策的重大机制创新。

三、非公企业党员民主听证会民主决策的目标取向

当前我国非公企业固然有建立现代企业管理制度的，但大量的非公企业没有建立起现代企业制度，有的企业虽然是董事会治理制度结构，但是董事

都是一个家庭成员或家族成员,实际上还是家族企业管理模式,家族决策、企业主独裁决策是主要的决策机制。[1] 非公企业党员民主听证会从决策模式上看,引入了党员和职工参与,改变了企业主独断和决策层单方决策的状态,更是对家族式决策模式的否定与蝉变,相当程度上实现了从传统家族式决策模式向现代企业的民主决策模式转型。面对转型的时代需要,非公企业党员民主听证会作为一种党员和职工参与企业决策的重大创新机制,其民主决策的目标取向是多方面的,但是从萧山实践来看,以下两个方面是主要的:

(一) 塑造一种职工利益表达、利益聚合的新机制

现代企业发展的趋势是,企业发展必须考量企业内部利益表达和利益诉求的机制问题,职工利益表达机制缺乏或不健全,企业内部利益关系不够明晰,则利益表达和利益聚合会出现不平衡,甚至是断裂,将会给企业发展和企业正常生活带来破坏作用,现代企业设计种种机制,一个目的就是确保企业内部有一个利益表达、利益诉求、利益聚合的平衡机制。我国当前正处在现代化转型期,经济和社会快速变迁,社会分化加快,价值观更新快,人们的被剥夺感、生活被动感、无奈感、社会不公感强烈,但是利益表达和利益聚合机制建设滞后,很容易就引发各种社会矛盾和冲突,这些情况也反映到非公经济领域。普遍而言,我国非公企业正处于从家族企业管理模式向职工参与的民主管理模式转变之中,企业职工进行利益表达和利益诉求的机制缺乏,必须寻求一种能够实现职工利益表达和利益诉求的机制。[2] 非公企业不同于国有企业,在职工利益表达、利益聚合方面,国有企业存在比较健全的职代会、工会等建制化机制,而非公企业这些机制普遍不健全,有的甚至连职

---

1. 杨云霞、黄志刚:《我国私营企业职工参与制度分析》,载《经济问题》,2008 年第 8 期,第 64—66 页。
2. 王洋:《非公企业职工民主管理发展路径探析》,载《青海社会科学》,2006 年第 4 期,第 34—37 页。

民主决策
Democratic Decision-making

代会和工会都没有，有的虽然建立了职代会和工会，运作却不规范，经费缺乏，召开不定期，活动不反映职工利益诉求，甚至成为企业主挤兑职工利益的工具，没有起到职工利益表达、利于聚合的作用，反而可能起到负作用。[1] 显然，根据现代企业治理原则，我国非公企业要和谐稳定发展，决策要得到执行，就必须符合企业内部种种利益群体的利益诉求和利益表达的需要，理顺各种企业利益关系。[2] 从这个角度看，我国的非公企业党员民主听证会从表面上看是要实现企业职工和党员的人力资源优化，群策群力，提高决策的科学性、有效性和民主水平，保障党员和职工的民主参与决策的权利，但是从深层来看，是要运用党员民主听证会制度，塑造一种职工利益表达、利益聚合的企业决策新机制。换句话说，非公企业建立的党员民主听证会不但是党员进行利益诉求和利益表达的制度框架，也是职工进行利益表达和诉求的制度机制，解决非公企业职工利益诉求和利益表达、利益聚合的机制问题。

（二）培植中国式的非公企业和谐劳资关系

和谐稳定的劳资关系是现代企业管理的一个核心目标，是企业成功的基本条件。现代企业在构建和谐劳资关系方面的基本经验是吸纳工人参与企业治理，培养职工的企业归属感，同时完善各种企业利益表达和保障机制，及时解决职工的利益纠纷和劳资矛盾和冲突。这些机制主要有工人参股，让职工成为小额股东，还有工会制度。工人参股成为股东，工人就有权利参与企业治理。工会则不是单个企业工会，而是不同企业工人的会员利益保障机制。现代企业解决劳资矛盾和冲突，本质上是一种市场经济的机制，是基于现代企业的劳动雇佣关系来构建的。工人参股，改变纯粹的劳动雇佣关系，钝化

---

1. 刘湘国：《民营企业治理制度安排与职工权益保障》，载《嘉兴学院学报》，2004年第2期，第31页。
2. 楼伟民：《非公企业民主管理中的几个"不等式"》，载《工会理论与实践》，2004年第6期，第35—37页。

劳资矛盾，工会组织不以单个企业为基本载体来建构，而是跨企业、跨行业，成为超脱个别企业利益限制的一个纯粹的工人利益维护机制，强化了其与具体企业老板谈判的权力和自由度。但是现代企业管理完全从劳资对立角度来建构工人利益维护机制，将劳资双方置于对立冲突的地位，劳资和谐很难长久。我国市场经济程度不高，我国的国情都决定着完全对立的劳资协调机制极可能行不通。我国市场经济程度不高，建立在发达市场经济基础上的劳资谈判和博弈的工会制度很难出现。另外，我国的非公企业表面上是雇佣劳资关系，但是政府与非公企业关系密切，常常运用工会以外的政府手段协调劳资双方的关系。更为不同的是，非公经济还存在大量的共产党员就业，党组织和党员成为协调劳资关系的一个重要结构安排，政府通过企业党组织、党员角色作用，通过职代会、工会组织机制的制度规范，影响着企业主行为，缓和企业主和职工之间的张力，因此在我国非公企业主和职工之间的关系并没有发达国家那样的对立冲突关系。[1]

但是，我国的非公企业毕竟不同于国有企业，本质上无可否认是一种劳资雇佣关系，企业内劳资冲突和对立的冲动比国有企业明显存在。这样从国有企业移植的职代会、工会等机制很难完全避免成为企业主挤兑工人利益的工具。萧山非公企业党员民主听证会提供了一个新的机制，在企业决策方面吸收党组织、党员和职工参与，让听证代表和企业主面对面，坦诚地、平等地辩论和讨论企业的发展和福利决策，实现尽可能的透明决策，保障职工利益表达和利益聚合，同时也是保护职工尊严，培养职工主体意识，钝化剑拔弩张的劳动雇佣关系。从萧山实践来看，党员民主听证会能够培植中国式的非公企业和谐劳资关系。我们对萧山四家非公企业调查发现，老板和职工之间的利益总体上是一致的，不适宜从冲突角度来看待老板和职工之间的关系，

---

[1]. 冯同庆：《国家、企业、职工之间关系——家族企业职工参与的案例研究》，载《工会理论与实践》，2004年第3期，第8—12页。

90.1%的听证代表认为职工和老板之间能就诸如企业发展、职工福利等问题达成妥协。如传化集团2008年的职工工资增长是10%,老板承诺09年即使在金融危机的形势下也绝对保持08年的员工工资增长幅度,华东钢业老板则承诺在金融危机下"不减员、不减工资,不降福利";各家企业都为职工买保险,传化集团还建立了职工住房公积金制度,支持职工在萧山和杭州市区贷款买房子。但是职工也认识到企业发展好自己才能得到更好的工资福利,如果企业倒闭了,自己也就失业了。因此通过听证让老板了解职工关于工资、保险、食堂管理、上下班车管理、住房等方面的意见和建议,也通过听证让职工参与企业经营管理决策。显然党员民主听证对工会和职代会解决劳资矛盾和冲突是一个重要补充机制,在存在雇佣劳动关系的非公企业实现劳资和谐关系发挥重要作用。

三、非公企业党员民主听证会决策民主机制的优化:走向专门化听证

非公企业党员民主听证适应了家族企业管理模式向民主管理模式转型的需要,在非公企业建构了民主化决策的机制,提供了职工利益表达和聚合的工具,塑造一种符合中国国情的和谐劳资关系。但是作为一种非公企业决策民主机制创新,它还有很多地方需要完善与优化,从发展趋势来看,最基本的优化就是随着企业规模的扩大,实行专门化听证,达到听证代表完全由党员代表组成;听证内容完全集中到企业发展决策;建立职工民主听证会,专门负责职工福利方面的决策。

(一)听证代表主体完全由党员构成

现在这个党员民主听证会实际上并不完全是党员民主听证会,某种程度

上是职工民主听证会，听证代表通常有三分之一是非党员职工代表。党员民主听证会不是党员代表构成，形式上名不副实。更本质来看，党员民主听证会必须定位为一个更高形态的企业决策机制，体现中国特色，着眼于非公企业大量存在的党员和党组织建立的事实。党员民主听证会作为一个决策机制，必须是那些具有辩论、讨论能力的代表参加，不但如此，还应该符合党员和党组的角色和地位才是合适的。党员民主听证会成为一个专门由党员代表构成的听证会，可以集中反映并实现共产党在基层企业的组织战斗堡垒作用和党员先锋模范作用。但是听证代表不能完全由党员代表构成，必须保留原来的议题由职工参与听证议题选择的机制和职工旁听制度，以便确保党员民主听证会对全体职工利益的代表性，达到共产党模范作用和群众基础巩固和扩大的统一。

（二）党员民主听证会议题集中到企业发展

随企业规模化，党员民主听证会要成为一个具有群众基础的代表职工参与企业决策的机制，就必须体现共产党的先进性和代表性，而共产党先进性必须与先进生产力和生产关系关联。如果党员民主听证会远离企业经营发展的需要，则很难体现共产党在生产力和企业生产关系方面的先进性。因此，党员参与企业发展决策，更能体现共产党在非公企业的先进性和代表性。另一方面，党员民主听证会参与企业发展决策，能够将企业做大做强，做大企业蛋糕，也不是仅仅进行分配，这样才能得到员工赞成，同时也得到企业主的支持。最后，从能力构成来看，非公企业内共产党组织是一个组织程度很高的机构，党员总体上看是企业里优秀的成员，这样的组织机构，更有能力和智慧就企业的重大发展问题进行讨论和辩论，从而得到员工和企业主的支持。

（三）建立非公企业职工民主听证会

非公企业党员民主听证会从原来的听证分离出来后，集中讨论企业发展层面的决策问题，但是非公企业决策还存在福利和社会生活以及企业环境建设等方面的听证议题，属于集中体现企业职工福利和职工维权的听证，是反映劳资矛盾和冲突的重要方面。显然，非公企业劳资双方关系如何主要是个关涉职工福利和职工生活、生产环境建设的问题，这些方面与职工利益密切相关，则这些方面的听证必须高度重视：第一，不能缺失，要将原来由党员民主听证会负责而现在分离剩下的那些听证议题与制度功能给承接下来。第二，必须有足够高的民意基础，则这些方面的听证代表要完全从职工全体中民主抽选。第三，这样的职工民主听证会要成为职代会、工会等之外的一种体现非公企业劳资双方利益博弈，保障职工权利的一个较为定期的规范化机制。

（原载《经济研究导刊》，2010 年第 26 期）

参考文献

1. 俞可平主编：《地方政府创新与善治：案例研究》，北京：社会科学文献出版社2003年版。
2. 俞可平主编：《中国地方政府创新案例研究报告（2005—2006）》，北京：北京大学出版社2007年版。
3. 俞可平主编：《中国地方政府创新案例研究报告（2007—2008）》，北京：北京大学出版社2009年版。
4. 俞可平主编：《中国地方政府创新案例研究报告（2009—2010）》，北京：北京大学出版社2010年版。
5. 俞可平主编：《地方政府创新与善治：案例研究》，北京：社会科学文献出版社2003年版。
6. 俞可平主编：《政府创新的中国经验：基于"中国地方政府创新奖"的研究》，北京：中央编译出版社2011年版。
7. 俞可平主编：《领导干部决策大参考·政府创新发展报告》，北京：社会科学文献出版社2008年版。
8. 何增科等编：《基层民主和地方治理创新》，北京：中央编译出版社2004年版。
9. 上海市妇女联合会编：《社会性别视角下的公共决策》，上海：上海社会科学院出版社2010年版。
10. 石路：《政府公共决策与公民参与》，北京：社会科学文献出版社2009年版。
11. 张淑华：《网络民意与公共决策：权利和权力的对话》，上海：复旦大学出版社2010年版。

12. 彭宗超、薛澜、阚珂：《听证制度：透明决策与公共治理》，北京：清华大学出版社2004年版。

13. 何军：《民主立法的理论与北京市人大的实践》，北京：知识产权出版社2011年版。

14. 蒋洪等：《公共财政决策与监督制度研究》，北京：中国财政经济出版社2008年版。

15. 刘伯龙、竺乾威主编：《当代中国公共政策》，上海：复旦大学出版社2009年版。

16. 白钢、史卫民主编：《中国公共政策分析（2010年卷）》，北京：中国社会科学出版社2010年版。

17. 寇延丁、袁天鹏：《可操作的民主：罗伯特议事规则下乡全纪录》，杭州：浙江大学出版社2012年版。

18. 陈奕敏主编：《从民主恳谈到参与式预算》，北京：世界知识出版社2012年版。

19. 陈家刚：《协商民主与当代中国政治》，北京：中国人民大学出版社2009年版。

20. 罗豪才等：《软法与协商民主》，北京：北京大学出版社2007年版。

21. 郎友兴：《发展中的民主》，西安：西北大学出版社2009年版。

22. 张淑华：《网络民意与公共决策：权利和权力的对话》，上海：复旦大学出版社2010年版。

23. ［美］萨托利：《民主新论》，冯克利、阎克文译，上海：上海人民出版社2009年版。

24. ［美］托马斯·R.戴伊：《理解公共政策（第十二版）》，谢明译，北京：中国人民大学出版社2011年版。

25. ［瑞士］马森、［德］魏因加：《专业知识的民主化——探求科学咨询的新模式》，姜江、马晓琨、秦兰珺译，上海：上海交通大学出版社2010

年版。

26. ［美］托马斯：《公共决策中的公民参与》，孙柏瑛等译，北京：中国人民大学出版社 2010 年版。

27. ［美］莱斯特·M. 萨拉蒙：《全球公民社会·非营利部门视界》，贾西津、魏玉等译，北京：社会科学文献出版社 2007 年版。

28. ［美］彼得·德鲁克：《非营利组织的管理》，吴振阳译，北京：机械工业出版社 2009 年版。

29. ［美］珍妮特·V. 登哈特等：《新公共服务：服务，而不是掌舵》，丁煌译，北京：中国人民大学出版社 2010 年版。

30. 王浦劬等：《政府向社会组织购买公共服务研究：中国与全球经验分析》，北京：北京大学出版社 2010 年版。

31. 若弘：《中国 NGO：非政府组织在中国》，北京：人民出版社 2010 年版。

32. 张钟汝等：《政府与非政府组织合作机制建设：对两个非政府组织的个案研究》，上海：上海大学出版社 2010 年版。

33. 田玉荣：《非政府组织与社区发展》，北京：社会科学文献出版社 2008 年版。

34. 张小劲：《非政府组织研究：一个正在兴起的热门课题》，载《宁波党校学报》，2002 年第 6 期。

35. 吴玉霞：《政府购买居家养老服务的政策研究》，载《中共浙江省委党校学报》，2007 年第 2 期。

36. 高新军：《对遂宁市政法委"重大事项社会稳定风险评估机制"制度创新的调查记录》，2011 年 11 月 21 日至 24 日。

37. 遂宁市政法委：《遂宁市创新和实施社会稳定风险评估机制主要情况》，2011 年 11 月。

38. 遂宁市政法委：《四川省遂宁市创新和实施重大事项社会稳定风险评

估机制项目描述》，2011年6月17日。

39. 遂宁市政法委：《四川省遂宁市重大事项社会稳定风险评估机制资料汇编》。

40. 遂宁市船山区：《突出重点、抓住关键，扎实推进社会稳定风险评估》，2011年10月29日。

41. 遂宁市船山区委、船山区人民政府：《突出重点、抓住关键，推动社会稳定风险评估工作落实》，2011年。

42. 中国西部现代物流港管理委员会：《中国西部现代物流港项目社会稳定风险评估报告》，2007年10月。

43. 遂宁市船山区人民政府：《遂宁市船山区人民政府关于金家物流园控制区征地拆迁安置补偿办法的通知》，遂船府发〔2007〕33号，2007年9月4日。

44. 遂宁市船山区人民政府办公室：《遂宁市船山区人民政府办公室关于印发"金家物流园征地拆迁安置补偿实施办法"的通知》，遂船府办发〔2008〕1号，2008年1月10日。

45. 中共蓬溪县委、蓬溪县人民政府：《全面深化社会稳定风险评估机制，推动老区经济社会又好又快发展》，2011年11月22日。

46. 中共蓬溪县委维稳办：《扎实开展稳定风险评估，助推红海项目健康发展》，2011年11月22日。

47. 中共遂宁市船山区委、遂宁市船山区人民政府：《关于观音湖圣莲岛群众工作及社会稳定情况的报告》，2011年12月30日。

48. 中共遂宁市委维护社会稳定领导小组办公室编，《维护社会稳定工作规范》，2011年1月。

49. 中共遂宁市委维护社会稳定领导小组办公室编：《遂宁市社会稳定风险评估实例选编》，2010年11月。

50. 中共遂宁市委维护社会稳定领导小组编：《源头创稳定的成功之路：四川省遂宁市重大事项社会稳定风险评估机制建设资料汇编》，2009年8月。

51. 中共遂宁市委维护社会稳定领导小组办公室编：《遂宁市社会稳定风险评估专项办法》，2010年11月。

52. 中共遂宁市委维护社会稳定领导小组办公室：《2003年"4·22"华润锦华公司部分员工停工闹事事件的剖析》，2003年。

图书在版编目(CIP)数据

民主决策／陈家刚主编.—北京：中央编译出版社，2013.8
(中国的民主治理：理论与实践／俞可平主编)
ISBN 978–7–5117–1736–8

Ⅰ.①民…

Ⅱ.①陈…

Ⅲ.①社会主义民主–研究–中国

Ⅳ.①D62

中国版本图书馆 CIP 数据核字(2013)第 177896 号

民主决策

出 版 人	刘明清
出版统筹	薛晓源
学术统筹	陈家刚
责任编辑	李媛媛
责任印制	尹　珺
出版发行	中央编译出版社
地　　址	北京西城区车公庄大街乙 5 号鸿儒大厦 B 座(100044)
电　　话	(010)52612345(总编室)　(010)52612335(编辑室)
	(010)66161011(团购部)　(010)52612332(网络销售)
	(010)66130345(发行部)　(010)66509618(读者服务部)
网　　址	www.cctphome.com
经　　销	全国新华书店
印　　刷	北京印刷一厂
开　　本	787 毫米×960 毫米　1/16
字　　数	238 千字
印　　张	21.25
版　　次	2013 年 8 月第 1 版第 1 次印刷
定　　价	65.00 元

本社常年法律顾问：北京市吴栾赵阎律师事务所律师　　闫军　梁勤
凡有印装质量问题，本社负责调换。电话:(010)66509618